北京外国语大学"双一流"建设重大标志性项目"文明互鉴：中国文化与世界"（2021SYLZD020）、
国家社科基金重大项目"17—18世纪西方汉学兴起研究"（22&ZD229）的阶段性研究成果

国际汉语教育文献丛刊

汉文启蒙

〔法〕雷慕沙 著

张西平 李真 编

ÉLÉMENS DE LA GRAMMAIRE CHINOISE
Abel-Rémusat

商务印书馆
The Commercial Press

图书在版编目(CIP)数据

汉文启蒙:汉文、法文/(法)雷慕沙著;张西平,李真编. —北京:商务印书馆,2023
(国际汉语教育文献丛刊)
ISBN 978-7-100-22568-7

Ⅰ.①汉… Ⅱ.①雷… ②张… ③李… Ⅲ.①汉语—研究—汉、法 Ⅳ.①H1

中国国家版本馆 CIP 数据核字(2023)第 099953 号

权利保留,侵权必究。

国际汉语教育文献丛刊
汉文启蒙
〔法〕雷慕沙 著
张西平 李真 编

商 务 印 书 馆 出 版
(北京王府井大街36号 邮政编码100710)
商 务 印 书 馆 发 行
三河市春园印刷有限公司印刷
ISBN 978-7-100-22568-7

2023 年 9 月第 1 版	开本 880×1240 1/32
2023 年 9 月第 1 次印刷	印张 9 3/8

定价:98.00 元

目 录

i 以史料为基础的世界汉语教育史研究 / 张西平

viii 《汉文启蒙》解题 / 李慧

1 《汉文启蒙》(1857)拉丁文版

以史料为基础的世界汉语教育史研究

张西平

汉语作为第二语言教学有着上千年的历史。中国是个多民族国家，各民族之间的语言交流自古就有。汉族在和各民族的交流中，汉语作为"通用语"被各民族所学习，积累下大量的文献。像《番汉合时掌中珠》《鸡林类事》《华夷译语》等就是其中的代表。佛教传入中国后，西域来的僧人为翻译佛经也要学习汉语，如唐代玄应的《一切经音义》、宋代郑樵提及的《释梵语》等。这些虽然包含着汉族对各民族语言的学习，但同时也是各民族学习汉语的基本材料。中国历史上留下了一批汉语与各民族语言对照的双语词典，这些文献是汉语作为第二语言学习历史的珍贵资料。[①]

[①] 参阅刘迎胜《宋元至清初我国外语教学史研究》《中古亚洲大陆民族双语字典编纂传统：从〈双语辞典学导论〉谈起》《中古时代后期东、西亚民族交往的三座语言桥梁：〈华夷译语〉与〈国王字典〉的会聚点》，载刘迎胜《华言与蕃音：中古时代后期东西交流的语言桥梁》，（转下页）

汉语作为外语被日本和朝鲜学习有上千年的历史。学者们已经开始整理这些文献，如汪维辉主编的《朝鲜时代汉语教科书丛刊》(中华书局，2005年)、李无未等著的《日本汉语教科书汇刊（江户明治编）总目提要》(中华书局，2015年)。

汉语作为欧美人的外语学习则是从晚明开始的，罗明坚和利玛窦开启了这个历史。姚小平主编的"海外汉语研究丛书"(外语教学与研究出版社)，包括《华语官话语法》(2003年)《汉文经纬》(2015年)、《汉语官话口语语法》(2015年)、《上海方言口语语法》(2011年)，张美兰的《〈官话指南〉汇校与语言研究》(上海教育出版社，2017年)，等等，学者们对这些文献的翻译和整理也有二十余年。尽管在文献整理方面学术界取得了一些进步，但是这对于卷帙浩繁的汉语教学历史文献而言只是刚刚开始。

汉语教育史属于语言史研究领域。在史学研究领域，傅斯年所说的"史学就是史料学"是恒久之真理，尽管说得有些过头。2003年我在《西方人早期汉语学习史调查》一书中，就与李真一起将考狄《西人论中国书目》(*Bibliotheca Sinica*)中

（接上页）上海古籍出版社，2013年；萧启庆《元代的通事和译史：多元民族国家中的沟通人物》，载萧启庆《内北国而外中国：蒙元史研究》，中华书局，2007年。对于这一领域，从事汉语习得史研究的学者至今尚未做过系统整理和研究，目前的研究主要是由从事元史研究的学者开展的。

所有关于中国语言的目录挑出来，编成了《西方早期汉语研究文献目录》。整理这个书目的目的就是希望按照这个书目提供的信息，将西人汉语学习研究的重要历史文献收集起来，加以整理出版。虽然目前出版了意大利耶稣会士卫匡国（Martino Martini）的《中国文法》（*Grammatica Sinica*）的中译本，但这个工作一直没停。

  这次在商务印书馆出版的"国际汉语教育史文献丛刊"就是基于这个想法所迈出的又一个重要步伐。这次共出版三部重要历史文献：第一部是马若瑟的1831年拉丁文版《汉语札记》（*Notitia Linguae Sinicae*）。《汉语札记》这部汉语文法书在世界范围内第一次使用多达上万个中文例句，全面讨论汉语白话和文言语法，因其博通经籍、内容丰富而成为西方近代汉语研究的扛鼎之作。《汉语札记》1728年成书于广州，以拉丁文写成，例句用汉字表述。这是继卫匡国后来华耶稣会士在汉语语法研究上的最高成就。第二部是西方第一位专业汉学家雷慕沙的《汉文启蒙》（*Élémens de la Grammaire Chinoise*），此书1822年在巴黎出版。在西人汉语语法研究领域，这本书具有重要的学术地位，是专业汉学开启的标志性作品，从书中可以看到传教士汉学与专业汉学之间的连接。第三部是日本人编写的第一本北京官话会话课本《官话指南》，上海美华书馆于1882年出版初版，本书除收录此版外，还收录了郎秀川重订《改良民国官话指南》和1893年九江印书馆的版本。以上这些文献无论是从藏在欧洲图书馆还是从藏在日本图书馆或日本汉学家私人的藏书得来，所有文献都是根据原始底本复制的。

我们为何下这样大的气力来复制这些文献呢？首先，这是世界汉语教育史研究的基础性工作。从历史研究的角度来说史料是第一位的。没有史料的积累，就没有学术的进步。像世界汉语教育史这样新的领域，其史料的积累需要很长时间，要几代人努力方能完成。只有将基础性史料整理好后，才能写出真正有学术价值的《世界汉语教育史》[①]。我们以此为开端，在今后几年将陆续再整理出版一批珍贵文献。

其次，我们不仅仅希望这些文献引起做世界汉语教育史研究的学者重视，也希望引起做汉语第二语言习得研究的学者关注。汉语作为第二语言教学史的理论性研究有待深入。"从对外汉语教学的历史情况，我们可以清楚地看到，我们的汉语教学有着悠久的历史，汉语在中外文化交流中发挥了很大的作用，特别在亚洲产生了很大的影响。同时我们还可以看到语言教学的发展与国家的政治、经济有着密切的关系。国运昌，汉

[①] 张西平主编《世界汉语教育史》，商务印书馆，2009年。该书作为对外汉语专业本科教材使用。虽然此书有开启世界汉语教育史的通史写作之功，但毕竟是破荒之作，多有不足。希望经过若干年，写出更好的《世界汉语教育史》。

语兴。另外，我们也感到，汉语教学在历史上出现过两次大分工。在古代，汉语言学习和汉文化学习是不分的，后来出现了汉语言学习与其他专业学习的分工和汉语与汉学的分工，这是由于社会的进步，出现在近代的事了。再一点，从历史上汉语教学的情况，我们可以看到，汉语教学走的路子与西方古代拉丁文、希腊文教学走的路子有很大的不同。我们的教学思想和方法是值得探讨的，这对我们认识语言的习得过程，认识汉语的特点以及探讨科学的汉语教学方法都是很有作用的。"[①] 我们应该从历史中进行经验总结，丰富对外汉语教学的理论，为汉语国际传播和推广打下坚实的理论基础。目前的二语习得理论主要是在英语作为第二语言教学的基础上总结出来的。相比之下，汉语作为第二语言教学的历史要长得多，如何从汉语教学的漫长历史中汲取智慧和经验，丰富乃至改写目前的第二语言习得的基本理论，这是对外汉语教学理论研究需要认真思考的问题。就此而论，这些文献和史料对于创建有中国特色的二语习得理论具有重要的学术价值，需要引起足够的重视。

最后，我们也希望这批文献引起做汉语本体研究的学者关注。汉语作为第二语言教育史的多维性还表现在汉语本体的发

---

① 张亚军《历史上的对外汉语教学》，《语言教学与研究》1989年第3期。

展变化往往是在汉语作为第二语言学习的历史过程中发生的。从佛教传入后，在梵汉对照之中，古人认识到汉语是一种有声调的语言，平上去入四声在汉语中存在。由此，汉语的反切系统被创造出来，各种韵书纷纷出现，汉语得到一个大的发展。到明代入华西人创制的汉语注音罗马化系统对汉语音韵学的影响更是明显。《西儒耳目资》成为汉语音韵史的重要著作。罗常培先生的系列研究至今仍是必读之作。王力先生在他的中国语言学史研究中，认为汉语的演化受外部影响最大的两次，一次是佛教的传入，一次是基督教的传入。而这两次影响均是由从西域来的僧人和从欧洲来的传教士学习汉语引起的。因此，世界汉语教育史的研究不仅是对外汉语教学学科的历史支撑，同时也是中国语言学史研究中不可忽略的一个部分。遗憾的是，无论是中国语言学史领域还是对外汉语教学学术界，目前都还未对此进行深入研究，其原因之一，就是我们能提供的史料和文献有限。

文献和史料的整理是费气力、耗时间的，为收集材料四处奔走，为整理史料而青灯黄卷、夜以继日。这些东西均不属于我们个人的什么成就，只是为学术事业尽绵薄之力而已。在这里我对参与这项工作的内田庆市、李真、李慧、岳岚、杨少芳诸位的努力表示感谢，特别是李真做了大量的工作。同时，也对日本内田庆市先生慷慨提供多个私人收藏的珍贵文献表示衷心的感谢。商务印书馆对这批文献的影印出版给予了很大的支持，在此致以深深谢意。

学术的进步也就是这么几个素心之人，结伴而行，一步步向前推进，一代又一代薪火相传，献身于学术事业。只有在文献的整理与出版中，方能体会到学术乃天下公器的道理。

《汉文启蒙》解题

李 慧

  《汉文启蒙》是由法国汉学家让－皮埃尔·阿贝尔－雷慕沙（Jean-Pierre Abel-Rémusat，1788—1832）所著的汉语语法书，1822年巴黎首次出版，1857年再版。1814年11月26日，雷慕沙担任"汉、鞑靼－满语言与文学讲席"（La Chaire de langues et littératures chinoises et tartares-mandchoues）教授，这是汉学作为专业学科在西方建立的标志。该书是由专业汉学家编写的首部汉语语法，承上启下、质量精良、影响深远。

一、雷慕沙生平及学术成就

  1788年9月6日，雷慕沙出生于巴黎的一个医生家庭，自小成绩优异，热爱古典语言、历史、自然科学。1805年父亲过世，他决定继续父亲的事业，学习医学。1806年，欧洲著名的收藏家德·泰桑修道院长（L'abbé de Tersan，1736—1819）在奥布瓦修道院（L'Abbaye-aux-Bois）举办了一次展览，喜爱植物的雷慕沙被一部附有彩绘植物插图的中国书所吸引，萌发了读懂书上神秘的汉字的愿望。①

如汉学家魏丕信（Pierre-Étienne Will）所说，"19世纪初期雷慕沙生活的年代极其不适宜汉语及中国文化的修习。最后一代可以利用自己中文等语言优势的学者以及最晚一批寓居北京全力传教而不需藏匿于外省的传教士们都已经去世。这些人的离世造成了巴黎的学术空白"②。雷慕沙正是在这样艰难的环境下自学汉语，后来也得到了一些知识分子的帮助，获得了皇家图书馆的一些书籍。

1813年8月，他完成了医学博士学位论文，题目为《论舌诊》③，将医学专业与自己的汉学志趣融为一体。路易十八时

---

① 参见：François Pouillion, *Dictionnaire des orientalistes de la langue française*, KARTHALA Editions, 2008; Michaud, *Rémusat, Jean-Pierre-Abel, Biographie universelle* t.35, 1843, Paris, pp.399–402; Quérard, *La France littéraire*, t.7, pp.518–521, Paris: Didot Frères, 1835; 李慧《欧洲第一位"专业汉学家"雷慕沙》，《国际汉学》2015年第1期，第39—47页。

② 魏丕信《东方学家雷慕沙》，刘婷译，《国际汉学》2014年第1期，第138—143页。

③ *Dissertatio de glossosemeiotice, sive de signis morborum quae e lingua sumuntur, praesertim apud sinenses*. Th.de Paris, 1813. 这篇文论的全名是"论舌诊，即关于从舌头看出来的病征，尤其是中国人的理论"，介绍了中国和西方古代医学有关舌诊的理论，展示了中、西医在该领域的众多契合之处。

期，1814年11月26日，内政部宣布在法兰西学院新设中国文学和梵语语言文学教席的决议，教师分别由雷慕沙和他的好友德·谢齐（Antoine-Léonard de Chézy, 1773—1832）担任。1815年1月16日，"汉、鞑靼-满语言与文学讲席"正式开课，雷慕沙发表了重要演讲，回顾了中国研究在欧洲的发展历程。①这是汉学作为一门专业学科得以确立的标志。

1816年4月5日，雷慕沙被选为法兰西铭文与美文学院（Académie des inscriptions et belle-lettres）院士。1818年3月，他成为欧洲最早的文学与科学期刊《学者报》（*Journal des Savants*）的编辑。1822年，他与德国东方学家柯恒儒（又译为克拉普洛特）（Heinrich Julius Klaproth, 1783—1835）等人一起创立了亚细亚学会（Société Asiatique）。1832年6月2日，雷慕沙在巴黎去世。

19世纪初法国政治风云变化，这也是西方现代学科纷纷建立的时期。雷慕沙除了个人勤奋和努力以外，还善于抓住时代机遇，开拓人脉，创办刊物，积极发表文章，与各国学者保持交流，参与各种团体，扩大影响。他重视教学，培养

---

① 《汉、鞑靼-满语言与文学课程计划及开学演讲》（*Programme du cours de langue et de littérature chinoises et de tartare-mandchou, précédé d'un discours pronouncé à la première séance de ce cours, de 16 janvier 1815. Paris, 1815*）。

人才，他的学生儒莲（Stanislas Julien, 1797—1873）、巴赞（Antoine-Pierre-Louis Bazin, 1799—1863）、鲍狄埃（Jean-Pierre Guillaume Pauthier, 1801—1873）等后来都成为优秀的汉学家。雷慕沙的研究以传教士汉学成果为基础，但能摆脱传教策略的束缚，充分利用专业汉学教授的资源便利，巩固和发展了汉语言等汉学研究传统，同时开拓了新的研究方法和研究领域，如世俗文学翻译、亚洲地理历史研究、中西交通史研究、佛教研究、道教研究等。在汉语言研究方面，除了《汉文启蒙》，他还著有《汉文简要》(*Essai sur la langue et la littérature chinoises.* Paris et Strasbourg Treuttel et würtz, 1811)、《汉语是单音节语言吗?》(*Utrum lingua sinica sit vere monosyllabica? Disputatio philologica, in qua de grammatica sinica obiter agitur,* 1813) 等；在文学翻译方面，1826年雷慕沙翻译了《玉娇梨》(*Iu-kiao-li, ou Les deux cousines, roman Chinois*)；在中国典籍研究方面，他重译了《中庸》(*L'invariable milieu, ouvrage moral de Tseu-ssé.* Paris, Imp. Roy., 1817)，著有《评马士曼所译〈论语〉》(*Sur la traduction de Lun-iu, par M. Marshman,* 1814) 和《评儒莲所译〈孟子〉》(*Sur la traduction de Mencius, par M. Stan. Julien,* 1824)，翻译了《太上感应篇》(*Le livre des récompenses et des peines,* Paris, Imprimerie de Doublet, 1816)。在论文《老子生平与思想》(*Mémoire sur la vie et les opinions de Lao-tseu,* Paris, Imp. Roy.,

1824）中，选译了一些《道德经》的章句，对老子思想和西方先哲思想进行对比和分析。他翻译并评注了《〈佛国记〉译注》(*Foĕ-kouĕ-ki, ou Relation des royaumes bouddhiques*, Paris, 1836)——欧洲第一部佛教游记译作。

二、《汉文启蒙》的版本和主要内容

《汉文启蒙》在19世纪分别于1822年和1857年出版了两个版本。本书影印的是1857年版，是由东方学家、人种学家德·罗斯尼（L. de Rosny, 1837—1914）编校的，正文内容与1822年版一致。1857年版前言之前的《告读者》中对于为何再版此书有如下解释："多年以来，雷慕沙的《汉文启蒙》变得越来越罕见，因此想得到它需要很高的代价。这部佳作如此缺乏的状况曾让学习汉语基础的人们遗憾不已。为了重新让雷慕沙的汉语语法书以便宜的价格出现在学生和东方学家的手中，作者的一个表亲重新出版此书，新版内容与1822年皇家印书馆版的内容完全一致。校正工作由法国东方学会（Société orientale de France）秘书之一德·罗斯尼完成。至于书中印刷的汉字，由皇家印书馆的刻字师马尔斯兰·勒格朗（Marcellin Legrand）在钢模上刻制。"

1822年版后有一页勘误表，1857年版中除前言第23页以外，其他错误都已订正。1857年版比1822年版在附录中多了德·罗斯尼的论文《论汉字的声旁》(*Des phonétiques chinoises*)，论述掌握形声字"声旁"对识读汉字发音的重要性，并列出了《汉文启蒙》中出现的作为声旁的字在与不同偏旁组合成新字的发音，以及此字在《汉文启蒙》中的页码。

《汉文启蒙》全书篇幅不长，共214页，汉字还占了很大的版面。全书分前言、导论、语法、附录四个部分，其中语法分"古文"和"官话"两个部分。前言部分回顾了西方各国研究汉语的历史，还介绍了《汉文启蒙》的功用和特点，介绍了汉语学习的方法。导论部分介绍了汉字和语音知识，附有长达5页的声韵配合表。语法部分"古文"和"官话"的分节基本对应（见下页表）。"古文"部分有11个小节，每一节内部也基本按照拉丁语语法系统的顺序介绍。此外，还专门辟出一节来介绍"专有名词"，因为雷慕沙认为这些词的构成也体现了语法规律，如城市、河流、山的名称及人名等。"官话"部分有9个小节，比古文部分少了"专有名词"。除了"虚词"小节外，其他小节篇幅都比较简短，着重介绍古文和今文的区别，二者相通之处不再赘述，而是直接索引至前文。对于每一条规则或每个字，先介绍本义或最常用的用法，然后是引申义，最后是该字与其他字的组合用法。方括号中的数字代表相关知识所处的段落号，读者可以方便地查询、复习和扩展知识。附录分为四个部分，分别介绍汉籍的标点方法、汉籍形式、诗歌知识和皇家图书馆内可用的汉籍资料。作者将这些内容在附录中介绍，是为了给学生阅读原版汉文书籍做准备。附录后是本书的索引表，包括本书所有汉字表、难检字表、双音节词汇表和缩略语表，方便学生利用本书。

古文	官话
一、名词	一、名词
二、形容词	二、形容词
三、专有名词	—
四、数词	三、数词
五、代词	四、代词
六、动词	五、动词
七、副词	六、副词
八、介词	七、介词和连词
九、连词	
十、叹词	八、叹词
十一、虚词	九、虚词

三、《汉文启蒙》的学术特点

第一，雷慕沙对前人成果进行了最为充分的吸收。在《汉文启蒙》的前言中，雷慕沙对之前几乎所有已出版的西人汉语语法著作进行过评论，还提到了哈盖尔（Joseph Hager，1757—1819）、蒙突奇（Antonio Montucci，1762—1829）[①]和若干西班牙传教士的手稿。而在以上这些语法著作中却没有任何一部能如此完整地介绍和分析前人著作。与传教士和早期欧陆学者相比，雷慕沙有充分的便利来利用巴黎皇家图书馆的资源，19世纪整个欧洲学术环境的活跃，促使他与克拉普洛特等各国汉学家进行学术交流。1815—1822年，雷慕沙积累了丰富的教学经验，他明确了自己的作品目标，形成了自己的特色。

第二，以培养阅读能力为目标的汉语语法教材。《汉文启蒙》之前的语法分为传教士所编语法和欧陆学者所编语法。传教士所编写的语法大多重视口语教学，以培养读者沟通和交流能力为目标。欧洲本土汉学家傅尔蒙和巴耶尔在18世纪时创作的汉语语法都是针对汉语或汉字规则的研究，与教学无关。而在雷慕沙所处的专业讲座设立的背景下，《汉文启蒙》主要

[①] 关于哈盖尔和蒙突奇，详见 Lundbæk, Knud, *The Establishment of European Sinology 1801-1815*, 1995, pp. 16–18。哈盖尔对古汉字感兴趣，希望能够复兴欧洲对中国的研究热潮。1801年他出版了第一部汉学著作 *An Explanation of the Elementary Characters of the Chinese, with an Analysis of Their Ancient Symbols and Hieroglyphics* (London, 1801)。蒙突奇在1806—1828年间组织刻制汉字字模，意图出版汉语词典，收集了很多汉籍，最主要的汉学著作有 *Letters on Chinese Literature* (1804), *Remarques philologiques sur les voyages en Chine de M. De Guignes* (1808) 等。

以学习汉语的学生、汉学讲座的听众、其他各领域的知识分子为目标群体，以让读者从阅读汉语原典中了解中国的思想和文化，从而达到在欧洲推广汉语学习和研究的目的。他用汉字来出版，附有部首表、难检字表，教如何查字，重视汉字结构的介绍，用大量篇幅介绍已出版的汉语翻译材料和皇家图书馆的中文资料，介绍诗歌知识，等等，这些设计处处围绕着阅读原典教学来进行。

第三，简明、实用的编写风格。雷慕沙希望有越来越多的人学习汉语，而简明、实用的语法是当时最为缺乏的。为了在有限的篇幅内充实全书的内容，他尽量以简单、凝练的语言来解释汉语语法，并采用了段落标号的方法，提高了每条解释和每个例句的利用效率。

第四，拉丁语法框架内的汉语体系化尝试——对异质语法矛盾的调解。每一位编写汉语语法的西方人都意识到用拉丁语法套用汉语的矛盾和冲突，并尝试各种努力来进行调节。雷慕沙当然也敏锐地意识到了汉语特质与西方语法结构的矛盾。他没有像万济国、马礼逊等人直接以如"我爱、你爱、他爱……"这样的动词变位方式来套用拉丁语法，但也没有像马若瑟一样力求通过大量例证来描述汉语语言现象的尝试，而是试图在拉丁语法与汉语特点之间寻求平衡。他虽然吸收了马若瑟的"古文/官话"分法，但马若瑟是"先今后古"，体现由易到难、由口头到书面的学习梯度，而雷慕沙则采取了"先古后今"的顺序，因为他注意到了古文中单音节词发展为今文中的双音节、多音节词这一现象，"先古后今"的顺序体现了汉语本身的发展脉络。从小节的顺序上来看，如同前文表格所示，雷慕沙的"古、今"两部分的内容和顺序几乎一致，每一节内的知识点排列也有规整的顺序，基本按照拉丁语法顺序进行。雷慕沙将整个语法的重点放在虚词上，把常用的介词、副词等放在虚词部分，单独解释每个虚词（字）在具体句子中的用法。在讲解语法时，他刻意不用拉丁语术语，而是采用例如"一种……的标记"（une marque de）、"一种……的意义"（un sens de）这样的表达来弱化拉丁语法中的词法规则。在例句方面，他也借助拉丁文，每个例句中的每个汉字旁边都标注了发音和拉丁文字对字对译，因为拉丁文丰富的词形变化和可变格的特性可以表达该汉字在句中的作用，且没有词序的限制。

四、《汉文启蒙》的价值和影响

通常来说，西人汉语语法研究大致分三种类型：天主教语法（代表人物有卫匡国、万济国、马若瑟等）、欧洲汉学家语法（代表人物有傅尔蒙、雷慕沙、巴赞、甲柏连孜等）和新教

（或者英美）语法（代表人物有马士曼、马礼逊、艾约瑟等）。①雷慕沙的《汉文启蒙》是专业汉学成立以来的首部汉语语法著作，特色鲜明，是西人汉语研究史和传教士汉学到专业汉学的转折点。具体表现在以下方面：

第一，它是传教士汉学成果集大成者。《汉文启蒙》正好处在传教士汉学结束、专业汉学创立的节点。与传教士和早期学者相比，雷慕沙有充分的便利来利用学术资源，能够吸收和借鉴传教士语法的教学性和实用性，又以学术研究的角度把文典阅读作为教学目标，为之后的同类著作提供了范本。

第二，促进了西方语法研究的专业化和学术规范。《汉文启蒙》与传教士语法和傅尔蒙等早期学者的著作相比更具学术性，推进了学术规范：书中首次有了完整的学术史梳理、文献综述，多数例句有出处，结构完整，附有各类索引表。雷慕沙采用了一套精简、系统的语法标记术语，如 n.g.= nota genitivi（属格标记）、p.r.= particula relativa（关系虚词）等。他之后的儒莲、巴赞、甲柏连孜等人保留并发展了这些学术规范，到甲柏连孜的《汉文经纬》(*Die Chinesische Grammatik*, 1881）时，已经

---

① 董方峰《明清时期西方汉语语法研究的历史》，《外国语文研究》2015 年第 1 期，第 20—27 页。

发展得相当完备，所有例句均有引证。[①]雷慕沙的学生和后辈则在其基础上，逐渐完善、丰富了汉语语法研究的广度和深度：巴赞撰写了口语语法，[②]儒莲进入了古汉语句法的研究，[③]甲柏连孜的《汉文经纬》在句法研究方面取得了很高的成就。

第三，在拉丁语框架下尽量寻求创新。虽然雷慕沙为了让初学者能迅速与自己的母语有所关联，仍采用拉丁语法的思维线索，但他在尽量摆脱拉丁语的语法框架，展示汉语自身的语言面貌，较为成功地跳出了西方语法学思维的局限，突出体现了汉语词类活用与通过位置与虚词表达语法意义的特征。

第四，它促进了汉学与其他学科的对话，改变了西人对汉语的偏见。它"可称作第一部对汉语作逻辑综论及结构分析的著作，在很长一段时间里，这部书被用作参考书籍"[④]，为汉语

[①] 姚小平《近代西洋汉语语法学术规范是怎样形成的》，《文汇报·文汇学人》2017 年 4 月 28 日第 W05 版。

[②] *Grammaire mandarine, ou principes généraux de la langue chinoise parlée*（《官话文法或汉语口语的一般原则》），Paris: Auguste Durand Libraire, 1856.

[③] *Syntaxe nouvelle de la langue chinoise fondée sur la position des mots*（《汉文指南——基于字词位置的新汉文句法》），Paris: Librairie de Maisonneuve, 1869.

[④] 贝罗贝《二十世纪以前欧洲汉语语法学研究状况》，《中国语文》1998 年第 5 期，第 348 页。

真实面貌的普及作出了重要贡献。语言学之父洪堡特（Wilhelm von Humboldt，1767—1835）在与雷慕沙通信之前认为汉语是没有地位的，自从得到雷慕沙的第一篇评论后，他加紧了对汉语的学习，并将汉语作为他语言学研究的重要参照，思考语言与思维发展的多样性。①

虽然雷慕沙没能对汉语的研究和认识有一个本质上的突破，因为他很难超越时代，深入当时新兴的现代语言学学科内部，对汉语体系的建立有一个革命性的创新；但是从《汉文启蒙》开始，经过雷慕沙师生三代汉学家的努力，西方汉语语法学从"拉丁文法框架+汉语虚词研究"向"语言类型学视野"转变。②《汉文启蒙》作为专业汉学成立初期的代表作，影响广泛，启蒙了一代又一代的汉学家和中国文化爱好者，促进了汉学和汉语研究的专业化发展，对于整个欧洲学术的现代化发展产生了推动作用和影响。

---

① 关于洪堡特与雷慕沙的通信的研究，参见 Jean Rousseau et Denis Thouard, *Lettres édifiantes et curieuses sur la langue chinoise: un débat philosophico-grammatical entre Wilhelm von Humboldt et Jean-Pierre Abel-Rémusat (1821–1831)*, avec une correspondante inédite de Humboldt présentée par Jean Rousseau. Villeneuve-d'Ascq, Presses Universitaires du Septentrion, 1999。

② 李葆嘉《西洋汉语文法学三百年鸟瞰》，《华东师范大学学报》（哲学社会科学版）2020年第3期，第1—24页。

《汉文启蒙》(1857)

法国国家图书馆 藏

ÉLÉMENS

DE LA

GRAMMAIRE CHINOISE.

咸豐丁巳年鐫

阿伯兒輯

漢文啓蒙

巴理城 墨頌訥佛書肆發客

蒙 啓 文 漢

ÉLÉMENS
DE LA
GRAMMAIRE CHINOISE,
OU
PRINCIPES GÉNÉRAUX
DU KOU-WEN OU STYLE ANTIQUE,
ET DU KOUAN-HOA, c'est-à-dire, DE LA LANGUE COMMUNE
GÉNÉRALEMENT USITÉE DANS L'EMPIRE CHINOIS.

PAR ABEL-RÉMUSAT,
De l'Académie des Inscriptions et Belles-Lettres, Professeur de Langue
et de Littérature chinoises et tartares au Collége de France.

NOUVELLE ÉDITION
PUBLIÉE CONFORMÉMENT A CELLE DE L'IMPRIMERIE ROYALE
ET AUGMENTÉE D'UNE TABLE DES PRINCIPALES PHONÉTIQUES CHINOISES,
PAR L. LÉON DE ROSNY,
Membre du Conseil de la Société asiatique de Paris.

PARIS,
MAISONNEUVE ET Cie, LIBRAIRES-ÉDITEURS
POUR LES LANGUES ORIENTALES, ÉTRANGÈRES ET COMPARÉES,
15, quai Voltaire, à la Tour de Babel.
LONDON, TRÜBNER AND Cº,
American and continental literary Agency, 12, Paternoster Row.

1857.

...... Mihi videtur ineptum velle linguæ sinicæ adaptare pleraque vocabula quibus utuntur nostri grammatici. Consultius multò erit, sepositis illis grammaticæ quisquiliis, per varia selectaque exempla, ad legitimum germanumque sinicæ loquelæ usum et exercitationem, tyrones festinato compendiosoque gressu veluti manu ducere.

PRÉMAR. *Notit. Ling. sinic.* I. part. pag. 26.

PRÉFACE.

Les obstacles et les préjugés qui se sont opposés jusqu'ici aux progrès de la littérature chinoise en Europe, semblent diminuer de jour en jour; et l'on peut prévoir le moment où les uns se trouvant levés complètement, et les autres tout-à-fait dissipés, l'étude du chinois deviendra aussi facile que celle de toutes les autres langues orientales, peut-être même que celle de certaines langues européennes. De bons ouvrages composés sur différens sujets d'histoire ou de géographie, de philosophie ou de belles-lettres, ont permis de mieux apprécier l'étendue des richesses contenues dans ces livres chinois, demeurés enfouis depuis si long-temps au milieu de la poussière de nos bibliothèques. La publication du Dictionnaire chinois-latin du P. Basile de Glemona, des premières livraisons de celui du Rév. R. Morrison, du Supplément de M. Klaproth, de quelques textes accompagnés de versions littérales, et, plus que tout cela, la création d'une chaire de langue et de littérature chinoises au Collége royal, semblent autant d'encouragements qui appellent les étudians à la culture d'un champ trop long-temps négligé, et qui promet à leurs efforts des moissons aussi abondantes que variées.

Au milieu de tant de secours, le plus utile, le plus indispensable de tous manquoit encore, et le besoin s'en faisoit vivement sentir à ceux que leur position ou leurs travaux empêchoient de suivre les leçons du Collége royal, et d'y recueillir les dictées qui, depuis six ans, forment la base et comme le texte des leçons du professeur. On devoit desirer une grammaire élémentaire, qui pût contenir toutes les règles vraiment nécessaires à l'intelligence des livres chinois, et qui ne contînt que cela ; un livre court, mais substantiel, qui pût suffire aux commençans, et les dispenser de recourir à une multitude d'ouvrages volumineux, rares et chers, dont aucun en particulier n'avoit mérité de devenir classique. Ce besoin, qu'éprouvoient aussi ceux qui suivoient le cours de chinois avec le plus d'assiduité, avoit été prévu par le professeur. Aussi, dès la première année de l'exercice de sa chaire, s'occupa-t-il avec empressement de rédiger par écrit les principes de la langue qu'il enseignoit, pour en faire part à ceux qui voulurent les écrire sous sa dictée ; se réservant toutefois d'ajouter de vive voix à ce thème tous les éclaircissemens que pourroient réclamer les difficultés qui lui étoient opposées. Ainsi éprouvée par une expérience de cinq années, et accrue de tout ce qu'une discussion approfondie, des observations répétées, et quelquefois des objections judicieuses de la part d'auditeurs éclairés, ont pu y faire ajouter, cette dictée a paru bonne à publier, tant en faveur de ceux qui ne peuvent assister aux leçons, que de ceux qui les suivent avec exactitude. Les premiers en auront le résumé à leur disposition ; les autres seront dispensés de la peine de le transcrire à chaque séance : méthode lente et pénible, qui entrave la marche des études élémentaires, recule l'époque où l'on peut se livrer à l'explication des textes, et exige, de la part des auditeurs, un concours actif et une persévérance soutenue, qu'on n'est pas toujours en droit d'attendre d'eux.

Comme il n'y a rien de plus important pour un auteur

PRÉFACE.

que de se justifier du soupçon d'avoir mis au jour un livre superflu, et, pour un professeur, que de faire voir qu'il n'a pas cédé à une puérile manie d'innovation, en introduisant une méthode d'enseignement qui n'avoit pas encore été suivie jusqu'à lui, on croit utile de passer en revue les ouvrages du même genre qui ont été composés avant celui-ci, et de montrer, par une critique rapide, quelles sont les imperfections qui ont pu rebuter les étudians et s'opposer à leurs progrès. Huit ou dix ouvrages grammaticaux sur la langue chinoise ont été composés depuis plus d'un siècle; et, chose remarquable, ce nombre est peut-être double de celui des Européens qui, depuis la même époque, ont fait de véritables progrès dans le chinois. Il est bon, sans doute, d'examiner si l'on doit attribuer ce défaut de succès aux difficultés dont on a cru si long-temps que l'étude de la langue chinoise étoit hérissée, ou si la faute n'en seroit pas plutôt aux auteurs de grammaires chinoises, au système qu'ils ont embrassé et aux principes qui les ont guidés dans le choix des règles qu'ils avoient à présenter.

La plus ancienne des grammaires chinoises, vraiment digne de ce nom, dont on ait connoissance, c'est celle du P. Varo, dominicain, laquelle a été imprimée à Canton, en 1703, avec des planches de bois, à la manière chinoise (1). Cet

---

(1) Ce livre excessivement rare, et dont la bibliothèque du Roi ne possède pas d'exemplaires, est un volume in-8.º de soixante-quatre doubles feuillets, pliés à la manière chinoise, savoir : un pour le frontispice, trois pour la préface, cinquante pour la grammaire, et dix pour le *brevis Methodus confessionis* latin-chinois (en lettres latines), du P. Basile de Glemona. L'ouvrage même est en espagnol, et intitulé : *Arte de la lengua mandarina, compuesto por el M. R.º P.º Francisco Varo, de la sagrada orden de N. P. S. Domingo, acrecentado y reducido a mejor forma, por N.º H.º Fr. Pedro de la Piñuela, p.ᵒʳ y commissario proc. de la Mission serafica de China;*

ouvrage très-rare ne seroit peut-être pas indigne d'être réimprimé; mais il faudroit qu'on ajoutât les caractères aux mots chinois, qui sont tous en lettres latines. L'auteur, qui travailloit pour les missionnaires ses confrères, ne s'est attaché qu'à donner les règles du style familier, le plus nécessaire pour la publication de l'évangile. Il a beaucoup insisté sur la prononciation, matière si difficile à traiter par écrit, et qui n'a d'importance que pour ceux qui veulent parler le chinois. Si l'on ôtoit du livre du P. Varo les longs détails qui ont rapport à ce sujet, et les instructions sur la civilité chinoise, qu'il donne pareillement avec beaucoup d'étendue, il resteroit moins de trente feuillets pour la grammaire proprement dite. Or, dans cette partie de l'ouvrage, on remarque un défaut essentiel qui a été imité par presque tous les successeurs du P. Varo. Ce religieux, comme il le dit lui-même, s'est conformé à la méthode suivie dans la grammaire latine de Nebrixa; et quoiqu'il ait rassemblé un assez grand nombre d'idiotismes chinois, on ne peut nier que l'imitation des procédés grammaticaux suivis pour le latin, ne l'ait souvent éloigné du véritable génie de la langue chinoise. Il est du moins bien certain qu'il eût pu remplir le court espace qu'il s'étoit réservé, de notions plus utiles que ne le sont des paradigmes de déclinaisons et de conjugaisons, pour une langue qui n'admet pas de cas dans les noms, ni de temps ni de modes dans les verbes.

Une grammaire manuscrite et anonyme que possède la

Añadio se un Confesionario muy util y provechoso para alivio de los nuevos ministros. Impreso en Canton, año de 1703. — Le P. Horace de Castorano nous apprend que le P. Placide *a Valsio est* celui qui a gravé ce livre espagnol en planches de bois. *Parva elucubratio,* Ms. de la Propag. 1739, pag. 13.

PRÉFACE.

bibliothèque du Roi, offre la plus grande analogie avec celle du P. Varo, dans l'ordre des énoncés et même dans le choix des exemples : quoiqu'elle semble d'abord plus complète et plus étendue, puisqu'elle occupe cent soixante-dix-huit pages in-f.° (1), elle ne contient réellement aucune addition essentielle; elle est pareillement toute en lettres latines, et offre seulement une liste des vocables, accompagnés des caractères originaux. Le jugement que nous avons porté sur la grammaire du P. Varo, s'applique donc tout-à-fait à celle-ci, dont l'auteur ne nous est pas connu. Peut-être est-ce la même que celle du P. Montigny, dont Fourmont parle en plusieurs endroits. Ce missionnaire, ainsi que le P. Horace de Castorano, avoient composé des grammaires chinoises; mais on ignore ce qu'elles sont devenues depuis Fourmont, qui dit les avoir eues entre les mains. Il est permis de croire qu'elles étoient calquées sur la grammaire du P. Varo, et que par conséquent la perte n'en est pas irréparable.

Un autre traité grammatical inédit, que possède la bibliothèque du Roi, est la *Notitia linguæ sinicæ*, du P. Prémare, en trois volumes. Fourmont a aussi beaucoup parlé de cet excellent ouvrage ; mais on peut dire qu'il n'en a fait que bien incomplètement sentir le mérite, si même il ne l'a pas sciemment dissimulé. Le P. Prémare est le seul qui ait tracé nettement la division des deux styles chinois, que tous les autres grammairiens ont confondus. Il en donne séparément les règles, et entre en de grands détails sur l'emploi des par-

---

(1) La suite du manuscrit contient des dialogues familiers, composés, il y a plus de cent ans, par un missionnaire portugais. Parmi ces dialogues, se trouvent plusieurs de ceux qu'a publiés M. Morrison, dans les *Dialogues and detached sentences*. Macao, 1816, grand in-8.°

ticules, soit dans la langue vulgaire, soit dans la langue savante, en justifiant chaque assertion par de nombreux exemples; ou, pour mieux dire, il fait sortir les règles qu'il propose, de la comparaison de textes pris dans les meilleurs auteurs, rapprochés et expliqués avec le plus grand soin. Fourmont donne à entendre que, dans cet ouvrage, le P. Prémare a fait plutôt une rhétorique qu'une grammaire (1). En effet, le savant missionnaire a réuni beaucoup d'observations sur le style et les figures oratoires, plus utiles à ceux qui voudroient apprendre à composer en chinois, qu'à ceux qui se contentent d'acquérir la connoissance des principes de la langue, et de s'ouvrir un accès à l'intelligence des auteurs; mais il n'a pas pour cela négligé les élémens, et le seul reproche fondé qu'on puisse lui adresser, c'est peut-être de les avoir traités avec trop d'étendue; d'avoir trop considéré de cas particuliers, au lieu de les réunir en forme d'observations générales; d'avoir, en un mot, donné plutôt une liste de phrases expliquées, qu'une grammaire proprement dite. C'est ce qui s'opposera toujours à la publication de ce précieux travail, qui ne contient guère moins de douze mille exemples et de cinquante mille mots chinois. On ne peut dire non plus que le plan suivi par l'auteur convienne à un ouvrage élémentaire destiné à des commençans; mais ceux qui ont déjà une teinture de la langue, gagneront beaucoup à l'étudier, puisqu'ils pourront y puiser des notions de littérature, qu'autrement ils ne sauroient se procurer que par une lecture assidue des meilleurs écrivains chinois, continuée pendant de longues années.

---

(1) *Grammat. sin. praef.* p. 16.

PRÉFACE. xj

La partie du *Museum sinicum* (1) de Bayer qu'on peut appeler vraiment grammaticale, se réduit à cent trente-quatre pages du premier volume, avec un appendix de trente-trois pages sur la grammaire du dialecte de *Tchang-tcheou;* car on ne sauroit y comprendre la longue préface où ce savant rappelle les travaux dont le chinois a été l'objet avant lui, ni l'essai de vocabulaire, si imparfait, qu'il donne dans le second volume, ni les mémoires sur l'antiquité chinoise, que ceux des missionnaires français sur la même matière ont si complètement fait oublier, ni ses tables de cycles, de noms de poids et de mesures, morceaux utiles, mais tout-à-fait étrangers à l'art grammatical. La plus grande moitié de cette grammaire est encore occupée par des détails sur l'écriture, les dictionnaires, la poésie. Il reste cinquante pages environ, qui n'offrent, sur le mécanisme de la langue, que les notions les plus vulgaires, presque dépourvues d'exemples. Les caractères originaux, n'ayant pu être imprimés dans le texte, sont rejetés sur des planches de cuivre, auxquelles il faut recourir par des renvois. Ils y sont d'ailleurs si mal représentés, que c'est tout ce que peut faire un homme exercé que de les reconnoître : qu'on juge de l'embarras qu'ils doivent faire éprouver aux commençans. Du reste, on peut à peine appeler *grammaire* l'explication de quelques pronoms et particules, sans citation d'exemples, sans analyse, sans règles précises sur la construction, le rapport des mots, la contexture des phrases. La langue chinoise étoit sans doute bien mal connue en Europe, dans un temps où un savant tel que Bayer étoit réduit à se

---

(1) Theoph. Sigefr. Bayeri *Museum sinicum, in quo sinicæ linguæ et litteraturæ ratio explicatur.* Petropol. 1730, 2 vol. in-8.°

contenter d'aperçus si vagues et d'essais si peu satisfaisans.

Les deux ouvrages de Fourmont (1) durent paroître infiniment supérieurs au *Museum sinicum*, à une époque où il y avoit si peu de juges compétens. L'auteur avoit grand soin de relever l'importance de son travail; et les expressions de ses préfaces rappellent plus d'une fois cet auteur espagnol qui a intitulé une grammaire basque : *El imposible vincido*. Il est pourtant certain, comme on l'a déjà dit ailleurs, que Fourmont a grossi les difficultés de la langue, et dissimulé quelques-uns des secours que lui fournissoient ses devanciers : ceux qu'il a laissés lui-même à ses successeurs, ne gagnent pas à être considérés de près. On peut dire que Fourmont est un des auteurs qui ont le plus répandu d'idées fausses sur le chinois. Ses *Méditations* sont un livre obscur et presque inintelligible, rempli de notions vagues, inexactes, ou tout-à-fait erronées. Ce qu'il y a de moins mauvais dans ce volume, est un tableau des radicaux ou clefs, que plusieurs auteurs ont reproduit, et qui n'en est pas moins rempli d'erreurs.

Quant à la grammaire, on voit par le titre même qu'elle est destinée à faire connoître les règles du *kouan-hoa*, ou de la langue *mandarine*; par conséquent, on n'est pas en droit d'exiger de l'auteur les principes du *kou-wen* ou de la langue des *King* et des livres historiques. Mais ce qui étoit indispensable, c'eût été d'avertir les lecteurs de cette particularité. Effectivement, après avoir bien étudié cette grammaire, on seroit fort étonné, en ouvrant un livre, et sur-tout un livre

---

(1) *Meditationes sinicæ*, 1737, in-f.° — *Linguæ Sinarum mandarinicæ hieroglyphicæ Grammatica duplex*, 1742, in-f.°

PRÉFACE.

ancien, de n'y trouver, ni les marques des cas, ni les particules, ni le système de conjugaison, donnés par Fourmont. Son ouvrage, en le supposant bon, pourroit servir à ceux qui voudroient parler le chinois ; mais il est à-peu-près inutile pour l'intelligence des livres. C'est ce que disoient hautement, dans le temps où parut la *Grammatica sinica*, les PP. Guigue et Foureau, qui ont composé des examens critiques de cette grammaire. Ils blâmoient encore la méthode qui y étoit suivie, comme trop servilement calquée sur celle des grammairiens latins, et comme peu propre, par conséquent, à faire apprécier le génie particulier de la langue chinoise. Il est surprenant que cette observation ne les ait pas conduits à une découverte plus fâcheuse encore pour Fourmont, puisqu'elle attaque tout-à-la-fois l'érudition chinoise et l'honneur littéraire de ce savant philologue.

Fourmont avoit reconnu lui-même que le fonds de sa grammaire et l'ordre qu'il y avoit suivi, s'accordoient admirablement avec ceux d'un ouvrage du même genre, rédigé par le P. Horace de Castorano (1) : *Convenientiam inter nos, quam fieri poterat maximam*, dit-il, *sumus admirati ; quoad grammaticam divisio etiam eadem* (2). Et ailleurs : *Quod mirati ambo sumus, non solùm de re summâ, sed in ipsis etiam* titulis, *ac titulorum numero collatæ, convenère et grammatica ejus et mea, ita ut divisio earum prorsus eadem* (3). Cœterum, ajoute-t-il,

---

(1) Fourmont appelle par erreur ce missionnaire *Casarano*. On peut voir, sur la vie et les ouvrages du P. de Castorano, une notice dans le *Journal des savans*, de décembre 1760. J'ai parlé de sa *parva Elucubratio*, dans mon *Plan d'un Dictionnaire chinois*, pag. 9 et suiv.

(2) *Gramm. sin. præf.* p. 30.

(3) *Medit. sin. præf.* p. 14.

xiv PRÉFACE.

ed de re non obstupescat lector, neque id fieri aliter potuit. 1.º *Lingua eadem;* 2.º *si dictionariis usus est sinicis, fons idem.* Voilà qui rendroit bien raison de l'identité des règles, mais non de la conformité dans la division et jusque dans les titres des chapitres. Un autre rapprochement eût fait cesser l'étonnement des deux grammairiens, si cet étonnement étoit sincère de leur part : la grammaire de Fourmont (et par conséquent aussi celle du P. Horace, qui lui ressembloit tant) offre encore la plus frappante conformité avec un troisième ouvrage plus ancien, la grammaire du P. Varo. L'analogie, en ce qui concerne la *Grammatica sinica*, ne sauroit être plus frappante. Elle ne s'arrête pas aux titres des chapitres, mais elle porte aussi sur le choix des exemples, et jusque sur leur arrangement dans chaque article. Les mêmes phrases, toujours composées des mêmes mots et disposées dans le même ordre, se retrouvent dans les deux grammaires, de sorte que celle de Fourmont n'est, à proprement parler, qu'une traduction latine de celle du P. Varo. Ainsi, ce dernier a eu le même sort que son confrère le P. Basile de Glemona, dont le dictionnaire chinois-latin, après s'être perpétué par une foule de copies qu'en ont faites les missionnaires de la Chine, a fini par être imprimé, de nos jours, sous le nom d'un autre. Ce qu'il y a de plus blâmable dans le procédé de Fourmont, c'est d'avoir tâché d'atténuer, autant qu'il étoit possible, le mérite de la grammaire du dominicain, et de prévenir le soupçon de plagiat, en assurant qu'il n'avoit reçu le livre du P. Varo qu'après la composition de sa grammaire, *postquam*, dit-il, *dictionaria mea grammaticamque sinicam confecissem* (1).

---

(1) *Medit. sin. præf.* p. 21.

On ne pouvoit se dispenser de faire mention de cette particularité d'histoire littéraire, d'abord parce qu'elle doit faire compter une grammaire chinoise de moins, puisque celle de Fourmont se trouve n'être qu'une copie ou une traduction de l'*Arte de la lengua mandarina;* et ensuite parce qu'elle montre la source d'une infinité d'erreurs graves qui sont dans la *Grammatica sinica*. Le P. Varo n'avoit pas mis de caractères aux phrases chinoises qu'il rapportoit, mais il avoit marqué régulièrement la prononciation et les accens. Fourmont a ajouté les caractères, mais très-souvent il s'est trompé dans le choix de ceux qui avoient la même prononciation : circonstance qui achèveroit, s'il en étoit besoin, de démontrer jusqu'à l'évidence qu'il ne travailloit pas sur des textes, mais d'après des phrases écrites en lettres latines. Remarquez de plus que les trois cent quarante pages *in-f.°* de sa grammaire ne contiennent presque pas plus de matière que les cent pages du P. Varo, parce qu'il s'est servi, pour l'impression des exemples, d'un *corps* de caractères chinois d'une grosseur excessive, qui occupent une place considérable et laissent beaucoup de *blancs*. Il est, au reste, superflu d'ajouter que tous les reproches qu'on a faits précédemment au travail de Varo, trouvent ici leur application rigoureuse.

De 1742, qui est l'année où parut la *Grammatica sinica*, il faut passer tout d'un coup à 1814, époque où M. Marshman a donné sa *Clavis sinica* (1). Le temps qui s'est écoulé entre ces deux publications, n'a donné naissance à aucun ouvrage sur la grammaire chinoise ; car on ne sauroit compter les *Elementary characters* du docteur Hager, ni quelques autres

---

(1) Serampore, 1814, gr. in-4.° de plus de 600 pages.

ouvrages moins médiocres, qui traitoient plutôt de l'écriture que de la grammaire, et de la composition des caractères que du mécanisme de la langue. On sera court sur l'ouvrage de M. Marshman, ainsi que sur le traité suivant du docteur Morrison, parce qu'on en a rendu ailleurs un compte détaillé (1). La *Clavis sinica* n'étoit d'abord qu'une dissertation préliminaire, ou une sorte d'introduction à la traduction de Confucius, que M. Marshman avoit entreprise, et dont il a publié le premier volume (2). L'auteur a ensuite considérablement étendu cette dissertation, toutefois en conservant le fond primitif de son ouvrage, lequel consistoit principalement en observations sur le style du *Lun-iu*, ce livre des disciples de Confucius qu'il a commencé de traduire. Il s'étoit borné à justifier ces observations par des exemples tirés presque uniquement de cet ouvrage, et de deux ou trois autres de la même époque. Il en résulte que son travail est encore à présent tout-à-fait spécial, et n'offre, pour ainsi dire, que la grammaire d'un seul livre chinois, d'un livre qui, par sa concision antique, est bien loin d'offrir toutes les formes du style plus moderne, et moins encore celles du langage habituel. M. Marshman a d'ailleurs traité beaucoup de questions étrangères à son sujet; et si, laissant de côté ces digressions inutiles, on comptoit les exemples cités et traduits, qui sont tout ce qui peut servir aux étudians, on n'en trouveroit pas deux par page. Il y a donc tout à-la-fois insuffisance et prolixité dans cet

---

(1) Voyez le *Journal des savans*, février et mars 1817, pour la *Clavis sinica*, et février 1818, pour la *Grammar of the chinese language*.

(2) *The Works of Confucius, containing the original text with a translation*, vol. 1. Scrampore, gr. in-4.°, 1809. — Voyez la Notice de cet ouvrage dans *le Moniteur*, 1811, n.° 36.

ouvrage, qui est d'ailleurs fort rare, et d'un prix à peine accessible au plus grand nombre des étudians (1).

Quant à celui du docteur Morrison (2), c'est le premier ouvrage que cet auteur ait composé sur le chinois, et cette circonstance est nécessaire à remarquer pour un critique équitable. Le premier besoin d'un Européen qui arrive à la Chine, sur-tout dans le but qui y a conduit M. Morrison, est de se procurer, dans la langue qu'il veut apprendre, les équivalens des formes auxquelles il est accoutumé dans sa langue maternelle. Telle est la cause du soin avec lequel l'auteur s'est attaché à traduire en chinois les anglicismes et jusqu'aux locutions composées avec les verbes auxiliaires *to have*, *to be*, *to can*, *to do*, dans leurs divers temps et modes, en les poursuivant dans toutes leurs combinaisons. Ceci fait pressentir le genre particulier d'utilité de cet ouvrage, qui peut servir pour apprendre à traduire de l'anglais en chinois; mais les règles simples de la langue, telles que les comporte la marche ordinaire de sa phraséologie naturelle, y sont remplacées le plus souvent par des patrons de phrases, dont à peine les modèles se rencontreront dans les livres. On n'y trouve pas tout ce qu'on a besoin de savoir, et l'on y trouve bien des choses qu'on peut se dispenser d'apprendre. Du reste, ce petit livre n'en est pas moins rempli d'observations utiles, et l'auteur a bien mérité de ses compatriotes, en leur offrant, dès ses premiers pas dans la carrière, un guide qui leur permet de marcher sur ses traces.

---

(1) 5 liv. 5 shill.
(2) *A Grammar of the chinese language.* Serampore, 1815, in-4.° de 280 pag. Prix · 1 liv

En exprimant franchement, sur tous ces différens ouvrages, un jugement dont la forme paroît toujours un peu sévère, quand le défaut d'espace oblige à le renfermer dans un petit nombre de paroles, on n'a pas eu l'intention de diminuer la juste portion de gloire qui peut revenir à chaque auteur, et moins encore de leur refuser le tribut de reconnoissance qu'on leur doit. On aime au contraire à avouer qu'il n'en est aucun auquel on n'ait emprunté des remarques plus ou moins importantes, et que si l'on n'a pas désespéré de mieux faire, c'est qu'on avoit devant les yeux leur exemple à suivre ou à éviter. L'ouvrage du P. Prémare, en particulier, est celui qu'on a le plus souvent mis à contribution, non pas seulement parce que la *Notitia linguæ sinicæ* étant un livre inédit, il pouvoit être plus convenable de faire revivre ce travail d'un compatriote, enveloppé dans un injuste oubli; mais aussi parce que ce savant missionnaire semble avoir eu, sur tous les Européens qui se sont occupés de grammaire chinoise, le précieux avantage d'avoir acquis, par une lecture immense, un plus grand fonds de connoissances philologiques, et d'avoir puisé plus abondamment qu'eux tous aux sources de la bonne littérature. On a cru sur-tout devoir le prendre pour guide dans l'emploi de cette double méthode, qu'on a reconnue éminemment propre à faire pénétrer plus promptement et plus sûrement les étudians dans le véritable goût chinois, en leur présentant d'abord, avec les formes auxquelles ils sont accoutumés et dont ils ont tant de peine à se détacher, tout ce qui, dans la grammaire chinoise, peut rentrer naturellement sous nos divisions de parties de l'oraison, pour se hâter ensuite de revenir au système des Chinois par une récapitulation des emplois divers auxquels ils assujettissent leurs particules.

PRÉFACE.

Il a semblé que cette manière de présenter les choses avoit l'avantage de ne pas effaroucher l'esprit des commençans, et de ne pas non plus altérer les principes de la langue, en les faisant entrer de gré ou de force dans un cadre auquel ils sont étrangers. L'expérience a déjà justifié cette idée dans les leçons orales : on souhaiteroit qu'elle se trouvât confirmée par l'épreuve ultérieure à laquelle l'impression va soumettre le précis de ces leçons.

On ne fait nulle difficulté d'avouer que plusieurs exemples qu'on trouvera rapportés dans ce volume, ont été empruntés, soit à l'ouvrage du P. Prémare, soit aux autres dont on vient de parler : l'invention, en ce genre, n'est pas un mérite à réclamer. Mais ce qu'on croit pouvoir assurer, pour la sécurité des lecteurs et des étudians, c'est qu'il n'est pas un seul de ces exemples qui n'ait été vérifié sur les originaux. On a compulsé à cet effet un grand nombre d'ouvrages anciens, philosophiques ou historiques, pour le *kou-wen*, et de romans, pour le *kouan-hoa*. Quelque importance qu'on doive attacher aux règles qui sont l'expression de ce qu'il y a de commun dans un grand nombre de cas particuliers, on doit par-dessus tout s'attacher aux phrases citées, s'habituer à les analyser pour se faire au goût chinois, et à les graver dans sa mémoire, pour les appliquer aux phrases du même genre qu'on rencontrera ensuite dans la lecture des auteurs. C'est pour rendre ce travail plus facile et plus profitable, qu'on s'est astreint presque par-tout à rapporter les phrases entières, et à donner d'abord le sens isolé de chaque mot, puis le sens complet de chaque phrase. Rien ne sera plus utile que de comparer ces deux sortes d'interprétations, et de reconstruire l'une en employant les élémens de l'autre. Par-là on se fera une juste idée de la construction et du rôle que chaque particule joue dans la phrase chinoise. Les analyses qui doivent servir de base à cette étude, ayant été rédigées avec le plus grand soin et d'après un grand nombre de passages similaires, on fera bien de s'en tenir, du moins dans les commencemens, à l'indication des rapports, telle qu'elle est présentée ici, pour ne pas risquer de contracter, dans l'explication de phrases si éloignées des formes auxquelles nous sommes accoutumés, des habitudes qui pourroient écarter du sens chinois. L'expérience qu'on en a faite est le motif du conseil qu'on adresse ici aux étudians.

Ce qui ne pouvoit être emprunté de personne, parce que personne encore n'avoit examiné la langue chinoise sous ce point de vue, ce sont les règles de la construction chinoise, et les observations qui ont pour objet de faire sortir de la position respective des mots et des phrases, la notion précise de leurs rapports, et de la manière dont ils concourent au sens général. C'est une lecture assidue des meilleurs livres, entreprise depuis long-temps, et continuée pendant plusieurs années, qui a permis d'atteindre ce résultat. On ose dire que, par-là, la grammaire chinoise est mise en un jour tout-à-fait nouveau, et tout autrement satisfaisant, soit pour ceux qui étudient le génie des peuples dans la constitution de leurs langues, soit pour ceux qui se bornent à acquérir l'intelligence de leurs monumens littéraires. Car qu'y auroit-il de plus étrange aux yeux des uns, et de plus décourageant pour les autres, que de voir un idiome où les mots, privés de désinences qui marquent leur nature diverse et leurs rapports mutuels, se trouveroient encore jetés arbitrairement dans la phrase; de manière que leur arrangement étant un effet du hasard, donneroit lieu à vingt interprétations diverses, et qu'une chance heureuse pourroit seule faire retrouver le sens de l'auteur. C'est pourtant là l'idée que des hommes judicieux se sont formée et se forment peut-être encore de la langue de Confucius; bien plus, c'est d'après cette notion qu'ont été faits en Europe tous les essais de traduction qu'on y a hasardés, parce que ceux mêmes qui ont le mieux su le chinois, traduisoient plutôt par un sentiment vague et incertain, que par une observation rigoureuse des procédés de la langue. Ce préjugé, produit par la manière peu réfléchie dont on avoit examiné les livres chinois, doit disparoître avec les autres; et quand les observations qui le combattent n'auroient produit que ce bon effet, on ne croiroit pas avoir tout-à-fait perdu la peine qu'elles ont coûté.

On a cru faire une chose utile en distribuant toutes les notions élémentaires renfermées dans cette grammaire, en un certain nombre de paragraphes numérotés. Cette méthode, empruntée des géomètres, a d'assez grands avantages : elle assujettit à un classement plus rigoureux des matières, en détermine la division d'une manière plus analytique, aide la mémoire des étudians, et fait éviter les répétitions, en facilitant les renvois. Ainsi, toutes les fois qu'un terme technique, une expression prise dans un sens de convention, ou une notion qui a besoin d'éclaircissemens, se trouveront reproduits hors de leur place naturelle, on y joindra entre parenthèses le numéro du paragraphe où l'explication détaillée en est donnée. L'étudiant sera toujours en état d'y recourir, et de s'assurer s'il a encore présentes à la mémoire les règles qui ont déjà passé sous ses yeux.

Il y a un point pour lequel on a cru devoir s'écarter

entièrement de la marche suivie par la plupart de ceux qui ont écrit jusqu'ici sur la grammaire chinoise : c'est le choix des exemples qui sont destinés à justifier les règles, en en montrant l'application, et qui pourroient, à la rigueur, les rendre superflues. Le P. Varo, Montigny et Fourmont ses imitateurs, ont fait exclusivement usage de phrases composées exprès, par conséquent dénuées d'autorité, où l'on reconnoît souvent et où l'on peut toujours craindre de rencontrer la trace d'une main européenne. Le Docteur Morrison avertit (1) qu'à l'exception d'un petit nombre de phrases prises dans les livres, les exemples dont il a fait usage sont tous de la façon d'un maître chinois, qui les a traduites de l'anglois. Ce n'est point encore là une garantie suffisante, ni une assurance telle qu'on est en droit de l'attendre, que les expressions et les tours qu'on va étudier sont bien conformes au génie de la langue, au goût des gens instruits qui la parlent, et au style des bons auteurs. En puisant tous leurs exemples dans les livres les plus estimés, M. Marshman, et sur-tout le P. Prémare, ont donné l'idée d'un système plus judicieux, auquel on s'est attaché strictement dans cette grammaire. Toutes les phrases qu'on y trouvera rapportées, sans exception, sont extraites des meilleurs écrivains ; celles qui servent d'exemples du style antique sont tirées des livres classiques, des autres ouvrages antérieurs à l'incendie, ou des historiens les plus célèbres, lus dans ce dessein, et la plume à la main ; on s'est assujetti à les donner le plus souvent complètes, et l'on a eu soin de citer presque par-tout, à chaque exemple, l'auteur qui l'a

---

(1) *Grammar.* pag. 289.

PRÉFACE. xxiij

fourni. Les phrases qui se rapportent au style moderne ne sont pas non plus forgées à plaisir, ou empruntées à des Européens ou même à des Chinois sans autorité, mais elles sont prises dans les romans les plus estimés pour le style, tels que le *Iu-kiao-li*, le *Hao-kicou-tchouan*, le *Hoa-thou-youan-tchouan*, le célèbre *Kin-phing-meï* (2), etc. Par cette méthode, on a pensé qu'on assureroit à ces Élémens un avantage indépendant du mérite des règles qui y sont proposées, puisqu'à ne les considérer même que comme un recueil de phrases extraites des meilleurs livres, les étudians pourront toujours y trouver le moyen le plus sûr et le plus expéditif de se former à la connoissance du style chinois, et de se préparer à l'intelligence des auteurs.

On avoit pensé d'abord que, pour éviter le risque de fonder des considérations générales sur des cas particuliers, et de transformer les exceptions en principes, il conviendroit de joindre à chaque règle plus d'un exemple pour en montrer les applications ; en conséquence, dans les lectures préparatoires qui ont servi de base à ce travail, on s'est occupé d'en rassembler un très-grand nombre : mais en rédigeant l'ouvrage pour l'impression, on s'est aperçu que cette multiplicité de phrases chinoises l'alongeoit considérablement, et nuisoit à l'objet qu'on s'étoit proposé, qui étoit de faire un livre court et qui contînt le plus de choses dans le moins d'espace possible. On a donc restreint à un ou deux au plus le nombre des exemples de chaque règle ; mais, afin d'en tirer tout le parti possible, on a mis, après chaque paragraphe, l'indication des autres paragraphes où se trouvent rapportées

---

(1) Voy. *Livre des Récompenses et des Peines*, pag. 58.

des phrases similaires. Ceux qui feront usage de ces renvois, verront ainsi se multiplier pour eux les moyens de comparaison, les occasions de s'exercer à l'analyse des phrases chinoises, et les motifs de croire à l'exactitude des règles qu'ils auront apprises.

Une difficulté très-grande, qui eût pu retarder beaucoup la publication de cet ouvrage, sans la munificence du Gouvernement, consistoit à avoir les types chinois en nombre suffisant, et d'une dimension qui permît de les combiner à volonté avec les lignes des caractères européens. On s'est servi de ceux qui avoient été gravés pour l'édition chinoise du *Tchoung-young*, donnée en 1817, et on les a complétés en gravant, d'après les dessins de l'auteur, tous ceux qui manquoient à ce premier fonds. Le nombre total des caractères gravés dans ces deux occasions est d'environ 1400. Ils ont tous été *clichés*, pour servir en plusieurs endroits, et cette opération a très-peu nui à la pureté des traits et à l'élégance des formes, lesquelles, dans les derniers sur-tout, font honneur au talent du graveur en bois (M. Delafond) qui les a exécutés. Le catalogue de tous ces types a paru devoir être utile aux personnes qui se serviront de cette Grammaire; on l'a donc placé à la fin, sous forme de table, avec tous les renvois et toutes les explications nécessaires. Ce sera une sorte de petit lexique, plus commode à consulter que les grands dictionnaires, et avec lequel on pourra s'exercer à la recherche des caractères d'après le système des clefs, en retrouver à volonté le sens et la prononciation, s'habituer à les analyser et à y discerner le radical. On aura bientôt acquis par-là assez d'habitude pour n'être jamais embarrassé en faisant usage d'un dictionnaire plus étendu.

PRÉFACE. XXV

Pour les mots qui se reproduisent plusieurs fois, et notamment pour les particules et les autres termes grammaticaux, on a pris soin d'indiquer de préférence la page où se trouve l'explication la plus complète, ou l'exposé particulier de leurs usages. Enfin on y a fondu le lexique du *Tchoung-young*, qui est jusqu'à présent le seul ouvrage chinois publié textuellement en Europe, et on l'a fait suivre par la table des caractères dont le radical est difficile à reconnoître, et par celle des termes dissyllabiques (1).

Il reste à parler de l'étendue qu'on a cru devoir donner à cette grammaire. Il y a deux manières de concevoir le plan d'un ouvrage de ce genre : ou bien, dans un traité approfondi, on cherche à rassembler toutes les règles, à prévoir toutes les exceptions et toutes les irrégularités, à résoudre toutes les difficultés de la langue, à en relever toutes les délicatesses; ou bien, allant au plus pressé, on se contente d'offrir aux commençans les principes vraiment essentiels, et les documens absolument indispensables pour l'intelligence des livres. Ces deux méthodes ont leurs avantages et leurs inconvéniens. La dernière laisse beaucoup à désirer à ceux qui, ayant surmonté les premières difficultés, veulent faire des progrès dans la littérature. L'autre méthode effraie les commençans, leur exagère les obstacles qu'ils auront à surmonter, en les leur présentant tous à-la-fois, et fatigue leur

---

(1) Pour ces sortes de mots, où la réunion de deux caractères est nécessaire à la formation d'un sens unique [*v*. n. 175, 284], on a réuni par un crochet les caractères qui les composent, et l'on n'a mis l'expression latine correspondante qu'au dernier des deux, parce que le sens particulier de chacun se perd dans l'acception commune. On trouvera de ces sortes de mots, même dans la grammaire du Style antique, suivant ce qui a été observé dans la note de la page 107.

mémoire par une multitude de préceptes qu'ils se croient obligés de retenir tous également, quoique la plûpart ne doivent trouver d'application que bien rarement, et que quelques-uns même puissent n'en recevoir jamais. Il seroit sans doute éminemment utile de posséder, pour chaque langue savante, deux ouvrages rédigés dans cette double vue : on s'initieroit avec l'un aux premiers secrets de la langue; on se perfectionneroit ensuite avec le secours de l'autre. C'est ainsi que, pour la langue arabe, la grammaire d'Erpénius a pu former des élèves, jusqu'au moment où celle de M. de Sacy est venue former des maîtres.

Mais si par malheur on doit être privé de l'un des deux, il semble plus facile de se passer du traité approfondi que de la grammaire élémentaire; car avec celle-ci, on pourra se former à la lecture des auteurs, laquelle suppléera bientôt au défaut de l'autre. C'est, dit-on, un grand mal qu'un gros livre : cela est vrai, sur-tout des grammaires; il semble qu'elles ne puissent jamais être assez concises, et que généralement les plus courtes soient les meilleures, du moins pour les commencemens. Au reste, dans la rédaction d'une grammaire élémentaire, il y a beaucoup de précautions à prendre. Il ne suffiroit pas de recueillir au hasard un petit nombre de règles : ce choix, qui est très-important, veut être fait dans les livres; et une lecture assidue des bons auteurs doit y préparer le grammairien. Il faut ne rien négliger de ce qui peut se présenter souvent, et ne laisser de côté que les particularités d'une application peu fréquente, véritables singularités grammaticales, qui ne sont qu'embarrassantes dans un ouvrage élémentaire, et qu'on peut renvoyer sans inconvéniens à un autre temps. Cela est vrai sur-tout pour certains idiomes et dans certaines circonstances. La langue chinoise n'ayant pas un système grammatical bien compliqué, ne laisse pas sentir le besoin d'un traité fort détaillé. Ses difficultés ayant été exagérées, il importe de démontrer promptement que l'étude n'en sera pas plus pénible que celle de toute autre langue. On le fait voir jusqu'à l'évidence dans ce petit ouvrage ; et rien ne semble plus propre à rassurer les étudians, et même à en augmenter le nombre, que l'assurance formelle qu'on ose leur donner ici : dans un si petit espace, tout ce qui est nécessaire est renfermé, rien d'essentiel n'est omis. Quiconque aura appris les quatre cents paragraphes dont il est composé, pourra hardiment aborder l'étude des livres, avec la confiance qu'il saura venir à bout lui-même de toutes les difficultés grammaticales qu'il y rencontrera. Si une telle garantie eût existé depuis cent ans, elle auroit sans doute engagé bien des littérateurs à se livrer à une étude dont la facilité eût été si bien démontrée; la littérature chinoise seroit à présent florissante, et ses trésors mis à profit : mais des rapports confus et des notions vagues, accumulés depuis deux siècles, avoient, pour ainsi dire, entouré ses approches de nuages et de ténèbres, qu'un enseignement public étoit peut-être seul capable de dissiper.

C'est un fait reconnu maintenant par des hommes dont le témoignage est d'un grand poids en ces matières, que l'écriture chinoise, dont l'étude occupoit, disoit-on, les lettrés pendant toute leur vie, peut s'apprendre comme toute autre, et ne demande pas de plus grands efforts d'attention ni de mémoire. Toutes les difficultés qu'on éprouve proviennent de ce système insolite, auquel on a besoin de se faire, en se déshabituant de quelques préjugés d'enfance, qu'un esprit judicieux a bientôt surmontés. Toutes sont au commencement; et quiconque aura travaillé huit jours à les combattre, n'en trouvera plus par la suite. La multitude des caractères semble effrayante; mais elle n'importe en rien, puisque la plupart de ces caractères sont inusités, et que celui qui en connoît deux mille n'est jamais embarrassé. Leur forme semble bizarre; et c'est précisément, quand on sait les décomposer, ce qui les grave plus facilement dans la mémoire. Ils peignent des objets au lieu de sons; et c'est encore, contre l'opinion commune, ce qui aide à les retenir mieux et en plus grand nombre. Les dictionnaires sont réguliers et méthodiques; les livres assujettis à un ordre admirable, accompagnés d'*index*, de notes, d'éclaircissemens; les pages toujours numérotées, avec un titre courant, l'indication des chapitres et autres sous-divisions. Tous les livres sont imprimés, et les préfaces seules, qu'on a coutume d'écrire en caractères cursifs, peuvent offrir quelque vestige de ces difficultés que présente la lecture des manuscrits dans les autres langues orientales. La grammaire proprement dite offre les mêmes avantages. Les particules, qui en sont le principal instrument, tiennent lieu de terminaisons; la position des mots détermine leur valeur, et cela, d'après des règles si précises et si constantes, qu'il ne règne presque jamais d'incertitude sur le sens; et quoique la langue soit elliptique et souvent figurée, jamais la même phrase ne peut raisonnablement être entendue de deux manières. On pose ces assertions, parce qu'elles sont directement contraires aux préjugés qui ont eu cours jusqu'ici sur le chinois. Une sorte de fatalité a voulu qu'une suite d'hommes peu instruits et d'esprits faux aient prêté à la langue chinoise le vague qui étoit dans leur imagination. Des études plus approfondies, et sur-tout mieux

PRÉFACE.

dirigées, convaincront facilement tout homme judicieux d'une vérité qui seroit triviale, si l'erreur qui y est opposée n'avoit pas été soutenue de quelques noms célèbres : c'est que les Chinois, comme les autres peuples, s'entendent en parlant et en écrivant. Nous pouvons donc les entendre aussi, si nous avons les secours nécessaires, et sur-tout si nous nous y prenons un peu moins mal qu'on n'a fait jusqu'à présent.

On a dit que les règles contenues dans cette grammaire, quelque peu nombreuses qu'elles fussent, devoient suffire pour l'intelligence de tous les livres, et l'on ne craint pas de répéter positivement cette assertion, justifiée d'avance par des essais réitérés pendant plusieurs années. Il est bien entendu toutefois qu'on devra joindre à la grammaire les secours qui sont indispensables pour l'étude d'une langue quelconque, un dictionnaire et des textes traduits pour s'exercer à l'explication. Pour le premier point, le dictionnaire chinois-anglais du docteur Morrison seroit incomparablement préférable à tout autre, s'il étoit achevé; mais comme la publication n'en est parvenue qu'au quart environ (1), il faudra se servir du dic-

(1) Depuis que cette préface a été composée, M. Morrison a donné en une seule livraison formée de près de 1600 pages grand in-4.° (Canton, tom. I, 1819, tom. II, 1820), toute la seconde partie de son grand Dictionnaire chinois-anglais; savoir : 1.° le Dictionnaire *tonique*, où les caractères sont arrangés d'après l'ordre alphabétique, suivant l'orthographe anglaise; 2.° l'index, par clefs, des caractères expliqués dans le Dictionnaire ; 3.° la table des caractères difficiles; 4.° celle des mots anglais dont les équivalens chinois se trouvent dans le Dictionnaire ; 5.° un spécimen des formes antiques et cursives d'un certain nombre de caractères. Quoique ce beau travail soit déparé par un assez grand nombre de fautes graves, il n'en est pas moins supérieur à tout ce qui a été fait dans le même genre, et il a sur-tout, au-dessus du vocabulaire du P. Basile de Glemona, l'avantage inappréciable d'offrir les mots dissyllabiques et les expressions composées, en caractères chinois, et non pas seulement en lettres

tionnaire chinois-latin du P. Basile de Glemona, publié par M. Deguignes fils, en y joignant le supplément qu'a rédigé M. Klaproth. La première partie de ce dernier ouvrage, qui a paru l'année dernière, contient sur-tout un morceau dont les commençans auroient peine à se passer; c'est la table des caractères dont le radical est difficile à reconnoître, avec des renvois. Quant aux textes, on croit pouvoir recommander le *Tchoung-young*, en chinois et en mandchou, avec une traduction française, une version littérale latine, et des notes pour l'intelligence du texte (1). On devra aussi s'exercer sur quelques-uns des morceaux chinois qui ont été imprimés textuellement dans divers ouvrages, tels que le *Taï-hio*, à la suite de la *Clavis sinica* de M. Marshman, et la première partie du *Lun-iu*, que le même auteur a donnée en chinois et en anglais, à Serampore; les dialogues et phrases détachées, publiés à Macao en 1816; le *San-tseu-king*, ou le livre formé de phrases de trois mots, donné par M. Montucci (2); un fragment du *Tchhun-thsieou*, par Bayer (3); l'oraison dominicale, dans la collection de M. Marcel, et quelques autres prières dans le *Syntagma* de Hyde (tom. II, pl. iv); une patente donnée par l'empereur de la Chine, et publiée par

---

latines. Voyez le compte détaillé que nous en avons rendu dans le *Journal des Savans* de juillet 1821, pag. 387.

(1) Ce morceau a été inséré dans le tome X des *Notices et extraits des Manuscrits*; on en a tiré un très-petit nombre d'exemplaires destinés aux personnes qui suivent les leçons du Collége royal.

(2) Dans la réimpression des *Horæ sinicæ* de Morrison, à la suite de son *Parallel drawn betwen the two intended chinese Dictionaries*, Londres, 1817, in-4.°

(3) Dans les *Commentarii academiæ scientiarum imp. Petropolitanæ*, t. VII, pag. 335, en vingt planches gravées.

xxxj PRÉFACE.

de Murr (1); et enfin, des fragmens moins considérables, épars dans les écrits de MM. Montucci, Klaproth, Morrison et de quelques autres. Ceux qui se trouveront dans le voisinage des bibliothèques où l'on conserve des livres chinois, pourront pousser plus loin ce travail préparatoire, en comparant aux originaux quelques-unes des traductions qui ont été données dans les langues européennes. Il s'est répandu dans l'occident un grand nombre d'exemplaires des livres chrétiens traduits en chinois par les missionnaires, et aussi des ouvrages moraux attribués à Confucius, qui ont été mis en latin par le P. Intorcetta et par le P. Noël. On y trouve aussi plusieurs exemplaires du *Chou-king*, dont le P. Gaubil a donné la traduction. Enfin, diverses bibliothèques d'Europe possèdent le panégyrique de *Moukden*, le Code des Mandchous, et d'autres livres qui ont pareillement été traduits en tout ou en partie. Celui qui aura pris un de ces ouvrages pour guide, et qui se sera mis en état de le suivre pas à pas, sera bientôt en état d'aller seul. Alors tous les trésors de la littérature chinoise seront à sa disposition; et s'il lui est permis de fréquenter la bibliothèque du Roi, cinq mille volumes s'offriront à lui, la plupart n'ayant pas encore été ouverts, remplis de notions aussi neuves qu'importantes, et renfermant presque tout ce que les Chinois ont de meilleur en fait d'histoire, d'antiquités, de philologie, de géographie, de mythologie, de philosophie, d'histoire naturelle, de politique, de législation, de statistique, de poésie, de romans et de pièces de théâtre. Cette mine si précieuse, et presque intacte au milieu de tant d'autres qui semblent épuisées, suffi-

---

(1) *Litteræ patentes imperatoris Sinarum* Kang-hi, *sinice et latine*. Norimbergæ, 1802, in-4.°

xxxij   PRÉFACE.

roit pendant cinquante années aux travaux de vingt personnes studieuses. On ne croit plus à présent qu'il faille toute la durée de la vie d'un homme pour apprendre les élémens du chinois : en effet, deux ou trois ans d'études au plus suffiront désormais pour ouvrir à un homme zélé et persévérant, un libre accès à ces richesses variées, dont l'ignorance seule peut méconnoître le prix, et qu'une négligence peu philosophique a laissées trop long-temps en oubli.

16 *Septembre* 1820.

ÉLÉMENS

DE LA

GRAMMAIRE CHINOISE.

PROLÉGOMÈNES.

§. I.er ÉCRITURE.

1. Les Chinois n'ont point de lettres proprement dites; les signes de leur écriture, pris en général, n'expriment pas des prononciations, mais des idées. La langue parlée et la langue écrite sont donc bien distinctes et séparées : toutefois chaque mot de l'une répond au signe de l'autre qui représente la même idée, et réciproquement.

2. Les plus anciens caractères chinois étoient des dessins grossiers d'objets matériels, tels que ceux-ci :

☉ ☽ ⋔ ☀ ☆ ⚇ (1)

Soleil.   Lune.   Montagne.   Arbre.   Chien.   Poisson.

Ces premiers caractères, dont le nombre a toujours été très-borné (2); se nomment 形象 *siàng-hìng,* c'est-à-dire, *images.*

---

(1) Dans l'écriture moderne [V. ci-après n.° 15], ces anciens caractères ont pris la forme suivante :

日 月 山 木 犬 魚

Les mots correspondans de la langue parlée sont :

jĭ · youĕï   chăn   moŭ   khiouăn   iŭ

(2) Ce nombre étoit de 200, suivant les recherches que j'ai faites à ce sujet.

2 GRAMMAIRE CHINOISE.

3. Quand le besoin d'exprimer des objets plus compliqués se fut fait sentir, on réunit ensemble deux ou plusieurs images simples, qui, par leur rapprochement, indiquoient, d'une manière plus ou moins ingénieuse, les notions qu'on vouloit rendre. Ainsi, l'image de *soleil*, jointe à celle de *lune*, sifinifia LUMIÈRE ; l'image d'*homme*, au-dessus de celle de *montagne*, voulut dire ERMITE ; *bouche* et *oiseau*, exprimèrent le CHANT ; *femme*, *main* et *balai*, rendirent l'idée de MATRONE, FEMME MARIÉE ; *oreille* et *porte*, signifièrent ENTENDRE ; *eau* et *œil*, LARMES, etc.

明 仚 鳴 婦 聞 泪 (1)

Lumière. Ermite. Chant. Femme. Entendre. Larmes.

Ces sortes de mots composés, dont le nombre est très-grand, sont appelés 意會 *hoeï-i* [sens combinés].

4. Les caractères qui indiquent des rapports de position ou de formes, et les signes arbitraires qui, comme disent les Chinois, représentent tout ce qui n'a pas de figure, sont nommés 事指 *tchi-ssé*, *indiquant la chose* ; tels sont :

上 下 中 一 二 三 (2)

en haut. en bas. milieu. un. deux. trois, etc.

5. Certains caractères, écrits à rebours ou renversés, acquièrent une signification inverse, antithétique ou correspondante à la

---

(1) Forme moderne et mots de la langue parlée :

明 仙 鳴* 婦 聞 泪

míng *siān* *míng* *foú* *wén* *loúi*

(2) Forme moderne et mots correspondans :

上 下 中 一 二 三

cháng *hiá* *tchoûng* *ĭ* *eúl* *sān*

* Nous avons rétabli ici le caractère *míng* au lieu du signe 'od mis à tort dans l'édition de 1822. — *Note de l'éditeur.*

signification primitive. Le nombre de ces caractères, qu'on nomme 註轉 *tchouàn-tchù*, est très-peu considérable; tels sont :

𠂇 㐄 正 亞 兀 𠂂 (1)

gauche. droite. debout. couché. homme cadavre;
(vivant).

6. Pour exprimer des idées abstraites ou des actes de l'entendement, on a détourné le sens des caractères simples ou composés qui désignent des objets matériels, ou l'on a fait d'un substantif le signe du verbe qui exprime l'action correspondante. Ainsi le *cœur* représente l'*esprit*, l'*entendement*; *maison* se prend pour *homme*; *salle*, pour *femme*; *main*, pour *artisan*; trois images d'*homme*, placées l'une derrière l'autre, signifient *suivre*, etc. On appelle ces caractères 借假 *kià-tsiét*, c'est-à-dire, *empruntés*.

7. Enfin, comme tout signe simple ou composé a son terme correspondant dans la langue parlée, lequel lui tient lieu de prononciation [1, 43]', il en est un certain nombre qui ont été pris comme signes des sons auxquels ils répondoient, abstraction faite de leur signification primitive, et qu'on a joints en cette qualité aux images, pour former des caractères mixtes. Ces sortes de caractères, qu'on nomme 聲形 *hìng-chíng*, ou *figurant le son*, sont moitié représentatifs, et moitié syllabiques. L'une de leurs parties, qui est l'image, détermine le sens et fixe le genre; l'autre, qui est un groupe de traits devenus insignifians, indique le son et caractérise l'espèce.

---

(1) Forme moderne et prononciation :

左　右　正　乏　人　尸

tsŏ　yéou　tchíng　fá　jîn　chí

Ainsi, le signe 里, qui signifie *lieu*, et répond au mot chinois *li*, joint à l'image de *poisson*, forme le nom du *poisson li*, ou de la carpe (1). Le mot 白 *pĕ*, qui veut dire *blanc*, ne porte que sa prononciation dans le caractère composé de l'image d'*arbre* 柏 *pĕ* (2), qui signifie *cyprès*. La plupart des noms des arbres, des plantes, des poissons, des oiseaux et d'une foule d'autres objets qu'il eût été trop difficile de représenter autrement, sont désignés par des caractères de cette espèce, lesquels forment au moins la moitié de la langue écrite.

8. On nomme 六書 *loù choù*, ou les *six sortes de caractères*, les signes formés par les six procédés qu'on vient d'énumérer. Leurs dénominations chinoises peuvent se traduire ainsi :

Siáng-hing	[2]	*Images* ou caractères *figuratifs.*
Hoeï-i	[3]	*combinés.*
Tchi-ssé	[4]	*indicatifs.*
Tchouán-tchù	[5]	*inverses.*
Kiá-tsiéï	[6]	*métaphoriques.*
Hing-ching	[7]	*syllabiques.*

9. Le nombre des caractères qui ont été composés d'après ces six procédés, est très-considérable ; les dictionnaires classiques en expliquent 30 ou 40 mille : mais il y en a beaucoup de synonymes, et les deux tiers environ sont à peine usités.

10. Les instrumens employés à différentes époques pour tracer les caractères, ont fait varier la forme des traits qui les composent. Il est résulté de ces changemens une succession de *styles* d'écriture, analogues à nos lettres unciales, romaines, gothiques, italiques, etc. Chaque caractère chinois peut être transcrit dans ces différens styles,

---

(1) Forme moderne 鯉   (2) Forme moderne 柏

PROLÉGOMÈNES.

sans éprouver aucune altération ; on dira ici quelques mots de celles qu'il est le plus nécessaire de connoître.

11. 蝌 蚪 *khỏ-teoù* est la plus ancienne espèce d'écriture, suivant les Chinois. On lui donne ce nom, qui signifie *têtards*, parce que les traits irréguliers dont elle étoit formée, donnoient l'idée de cet animal. On dit que *Fou-hi* [vers 2950 avant J. C.] l'inventa pour remplacer les cordelettes nouées. Cette écriture est maintenant inusitée. L'inscription de *Iu* [xxiii.° siècle avant notre ère] offre des caractères qui ont beaucoup d'analogie avec le *khỏ-teòu* (1).

12. 篆 *tchhouàn.* C'est une écriture composée de traits roides et grêles, qui fut usitée, avec quelques variations, depuis le temps de Confucius [au milieu du vi.° siècle avant J. C.], jusqu'à la dynastie des *Han* [au ii.° siècle avant notre ère]. On a dans cette écriture des monnoies et des inscriptions. On s'en sert pour les sceaux qui tiennent lieu de signatures, et qu'on imprime à la fin des préfaces et ailleurs (2). Il y a une variété de cette écriture qui sert aussi quelquefois ; elle est composée de traits droits et brisés : on l'attribue à *Li-sse*, ministre sous la dynastie des *Thsin* [vers 210 avant J. C.]. On verra dans la planche un exemple de ces deux écritures. Voyez n.°ˢ I et II.

13. 隸 *li*, ou l'écriture des bureaux, fut inventée sous la dynastie des *Han* [au ii.° siècle avant notre ère], pour remplacer le *tchhouàn*, qui étoit trop difficile à tracer. Elle est formée de traits pesamment dessinés. On s'en sert quelquefois pour l'impression des préfaces. Voyez n.° III.

14. 草 *thsaỏ*. C'est une sorte de tachygraphie extrêmement cursive et fort difficile à lire, à cause d'une multitude d'abréviations, de licences et de ligatures qui altèrent la forme des caractères. Elle fut inventée sous la dynastie des *Han*, par un nommé *Tchang-ping* [au

---

(1) *Encycl. jap.* liv. xv, p. 30. — *Monument de Yu*, par Hager; Paris, 1802, in-f.° — *Inschrift des Yü, von Julius von Klaproth* ; Berlin, 1811, in-4.°, p. 14.

(2) Pour exemple de cet usage, voyez les deux sceaux imprimés à la fin de la préface de cette Grammaire.

6 GRAMMAIRE CHINOISE.

1.ᵉʳ siècle de notre ère]. On s'en sert aussi fort souvent pour les préfaces, les inscriptions sur les paravens, les éventails, les bâtons d'encre, ainsi que pour écrire les pièces de vers, les explications des peintures, etc. Voyez n.º IV.

15. L'écriture commune, maintenant usitée pour l'impression de tous les livres, ne diffère de l'écriture *li* que par certaines règles de calligraphie que l'usage de la gravure en bois a fait adopter. Elle offre un mélange de pleins et de déliés, et une régularité de formes qui la rendent agréable à la vue. Voyez n.º V (1).

16. En écrivant avec le pinceau, les Chinois tracent les caractères de l'écriture commune d'une manière moins régulière, et avec une liberté qui comporte un haut degré d'élégance. Quand cette écriture est tracée sans abréviations, elle est très-facile à lire, et le nombre des traits dont chaque caractère est composé, est même plus facile à compter que dans l'écriture carrée d'impression. On a coutume d'imprimer avec cette écriture courante, à l'imitation des manuscrits, les préfaces, les pièces diplomatiques ou d'administration, les romans et autres morceaux de littérature légère. Voyez n.º VI (2).

17. Comme beaucoup de caractères ont changé de forme par la succession des temps, il y a quelquefois plusieurs orthographes reçues pour le même caractère. L'usage s'est introduit d'appeler *variantes* les différentes formes dont un même signe est susceptible. Ces variantes, qui ont leurs renvois dans les dictionnaires, ne s'emploient pas toujours indifféremment les unes pour les autres. On doit faire attention à ces différences, qui sont soigneusement marquées dans les dictionnaires (3).

---

(1) C'est à cette écriture qu'appartiennent les caractères gravés dont on a fait usage pour l'impression de cette Grammaire.
(2) Pour mieux faire juger de la différence de cette écriture avec la précédente, on donnera plus bas les radicaux dans les deux formes, en écriture carrée dans le texte, et en écriture courante dans le tableau gravé.
(3) Ceci a été traité avec plus d'étendue dans l'*Examen critique du Dictionnaire du P. Basile de Glemona*, morceau que M. Klaproth a honoré d'une place à la tête de son *Supplément*.

PROLÉGOMÈNES.

18. 正 *tching, exacts*. Ce sont les caractères écrits régulièrement avec tous les traits dont ils doivent être composés. Tous les bons livres s'impriment maintenant de cette manière, à l'exception des préfaces [13, 14].

19. 同 *thoûng, identiques* ou synonymes parfaits. Le nombre de ces mots provient de la liberté qu'on s'est donnée de changer la position respective des images, ou même de substituer, dans l'orthographe des caractères, certaines images à celles qui avoient été précédemment usitées : celle des *roseaux*, par exemple, à celle des *plantes* ou à celle des *arbres*; le symbole de *parole* à l'image de *bouche*; l'image d'*homme* à celle de *femme*, etc. C'est ainsi que

¹ 坂 ² 尉 ³ 岅 ⁴ 阪

sont quatre formes synonymes du mot *fân*, qui signifie *digue* (1).

20. 通 *thoûng, pénétrans*, est le nom qu'on donne aux caractères qui ne sont pas de tout point synonymes, mais que l'usage autorise à prendre l'un pour l'autre, dans telle acception qui leur est commune, la prononciation ayant du reste quelque analogie. Ainsi 參 *thsân* [nom d'une constellation] se prend pour 三 *sân* [trois]; 蜜 *mì* [miel] s'emploie pour 謐 *mì* [silence], etc.

21. 本 *pên* ou *primitif*, ou seulement 古 *koû ancien*. Ce sont d'anciennes formes usitées concurremment avec des formes plus modernes, principalement dans les ouvrages de haute littérature, dont les auteurs ne sont pas exempts d'archaïsme. Ainsi l'on trouve souvent :

从 pour 從 *tcoúng, suivre, avec*.   灮 pour 去 *khiû, aller*.

―――――――――――――――――――――――――――

(1) Dans ces quatre formes, le son *fan* est écrit avec le même signe [7, 43]. La première offre l'image de *terre*, placée à gauche; dans la deuxième, la même image est placée à droite; dans la troisième, elle est remplacée par celle de *montagne*; et dans la quatrième, par celle de *terre*.

巽 pour 巺 *sún, condescendre*.　　夵 pour 走 *tseòu, marcher* (1).

22. 俗 *soŭ*, *vulgaires*. L'usage autorise, sur-tout dans l'écriture courante et les manuscrits [16], certaines altérations de formes ou ligatures, avec suppression ou addition de quelques traits. Ainsi l'on écrit très-habituellement

圡 pour 土 *thoŭ, terre*.　　鬼 pour 鬼 *choueĭ, démon*.
来 pour 來 *láī, venir*.　　処 pour 處 *tchhoŭ, lieu* (2).

23. Dans l'usage vulgaire, et quelquefois aussi dans les romans et autres pièces légères, on emploie certaines abréviations qui réduisent à quelques traits les caractères les plus composés; on écrit, par exemple :

马 pour 馬 *mà, cheval*.　　癹 pour 發 *fă, produire*.
声 pour 聲 *chīng, voix*.　　变 pour 變 *piàn, changer*.

24. Toutes les variantes dont on vient de parler, quoique peu régulières, sont admises par l'usage. Il y en a d'autres qui sont tout-à-fait fautives, et qu'on trouve quelquefois dans les livres. Ces sortes de caractères sont nommés

譌 'd. 誤 *'oŭ, corrompus*,　　ou même 非 *feī, mauvais*.

25. Pour se reconnoître dans le nombre des caractères composés, on les a classés, dans les meilleurs dictionnaires, en mettant ensemble

---

(1) Voyez deux tables de ces sortes de caractères, dans le *Supplément* de M. Klaproth, n.os v et vi, p. 44 et suiv.

(2) On trouve une table de ces variantes vulgaires dans le même *Supplément*, n.° iv, p. 41. — Dans le tableau gravé qui représente les radicaux avec leur forme manuscrite, on a réuni toutes les variantes vulgaires ou abrégées de chacun de ces radicaux. Elles pourront servir d'exemple pour celles des caractères composés.

ceux qui avoient la même image, et en prenant, dans ceux qui en contenoient plusieurs, l'image la plus saillante. La réunion des caractères qui offrent la même image, forme ce que les Chinois appellent 部 *poù, sections* ou *classes*. L'image saillante qui détermine le *poù*, a été nommée en français *clef*, et plus proprement *radical*.

26. Comme la distinction des *poù* a été faite à différentes époques par divers auteurs, et seulement dans la vue de classer les caractères, les uns ont considéré comme caractères simples des signes que d'autres s'appliquoient à décomposer. On ne sauroit avoir de principes bien fixes à cet égard, et c'est ce qui a fait varier le nombre des radicaux, lequel a été fixé à 329, 540, etc. Les meilleurs dictionnaires modernes contiennent les caractères arrangés sous 214 clefs. Cet ordre, enseigné par Fourmont, a été suivi dans l'impression du dictionnaire chinois-latin du P. Basile de Glemona. C'est celui qu'on adopte ici comme étant le plus usuel et le plus connu.

27. L'opération analytique qui a servi de base au classement des caractères, n'a pas toujours fait retrouver les élémens primitifs dont ils étoient composés. Dans les caractères formés de plusieurs images, celle qui a été choisie pour *clef* ou *radical*, n'est pas toujours celle qui influoit le plus sur le sens du composé. D'autres fois, on a préféré pour radical, non pas l'image la plus saillante, mais celle qui déterminoit le sens. De là les irrégularités qu'on observe en chinois dans le sens des caractères rapportés à un même radical, et dont il n'est pas toujours possible de rendre compte.

28. Toutefois les classes nombreuses des caractères *hing-ching* (7) se sont trouvées décomposées suivant un procédé précisément inverse de celui qui avoit servi à leur formation. L'*image* a toujours été prise pour radical, et le groupe syllabique a servi à établir des différences entre les espèces. Aussi ces classes forment-elles de véritables familles naturelles, où tous les caractères se ressemblent par un signe générique, pour le sens, et diffèrent par des signes spécifiques, pour le son. Telles sont les classes de l'*homme*, de la *femme*, des *arbres*, des *plantes*, des *quadrupèdes*, des *oiseaux*, et beaucoup d'autres.

29. Il y a des radicaux qui sont presque toujours à la même place

dans les dérivés, et d'autres qui se mettent, tantôt en haut, tantôt en bas, tantôt à gauche, tantôt à droite, dans les caractères composés. On nomme *dominantes* les clefs qui ont une place déterminée : tout caractère qui offre le radical à cette place, appartient nécessairement à ce radical. On distinguera les *clefs dominantes* par un * dans les deux tableaux ci-après.

30. Certains radicaux n'ont pas par eux-mêmes de signification, ou sont actuellement inusités, et ne sont que les élémens auxquels des caractères plus compliqués sont rapportés par convention. On marquera ces radicaux d'une † dans les tableaux ci-après.

31. Les radicaux qui s'emploient isolément, et qui ont une signification par eux-mêmes, sont placés, dans les dictionnaires, à la tête de la classe où sont réunis tous leurs dérivés. Il faut s'attacher à les distinguer des caractères composés, et ne pas y chercher d'autre radical que le caractère même, qui doit être considéré comme *simple* de sa nature, quel que soit le nombre des traits dont il est formé.

32. Dans les meilleurs dictionnaires, les 214 radicaux sont arrangés suivant leur degré de complication. On met dans la 1.re section ceux qui sont formés d'un seul trait; dans la II.e, ceux qui en ont deux ; dans la III.e, ceux qui en ont trois ; et ainsi de suite jusqu'à la XVII.e, où se trouve le dernier des 214, lequel est formé de dix-sept traits.

33. Sous chaque radical, les caractères composés sont rangés dans le même ordre ; c'est-à-dire qu'on place d'abord le radical tout seul, s'il est usité par lui-même, ensuite le radical avec un trait, puis avec deux, trois, quatre, et jusqu'à trente ou quarante traits, suivant le plus ou moins de complication du groupe additionnel.

34. Il y a des clefs dont la forme varie ou s'abrège dans les dérivés, de sorte qu'on les écrit autrement, en les employant seules, qu'en composition. Le tableau imprimé ci-après donnera les variantes réputées classiques, et le tableau gravé, celles qui sont l'effet de licences orthographiques et qui tiennent au style manuscrit.

35. Voici le tableau des 214 *clefs* ou *radicaux*, avec leurs variantes et abréviations classiques, leur prononciation, leur signification, et l'indication de la place qu'ils occupent le plus ordinai-

PROLÉGOMÈNES. 11

rement dans les dérivés. En outre, pour faire juger de l'étendue de chaque classe, et indiquer celles qu'il est le plus urgent de bien connoître, on place après chaque radical le nombre de dérivés qu'il a dans un dictionnaire chinois de 33,000 mots (1). Ce nombre varie à proportion dans les dictionnaires plus ou moins complets (2).

Ire SECTION. *Radicaux d'un trait.*

1.	一	*i*, un.	32.	4.	丿	† *phiĕi*, courbé à droite.	22.
2.	丨	† *kouĕn*, de haut en bas.	14.	5.	乙	*i*, caractère cyclique.	21.
3.	丶	† *tchŭ*, po.nt.	7.	6.	亅	† *khioŭĕi*, crochet.	8.

IIe SECTION. *Radicaux de deux traits.*

7.	二	*éul*, deux.	22.	11.	入	*jĭ*, entrer.	12.
8.	亠	† *théou*, ...	20.	12.	八	*pă*, huit.	18.
9.	人 / 亻	*jĭn*, homme. / † (à gauche ⚹).	741.	13.	冂	† *khioŭng*, désert.	29.
				14.	冖	† *mĭ*, couvrir (dessus).	23.
10.	儿	† *jĭn*, homme (dessous ⚹).	31.	15.	冫	† *pĭng*, glace (à gauche ⚹).	86.

---

(1) Le *Tseŭ 'wéi*.

(2) Dans le tableau gravé, on a placé une figure circulaire au lieu où se placent ordinairement, dans les dérivés, les traits qui forment le groupe additionnel. Ainsi, 扣 veut dire que le radical est dominant et se place à gauche du groupe, ou le groupe à droite du radical, ce qui revient au même. On ne donne ces règles que comme des indications utiles aux commençans; car le dictionnaire, et même la table à la fin du volume, fera voir qu'elles sont sujettes à un assez grand nombre d'exceptions.

12 GRAMMAIRE CHINOISE.

16.	儿	*khi*, banc.	16.	23.	匸	† *hi*, cacher (autour ✳).	13.
17.	凵	† *khân*, réceptacle.	15.	24.	十	*chi*, dix.	31.
18.	{ 刀 / 刂	*tao*, couteau. / † (à droite ✳).	326.	25.	卜	*pou*, brûler l'écaille d'une tortue pour tirer les sorts.	19.
				26.	{ 卩 / 㔾	† *tsié* (1), article (à droite).	35.
19.	力	*li*, force (à droite ✳).	132.				
20.	勹	† *pao*, envelopper (dessus et à droite ✳).	51.	27.	厂	† *hân*, antre (au-dessus et à gauche ✳).	96.
21.	匕	*pi*, cuiller.	13.	28.	厶	† *sué*, pervers.	17.
22.	匚	† *fâng*, coffre (autour ✳).	57.	29.	又	*yéou*, main, encore.	60.

III.ᵉ SECTION. *Radicaux de trois traits.*

30.	口	*khéou*, bouche (à gauche ✳).	989.	36.	夕	*si*, obscurité.	29.
31.	囗	† *'wéi*, enceinte (autour).	92.	37.	大	*tá*, grand.	110.
32.	土	*thou*, terre (à gauche).	480.	38.	女	*niü*, femme (à gauche ou dessous ✳).	831.
33.	士	*sré*, lettré.	18.	39.	子	*tseù*, fils (à gauche ou dessous).	67.
34.	夂	† *teh*, suivre.	7.	40.	宀	† *mian*, toit (dessus ✳).	199.
35.	夊	† *souï*, marche lente (dessous).	19.	41.	寸	*thsùn*, dixième du pied chinois (à droite ou dessous).	32.

(1) Évitez de confondre ce radical avec 阝, abréviation du 163.ᵉ

PROLÉGOMÈNES.

42.	小 siao, petit.	31.	51.	干 kān, bouclier.	15.
43.	尢 soūng, boîteux, tortu (à gauche).	57.	52.	幺 yao, petit.	15.
	尢 兀 允 允		53.	广 † yēn, toit (dessus ✳).	226.
44.	尸 chī, cadavre (dessus ✳).	119.	54.	廴 † yēn, long chemin, conduite (à gauche).	10.
45.	屮 † tchhé, rejeton, pousse.	17.	55.	廾 koūng, joindre les mains (dessous) (2).	33.
46.	山 chān, montagne (à gauche ou dessus ✳).	574.	56.	弋 i, tirer de l'arc (à droite).	14.
47.	巛 † tchhoūan, eau qui coule.	22.	57.	弓 koūng, arc (à gauche ✳).	142.
	川 〈 巛		58.	彐 † ki, tête de cochon.	17.
				彑 彐	
48.	工 koūng, artisan.	11.			
49.	己 (1) kī, soi-même.	19.	59.	彡 sān, poils (à droite).	40.
50.	巾 kīn, linge, bonnet (à gauche ✳).	248.	60.	彳 † tchhī, pas, marche (à gauche ✳).	177.

☞ *Variantes de radicaux plus compliqués, et réduits à trois traits, par abréviation.*

† 忄 Voyez le 61.°, iv.ᵉ section. ｜ 扌 Voyez le 64.°, iv.ᵉ section.

巛

───────────────

(1) Gardez de confondre ce caractère avec ses dérivés

已 ¹, fin, et 巳 ²⁰⁰, caractère cyclique.

(2) Ce radical est souvent remplacé par le 37.*

14　　　GRAMMAIRE CHINOISE.

氵 Voyez le 85.º, iv.º section.　　阝 à droite. Voy. le 163.º, vii.º section.
犭 Voyez le 94.º, iv.º section.　　阝 à gauche. Voyez le 170.º, vii.º section.

IV.º SECTION. *Radicaux de quatre traits.*

61.	心	sin, cœur (dessous ✳).	972.	67.	文	wén, raie, caractère.	19.
	忄	† (forme latérale, à gauche ✳).			攵	† (à droite) (1).	
	㣺	† (forme souscrite).		68.	斗	téou, mesure, boisseau (à droite).	27.
62.	戈	ko, lance (à droite ✳).	87.	69.	斤	kin, hache, poids (à droite).	45.
63.	户戶	hoù, porte (dessus ✳).	38.	70.	方	fâng, carré, côté (à gauche).	68.
64.	手	chéou, main.	1030.	71.	无	woû, non.	9.
	扌	† (à gauche ✳).			旡		
65.	支	tchi, branche (à gauche).	21.	72.	日	jī, soleil (à gauche ✳).	388.
66.	攴	phoŭ, frapper.	212.	73.	曰	youĕ, dire.	23.
	攵	(à droite ✳).		74.	月	youĕ (2), lune (à gauche ✳).	89.

———

(1) Cette forme est identique avec la variante de la précédente clef.

(2) Ce radical est presque identique avec la variante du 130.º Ici les deux traits intérieurs ne touchent pas le trait vertical à droite.

PROLÉGOMÈNES.

75.	木	mou, arbre, bois (à gauche ✳).	1242.	86.	火 灬	hò, feu (à gauche ✳). 518. † (dessous ✳).
76.	欠	khièn, expiration, insufflant (à droite).	193.	87.	爪 爫	tchao, ongles. 23. † (dessus).
77.	止	tchi, s'arrêter.	49.	88.	父	fou, père. 10.
78.	歹 歺	yà, squelette (à gauche).	190.	89.	爻	hiào, lignes pour les sorts. 12.
79.	殳	chu, bâton (à droite).	58.	90.	爿	tchhoúang, lit (à gauche ✳). 38.
80.	毋	wou, ne pas.	10.	91.	片	phièn, éclat de bois (à gauche ✳). 75.
81.	比	pì, comparer.	14.	92.	牙	yà, dents. 9.
82.	毛	mao, cheveux, poils (à gauche ✳).	156.	93.	牛	nicou, bœuf (à gauche ✳). 214.
83.	氏	chì, famille.	7.	94.	犬 犭	khioùan, chien. 421. † (à gauche).
84.	气	khi, air (1).	9.			
85.	水 氵	choùi, eau. † (à gauche).	1354.		氺	† (dessous ✳).

☞ *Variantes de radicaux plus ou moins compliqués.*

允兂	Voyez le 43.ᵉ, ɪɪɪ.ᵉ section.	王	Voyez le 96.ᵉ, v.ᵉ section.

---

(1) Ce radical est, dans le *Tsëù 'wèi*, à la place du précédent, qui vient après.

GRAMMAIRE CHINOISE.

朋 吅 冏 Voyez le 122.ᵉ, vi.ᵉ section. | 疋 Voyez le 140.ᵉ, vi.ᵉ section.

月 Voyez le 130.ᵉ; vi.ᵉ section. | 辵 Voyez le 162.ᵉ, vii.ᵉ section.

乚

V.ᵉ SECTION. *Radicaux de cinq traits.*

95.	玄	*hiuan,* couleur du ciel (1).	6.	104.	疒	*ni,* maladie (dessus et à gauche ⺀).	472.
†96.	玉	*iù,* jaspe, pierre précieuse.	420.	105.	癶	*pô,* pieds écartés (dessus).	12.
	𤣩	† (à gauche ⺀).		106.	白	*pě,* blanc (à gauche ⺀).	88.
97.	瓜	*koûa,* courge (à droite).	50.	107.	皮	*phí,* peau (à droite ⺀).	76.
†98.	瓦	*wâ,* terre cuite (à gauche ⺀).	161.	108.	皿	*ming,* écuelle (en bas ⺀).	101.
99.	甘	*kân,* doux.	19.	109.	目	*moù,* œil (à gauche ⺀).	519.
100.	生	*sêng,* naître, vie.	17.		罒	† (en haut) (2).	
101.	用	*yoûng,* se servir.	10.	110.	矛	*méou,* hallebarde (à gauche ⺀).	48.
†102.	田	*thîan,* champ (à gauche ⺀).	151.	111.	矢	*chi,* flèche (à gauche ⺀).	55.
103.	疋	*soŏ,* pied.	12.	112.	石	*chî,* pierre (à gauche ⺀).	450.

(1) Ce radical est le 96.ᵉ dans le *tseu-'weï*; mais dans le dictionnaire de *K'hang-hi*, on l'a mis à la tête de la v.ᵉ section, par respect pour le petit nom de l'empereur, dont il faisoit partie. Par une autre marque de respect, on a ôté une goutte à ce caractère, qui, dans tous les livres postérieurs au règne de *K'hang-hi*, se trouve écrit 玄.

(2) Sous cette forme, qui n'est pas commune, le 109.ᵉ radical est tout-à-fait semblable au 122.ᵉ

PROLÉGOMÈNES.

113.	示	khí, génie terrestre (à gauche ⽰).	180.	116.	⽳	hiouĕ, caverne.	141.
114.	肉	jeoŭ, plante du pied des quadrupèdes.	12.		穴	† (en haut ⽳).	
115.	禾	hŏ, céréales (à gauche ⽲).	355.	117.	立	lĭ, être debout (à gauche ⽴).	73.

Variantes de radicaux plus ou moins compliqués.

氺 Voyez le 85.ᵉ, IV.ᵉ section.

⺪ Voyez le 122.ᵉ, VI.ᵉ section.

少 Voy. le 78.ᵉ, IV.ᵉ section.

VI.ᵉ SECTION. *Radicaux de six traits.*

118.	竹	tchŏu, bambou.	675.	124.	羽	ŭ, pennes.	157.
	⺮	† (dessus ⺮).		125.	老	laŏ, vieux.	14.
119.	米	mĭ, riz (à gauche ⺯).	207.	126.	而	eùl, et.	17.
120.	糸	mĭ, fil (à gauche ⺯).	628.	127.	耒	loùi, charrue (à gauche ⺣).	77.
121.	缶	feoŭ, vase de terre.	62.	128.	耳	eùl, oreille (à gauche ⽿).	138.
	缶	† (à gauche ⽸).		129.	聿	lù, pinceau.	15.
122.	网	wǎng, filet.	124.	130.	肉	jŏu, chair.	578.
	罒 ⺲	† (dessus ⺲).			月	(1) † (à gauche ⺼).	
123.	羊	yáng, mouton (à gauche ⺶)	108.	131.	臣	tchĭn, sujet.	12.

(1) Comparez le radical 74.ᵉ Ici les deux traits intérieurs touchent le trait vertical à droite.

18 GRAMMAIRE CHINOISE.

132.	自	tseù, de, ex.	21.			
				140. { 艸	tsʰao, plante.	1131.
133.	至	tchí, parvenir.	17.	⺿	† (en haut ✻).	
134.	臼	khieoù, mortier.	40.	141. 虍	hoū, tigre (en haut ✻).	73.
135.	舌	jě, chě, langue (à gauche).	31.	142. 虫	hoeï, animaux à écaille ou cuirassés (à gauche ✻).	810.
136.	舛	tchhoüan, coucher vis-à-vis l'un de l'autre.	8.	143. 血	hioŭeï, sang.	40.
137.	舟	tcheóu, barque (à gauche ✻).	166.	144. 行	hìng, marche (à droite et à gauche, le groupe additionnel au milieu ✻).	35.
138.	艮	kěn, limite.	5.	145. { 衣	ï, habit.	473.
139.	色	sě, couleur.	20.	衤	† (à gauche ✻).	
				146. 襾	yǎ, couvrir.	20.

VII.ᵉ SECTION. *Radicaux de sept traits.*

147.	見	kián, voir (à droite ✻).	135.	152. 豕	chì, cochon (à gauche ✻).	121.
148.	角	kiǒ, corne (à gauche ✻).	137.	153. 豸	tchhí, ver (à gauche ✻).	114.
149.	言	yán, parole (à gauche ✻).	750.	154. 貝	péï, richesse (à gauche ✻).	218.
150.	谷	koǔ, vallée (à gauche ✻).	48.	155. 赤	tchhǐ, rouge (à gauche ✻).	29.
151.	豆	teóu, vase de bois (à gauche ✻).	49.	156. 走	tseoǔ, courir (à gauche ✻).	243.

PROLÉGOMÈNES. 19

157.	足 足	tsoŭ, pied. † (à gauche ✻).	507.	162.	辵 辶	tchŏŭ, marcher. † (à gauche et dessous ✻).	327.
158.	身	chīn, corps (à gauche ✻).	67.	163.	邑 阝	ĭ, cité. † (1) (à droite ✻).	315.
159.	車	kiō, char (à gauche ✻).	312.	164.	酉	yeŏu, temps de l'automne; vin (à gauche ✻).	251.
160.	辛	sīn, âcre.	32.	165.	釆	piĕn, séparer.	10.
161.	辰	tchīn, heure.	14.	166.	里	lĭ, lieu.	7.

VIII.e SECTION. *Radicaux de huit traits.*

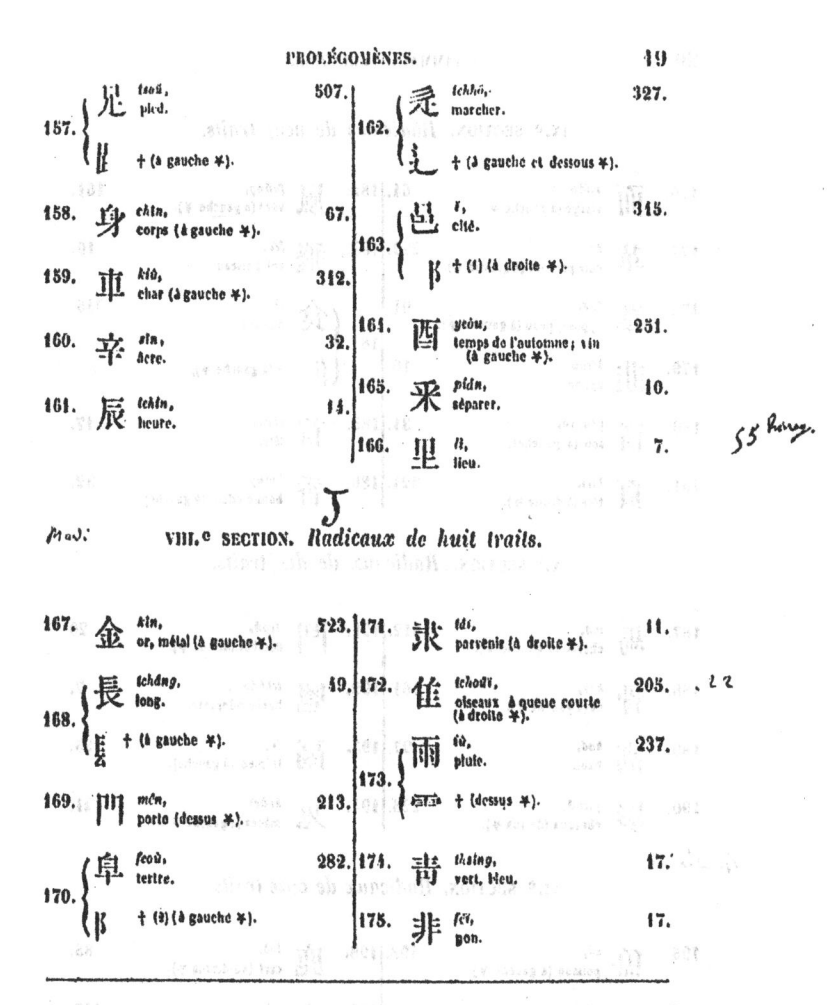

167.	金	kīn, or, métal (à gauche ✻).	723.	171.	隶	tăi, parvenir (à droite ✻).	11.
168.	長 镸	tchāng, long. † (à gauche ✻).	49.	172.	隹	tchŏŭi, oiseaux à queue courte (à droite ✻).	205.
169.	門	mĕn, porte (dessus ✻).	213.	173.	雨 ⻗	iŭ, pluie. † (dessus ✻).	237.
170.	阜 阝	feŏŭ, tertre. † (2) (à gauche ✻).	282.	174.	青	thsīng, vert, bleu.	17.
				175.	非	fēi, non.	17.

(1) Évitez de confondre ce radical avec le 26.e et le 170.e Ce dernier se place à gauche.

(2) Voyez le 163.e radical.

IX.ᵉ SECTION. *Radicaux de neuf traits.*

176.	面	miàn, visage (à gauche 丆).	61.	182.	風	foúng, vent (à gauche 丆).	161.
177.	革	kĕ, cuir préparé (à gauche 丆).	290.	183.	飛	feì, vol d'oiseau.	10.
178.	韋	'weĭ, opposé, peau (à gauche 丆).	91.	184.	食	chĭ, manger.	345.
179.	韭	kioŭ, oignon.	16.		食	† (à gauche 丆).	
180.	音	yĕn, ĭn, son (à gauche 丆).	31.	185.	首	cheoŭ, tête.	17.
181.	頁	kiĕ, tête (à droite 丆).	321.	186.	香	hiáng, bonne odeur (à gauche).	32.

X.ᵉ SECTION. *Radicaux de dix traits.*

187.	馬	mă, cheval (à gauche 丆).	412.	191.	鬥	teoŭ, combat (dessus 丆).	20.
188.	骨	koŭ, os (à gauche 丆).	161.	192.	鬯	tchháng, herbe odorante.	7.
189.	高	kaō, haut.	27.	193.	鬲	li, trépied (à gauche).	55.
190.	髟	pioŭ, cheveux (dessus 丆).	226.	194.	鬼	koŭĕ, mânes (à gauche 丆).	121.

XI.ᵉ SECTION. *Radicaux de onze traits.*

195.	魚	iŭ, poisson (à gauche 丆).	498.	198.	鹿	loŭ, cerf (au-dessus 丆).	85.
196.	鳥	niaŏ, oiseau (à droite 丆).	622.	199.	麥	mĕ, blé (à gauche 丆).	117.
197.	鹵	loŭ, sel (à gauche 丆).	39.	200.	麻	mă, chanvre (au-dessus 丆).	30.

XII.ᵉ SECTION. *Radicaux de douze traits.*

| 201. | 黃 | *hoáng,* jaune (à gauche). | 35. | 203. | 黑 | *hĕ,* noir (à gauche). | 146. |
| 202. | 黍 | *chù,* millet (à gauche). | 41. | 204. | 黹 | *tchi,* coudre, broder (à gauche). | 9. |

XIII.ᵉ SECTION. *Radicaux de treize traits.*

| 205. | 黽 | *mìng,* grenouille. | 35. | 207. | 鼓 | *koŭ,* tambour (dessus). | 41. |
| 206. | 鼎 | *tíng,* trépied. | 13. | 208. | 鼠 | *chù,* rat (à gauche). | 83. |

XIV.ᵉ SECTION. *Radicaux de quatorze traits.*

| 209. | 鼻 | *pí,* nez (à gauche). | 47. | 210. | 齊 | *thsí,* arrangement. | 16. |

XV.ᵉ SECTION. *Radical de quinze traits.*

| 211. | 齒 | *tchhĭ,* dents supérieures (à gauche ✳). | 148. |

XVI.ᵉ SECTION. *Radicaux de seize traits.*

| 212. | 龍 | *loŭng,* dragon. | 19. | 213. | 龜 | *kodei,* tortue. | 21. |

XVII.ᵉ SECTION. *Radical de dix-sept traits.*

| 214. | 龠 | *yŏ,* flûte (à gauche ✳). | 17. |

36. Quoiqu'il ne soit pas possible de donner de règle générale et constante pour fixer la place du radical dans les composés, on peut tirer de ce tableau des observations fort utiles pour la découvrir. Effectivement, sur les 214 radicaux, il y en a 73 qui n'ont pas de place fixe; quatre ou cinq qui peuvent se placer de deux

manières, six qui embrassent le groupe additionnel, six qui se mettent dessous, 25 qui occupent la partie supérieure des caractères composés, 20 qui se placent à droite, et 85 qui se placent à gauche. Les radicaux qui se mettent presque toujours à la même place, contiennent au moins les quatre cinquièmes du nombre total des dérivés, parce que les classes les plus nombreuses y sont comprises, et que notamment les 60 radicaux les plus riches en dérivés forment à eux seuls plus de 25,000 caractères sur 33,000. Les autres peuvent être considérés comme des classes irrégulières, qui sont en général très-peu nombreuses.

37. Quand un caractère semble composé de deux parties divisibles, soit horizontalement, soit verticalement, on doit le chercher sous le radical qui est à la place qui lui est assignée comme clef dominante.

38. Si, des deux parties dont un caractère est composé, l'une est formée d'un seul radical, et l'autre de plusieurs radicaux rapprochés en groupe, c'est au premier que le caractère doit appartenir.

39. Si l'on ne trouve pas à faire l'application des règles précédentes, soit parce que ce composé contient plusieurs radicaux auxquels il pourroit également se rapporter, soit parce qu'ils s'y trouvent groupés ou enchevêtrés d'une manière insolite, on aura recours à la table des *caractères difficiles* (1). On y trouvera tous les caractères dont le radical est difficile à déterminer, rangés suivant l'ordre des traits dont ils sont formés, avec le renvoi en chiffres à la clef dont ils dépendent.

40. Pour bien compter les traits des caractères dans l'écriture d'impression, il faut faire attention à la manière dont ils sont tracés dans les manuscrits. 乙 ne compte que pour un trait; 又 et 厶, pour *deux;* 卩 et 口 pour *trois,* au lieu de *quatre.* Les 214 radicaux dont le nombre de traits est fixé par la place qu'ils

---

(1) *Supplément* de M. Klaproth, n. VII, p. 19 et suiv.

occupent dans les dix-sept sections, peuvent servir d'exercice pour s'habituer à ces apparentes irrégularités.

41. Il y a donc deux opérations à faire pour retrouver un caractère composé dans un dictionnaire par clefs : 1.° reconnoître la clef ou le radical ; 2.° compter les traits qui y sont ajoutés, pour pouvoir, si la classe est nombreuse, le trouver promptement parmi ceux qui ont le même nombre de traits. Si la première opération fait éprouver de l'embarras [39], on compte le nombre total des traits, et l'on cherche dans la table des caractères difficiles, dans la section de ceux qui ont le même nombre de traits.

42. Dans l'ordre de l'écriture chinoise, les caractères se placent les uns sous les autres en colonnes verticales, qui s'arrangent elles-mêmes de droite à gauche. Dans les inscriptions composées d'un petit nombre de mots, et où la place ne permet pas d'écrire verticalement, on dispose les caractères à côté l'un de l'autre, en commençant par la droite. Dans cette grammaire, on a suivi cet ordre, qui n'a jamais souffert d'exceptions à la Chine (1).

§. II. Langue orale.

43. Chaque caractère chinois répond, dans la langue orale, à un mot qui a la même signification : le caractère éveille dans l'esprit de celui qui le voit, la même idée que le mot, si l'on vient à l'entendre prononcer. Celui qui sait les deux langues est toujours en état de rapprocher ces deux sortes de signes, quoique le premier ne soit pas la peinture du second, ni le second l'expression du premier. Néanmoins, pour abréger, on dit quelquefois *le caractère de tel mot*, ou *la prononciation de tel caractère*. Ces façons de parler doivent toujours être entendues dans le sens du présent paragraphe.

44. Les Chinois n'ayant point de lettres pour peindre les diverses combinaisons de sons qui pouvoient se présenter à eux, s'en sont tenus à ceux qu'ils avoient eus dès les premiers temps. Le nombre

---

(1) Dans les tables de logarithmes imprimées en chinois, on a adopté l'ordre horizontal, en commençant par la gauche ; mais cet arrangement est calqué sur celui des tables originales, et ne se retrouve nulle part ailleurs.

en est peu considérable : ce sont tous des mots très-courts, ou même des monosyllabes, commençant par une articulation, et finissant par des voyelles ou des diphthongues pures ou nasales.

45. Les Chinois ayant des nuances d'articulation très-délicates, il y en a beaucoup qu'on ne peut représenter exactement avec les lettres de notre alphabet ; d'autres qui sont à peine usitées, ou qui ne se rencontrent que dans les poëtes. Le nombre des monosyllabes chinois usités, tels qu'on peut les rendre en lettres latines, est d'environ 1,200.

46. Les sons initiaux sont tous réputés articulés. Les Chinois en comptent 36, qui se réduisent pour nous à 26. Ce sont les suivans :

k doux, approchant du *g*, dans *garçon*.	*s* comme dans *sage*.
kh dur, mais non guttural.	*ss* sifflant devant l'*e* muet seulement.
t doux, approchant du *d*.	*ts* sifflant devant *e* ou *eu* seulement.
th dur, non sifflant.	*ch* comme dans *chagrin*.
tch doux.	*y* qu'on écrit *i* quand il est suivi d'un *n* ou d'une consonne.
tchh dur.	
p doux, approchant du *b*.	*h* gutturale devant *a*, *e*, *o*, *ou*.
ph dur, qu'on ne doit pas prononcer *f*.	*k* sifflant devant *i*.
n	*l*
ñ des Espagnols, comme notre *gn*, dans *maligne*.	*j* comme dans *jamais*.
	ng sorte d'anhélation analogue au ع arabe.
m	On l'indique par une ' devant la voyelle.
f	*eul*, son guttural, tout à-la-fois initial et final, qui a de l'analogie avec le *ł* polonais. On a cherché à l'exprimer par *lh*, *ulh*, *urh*, etc.
v qu'on prononce *v* dans le midi, et *ou* dans le nord de la Chine.	
ts doux.	
tss dur.	

47. Les sons finaux sont les suivans :

a.	*an*.	*ang*.	*o*.	
e.	*en*.	*eng*.	*ou*.	*ol odng*.
eu ou *e* muet.			*u* français.	*un*.
i.	*in*.	*ing*.		

48. Les sons finaux se réunissent deux à deux ou trois à trois. Les Chinois comptent 108 combinaisons de cette espèce, usitées dans leur langue ; elles se réduisent pour nous aux suivans :

aï.	cou.	iao.	ieou.	iang.	ioung.	oe.	oen.	oue.	ouen.
ao.	ia.	ie.	iu.	ien.	oa.	oeï.	oang.	oueï.	ouang.
eï.	iaï.	ieï.	ian.	iun.	oaï.	oan.	oua.	ouan.	oueng.

PROLÉGOMÈNES.

49. Tout mot chinois doit être prononcé suivant une des quatre intonations qu'on nomme 聲四 *ssé-chĭng*. Ces intonations fixent le sens des mots, et établissent entre eux une différence qu'il est utile de conserver. Mais comme les lettres de notre alphabet ne sauroient les exprimer, les premiers missionnaires sont convenus de les indiquer par des accens détournés de leur usage ordinaire (1).

50. La première intonation se nomme 平 *phĭng* [égal]; les mots qui en sont affectés se prononcent d'une manière prolongée, sans élever ni abaisser la voix. Exemple : 沙 *chá* [sable]. Le signe de cette intonation, pour les Européens, est ʌ (2).

51. La seconde intonation se nomme 上 *chăng* [haut]. On la rend en élevant la voix sur le mot qui en est affecté : 灑 *chă* [arroser]. On la représente par l'accent ˇ.

52. La troisième est appelée 去 *khiŭ* [s'en aller]. La voix, d'abord égale, comme dans le ton *phĭng*, s'élève en finissant, et se perd *en s'en allant*, comme l'indique le nom chinois. Ex. : 乍 *tchá* [tout-à-coup]. Le signe de ce ton est ʹ.

53. La quatrième s'appelle 入 *jĭ* [rentrer], parce que la prononciation, brève et coupée, s'interrompt comme si l'on reprenoit

―――――――――――――――――――

(1) Le P. Jacques Pantoja est le premier qui ait employé ces accens (Ath. Kircher. *Chin. illustr.* p. 236); mais on a donné d'après lui une idée fausse des intonations qu'ils représentent, en les comparant aux cinq premières notes de la gamme.

(2) Les anciens auteurs divisoient ce ton en deux, et le marquoient par ces deux signes ― ʌ; ainsi, ils comptoient cinq tons au lieu de quatre. L'arrangement des quatre tons varie aussi, même à la Chine. On les range très-souvent dans cet ordre,

CHANG, PHING, KHIU, JI;

et c'est ainsi qu'ils sont indiqués dans les notes marginales du *Tchoung-young*.

sa respiration : 殺 *chă* [tuer]. On représente cette intonation par le signe prosodique ◡. Il faut remarquer qu'elle exclut les sons nasaux, de sorte que, pour faire disparoître la nasale d'un mot, il suffit de dire qu'il passe au son *jĭ* (1).

54. On a assigné à chacune de ces quatre intonations l'un des quatre angles du carré que les caractères chinois occupent, de sorte qu'on peut les marquer, quand cela est nécessaire, en écrivant un ° à l'angle du caractère correspondant au ton qu'on veut indiquer. Les tons sont distribués de la manière suivante :

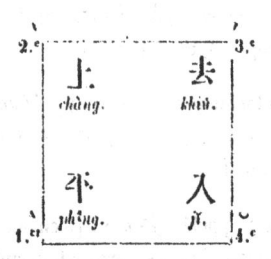

2.ᵉ 上 *chăng.*	去 *khiŭ.* 3.ᵉ
1.ᵉʳ 平 *ph'ng.*	入 *jĭ.* 4.ᵉ

55. Il y a des mots qui changent de ton ou de prononciation, et dont la signification se modifie en conséquence. On n'indique jamais par aucun signe la prononciation habituelle, considérée comme la plus naturelle; mais, dans ce cas seulement, on marque par un ° le ton nouveau ou la prononciation extraordinaire auxquels le caractère doit passer. Ainsi l'on écrira :

知 *tchĭ, savoir.*　知° *tchĭ, prudence.*　鮮 *sien, frais, récent.*　°鮮 *sien, peu.*

朝 *tchāo, matin.*　°朝 *tchhāo, faire sa cour.*　樂 *yŏ, musique.*　樂° *lŏ, se réjouir.*

C'est le seul cas où la prononciation soit indiquée dans l'écriture; et encore cet usage, qui est assez moderne, est-il exclusivement borné aux éditions classiques.

---

(1) C'est par inadvertance que M. Morrison dit le contraire dans sa *Grammaire*, p. 21.

56. Les combinaisons des sons initiaux avec les finaux, usitées dans la langue chinoise, sont, en y comprenant les variations causées par l'usage des intonations, au nombre de 1,203 (1). En voici le tableau dans le système de l'orthographe française. On y joint l'orthographe portugaise, telle qu'elle a été suivie dans plusieurs bons livres anciens, et la désignation des tons dont chaque syllabe est susceptible :

Cha,	⌃ ˋ ˊ ⌣	*xa.*	Fou,	⌃ ˋ ˊ ⌣	*fu, fó.*
Chaï,	⌃ ˋ ˊ	*xay.*	Foung,	⌃ ˋ ˊ	*fum.*
Chan,	⌃ ˊ	*xan.*			
Chang,	⌃ ˋ ˊ	*xam.*	Haï,	⌃ ˋ ˊ	*hay.*
Chao,	⌃ ˋ ˊ	*xao.*	Han,	⌃ ˋ ˊ	*han.*
Che,	⌃ ˋ ˊ ⌣	*xe.*	Hang,	⌃ ˋ ˊ	*ham.*
Chen,	⌃ ˋ ˊ	*xen.*	Hao,	⌃ ˋ ˊ	*hao.*
Cheou,	⌃ ˋ ˊ	*xeu.*	He,		⌣ *he.*
Chi,	ˋ ˋ ˊ ⌣	*xy, xé.*	Hen,	ˋ ˋ ˊ	*hen.*
Chin,	ˋ ˋ ˊ	*xin.*	Heng,	⌃	*hem.*
Ching,	ˋ ˋ ˊ	*xim.*	Heou,	ˋ ˋ ˊ	*heu.*
Cho,	⌣	*xo.*	Hi,	⌃ ˋ ˊ ⌣	*hy, hié.*
Chou, chu,	⌃ ˋ ˊ ⌣	*xu, xó.*	Hia,	⌃ ˋ ˊ ⌣	*hia.*
Choua,	ˋ ⌣	*xoa.*	Hiaï,	⌃ ˋ ˊ	*hiay.*
Chouaï,	⌃	*xoay.*	Hian,	ˋ ˋ ˊ	*hien.*
Chouang,	⌃ ˋ	*xoam.*	Hiang,	ˋ ˋ ˊ	*hiam.*
Choue,	⌣	*xue.*	Hiao,	⌃ ˋ ˊ	*hiao.*
Chouï,	ˋ ˊ	*xuy.*	Hieï, hie,		⌣ *hie.*
Chun,	⌃ ˊ	*xun.*	Hieou,	⌃ ˋ ˊ	*hieu.*
			Hin,	⌃ ˋ ˊ	*hin.*
Fa,	⌣	*fa.*	Hing,	⌃ ˋ ˊ	*him.*
Fan,	ˋ ˋ ˊ	*fan.*	Hio,		⌣ *hio.*
Fang,	ˋ ˋ ˊ	*fam.*	Hiou, v. Hiu,		⌣ *hió.*
Feï, fi,	⌃ ˋ ˊ	*fy.*	Hiouan,	ˊ ˋ ˊ	*hiuen.*
Fen,	⌃ ˋ ˊ	*fuen.*	Hioueï,	⌃	⌣ *hiue.*
Feou,	ˋ ˋ ˊ	*feu.*	Hioung,	ˋ ˋ	*hium.*
Fo, fe,	ˊ ⌣	*foe.*	Hiu,	ˋ ˋ ˊ ⌣	*hiu, hió*

(1) C'est du moins tout ce qu'il est possible d'exprimer avec nos lettres. Les rédacteurs du dictionnaire de *Khang-hi*, ayant égard à des nuances imperceptibles de prononciation [15], comptent 2,193 vocables, et d'autres, par des distinctions encore plus raffinées, vont jusqu'à 4,010. Tout cela n'est, à la Chine même, d'aucun usage dans la pratique.

Ho,	˄ ˋ ˊ ˘	ho.	Jou,	ˋ ˋ ˊ ˘	ju, jŏ.	
Hoa,	˄ ˋ ˊ ˘	hoa.	Jouan,	ˋ ˋ	juen.	
Hoaï,	˄ ˊ	hoay.	Jouei,	˘	jue.	
Hoan,	˄ ˊ	hoan.	Joui,	˄ ˋ ˊ	juy.	
Hoang,	˄ ˋ ˊ	hoam.	Joung,	˄ ˊ	jum.	
Hoe, r. Hou,	˘	hoe.	Jun,	ˋ ˊ	jun.	
Hoei,	˄ ˋ ˊ	hoey.				
Hoen,	˄ ˋ ˊ	hoen.	Kaï,	ˋ ˋ ˊ	cay.	
Hou,	˄ ˋ ˊ ˘	hu, hŏ.	Khaï,	ˋ ˋ ˊ	c'ay.	
Houo, royez			Kan,	˄ ˋ ˊ	can.	
Hou, Hoa,	˘	huo.	Khan,	˄ ˋ ˊ	c'an.	
Houan,	˄ ˋ ˊ	huon, hoan.	Kang,	˄ ˋ ˊ	cam.	
Houng,	˄ ˋ ˊ	hum.	Khang,	˄ ˋ ˊ	c'am.	
			Kao,	˄ ˋ ˊ	cao.	
I,	ˋ ˋ ˊ ˘	y, yĕ.	Khao,	˄ ˋ ˊ	c'ao.	
Ya,	˄ ˋ ˊ ˘	ya.	Ke,	˘	ke.	
Yaï,	ˋ ˋ ˊ	yay.	Khe,	˘	k'e.	
Yan,	ˋ ˋ ˊ	yen.	Ken,	ˋ ˋ ˊ	ken.	
Yang,	˄ ˋ ˊ	yam.	Khen,	ˋ	k'en.	
Yao,	˄ ˋ ˊ	yao.	Keng,	ˋ ˋ ˊ	kem.	
Yo,	˄ ˋ ˊ ˘	ye.	Kheng,	˄ ˋ ˊ	k'em.	
Yen, in,	˄ ˋ ˊ	yn.	Keou,	˄ ˋ ˊ	keu.	
Yeou,	˄ ˋ ˊ	yeu.	Kheou,	˄ ˋ ˊ	k'eu.	
Ing,	˄ ˋ ˊ	ym.	Ki,	˄ ˋ ˊ	ky, kié.	
Yo,	˘	yo.	Khi,	˄ ˋ ˊ	k'y, k'ié.	
You, r. Iu,	˘	yŏ.	Kia,	˄ ˋ ˊ	kia.	
Youan,	ˋ ˋ ˊ	yuen.	Khia,	˄ ˋ ˊ	k'ia.	
Youei,	˘	yue.	Kiaï,	˄ ˋ ˊ	kiay.	
Young,	˄ ˋ ˊ	yum.	Khiaï,	˄ ˋ ˊ	k'iay.	
Iu,	˄ ˋ ˊ ˘	yu.	Kian,	ˋ ˋ ˊ	kien.	
Yun,	˄ ˋ ˊ	yun.	Khian,	˄ ˋ ˊ	k'ien.	
			Kiang,	˄ ˋ ˊ	kiam.	
Jan,	˄ ˋ ˊ	gen.	Khiang,	˄ ˋ ˊ	k'iam.	
Jang,	˄ ˋ	jam.	Kiao,	˄ ˋ ˊ	kiao.	
Jao,	˄ ˋ	jao.	Khiao,	˄ ˋ ˊ	k'iao.	
Je,	ˋ ˊ	ge.	Kioï, kie,	˘	kie.	
Jeng,	˄	gem.	Khioï, khie,	˘	k'ie.	
Jeou,	ˋ ˊ	geu.	Kieou,	˄ ˋ ˊ	kieu.	
Ji,	˘		Khieou,	˄ ˋ ˊ	k'icu.	
Jin,	ˋ ˋ ˊ	yn.	Kin,	˄ ˋ ˊ	kin.	
Jo,	˘	jo.	Khin,	ˋ ˋ ˊ	k'in.	

PROLÉGOMÈNES.

King,	˄ ˋ ˊ	kim.	La,	˘	la.
Khing,	˄ ˋ ˊ	k'im.	Laï,	˄ ˋ ˊ	lay.
Kio,	˘	kio.	Lan,	˄ ˋ ˊ	lan.
Khio,	˘	k'io.	Lang,	˄ ˋ ˊ	lam.
Kiou, v. Kiu,	˘	kió.	Lao,	˄ ˋ ˊ	lao.
Khiou, voyez			Le,	˘	le.
Khiu,	˘	k'hió.	Leng,	˄	lem.
Kiouan,	˄ ˋ ˊ	kiuen.	Leou,	˄	leu.
Khiouan,	˄ ˋ ˊ	k'iuen.	Li,	˄ ˋ ˊ ˘	ly, lié.
Kioueï,	˘	kiue.	Lian,	˄ ˋ ˊ	lien.
Khioueï,	˘	k'iue.	Liang,	ˋ ˊ	leam.
Kioung,	˄ ˋ ˊ	kium.	Liao,	˄ ˋ ˊ	leao.
Khioung,	˄ ˋ ˊ	k'ium.	Licï, lie,	˘	lie.
Kiu,	˄ ˋ ˊ ˘	kiu.	Licou,	ˋ ˊ	lieu.
Khiu,	˄ ˋ ˊ ˘	k'iu.	Lin,	˄ ˋ ˊ	lin.
Kiun,	˄ ˋ ˊ	kiun.	Ling,	˄ ˋ ˊ	lim.
Ko,	˄ ˋ ˊ ˘	co.	Lio,	˘	lio.
Kho,	˄ ˋ ˊ ˘	c'o.	Liouan,	˄ ˋ ˊ	liuen.
Kou,	˄ ˋ ˊ ˘	cu.	Liu,	˄ ˋ ˊ	liu.
Khou,	˄ ˋ ˊ	c'u.	Lo,	˄ ˋ ˊ ˘	lo.
Koua,	˄ ˋ ˊ ˘	cua.	Lou,	˄ ˋ ˊ ˘	lu, lô.
Khoua,	˄ ˋ ˊ	c'ua.	Louan,	˄ ˋ ˊ	luon.
Kouaï,	˄ ˋ ˊ	cuay.	Louï, leï,	˄ ˋ ˊ	luy.
Khouaï,	˄ ˋ ˊ	c'uay.	Loung,	˄ ˋ ˊ	lum.
Kouan,	˄ ˋ ˊ	cuan, cuon.	Lun, louen,	˄ ˋ ˊ	lun.
Khouan,	˄ ˋ ˊ	c'uan, c'uon.			
Kouang,	˄ ˋ ˊ	cuam.	Ma,	˄ ˋ ˊ ˘	ma.
Khouang,	˄ ˋ ˊ	c'uam.	Maï,	˄ ˋ ˊ	may.
Koue,	˘	cue.	Man,	˄ ˋ ˊ	man, muon.
Koueï,	˄ ˋ ˊ	cuey.	Mang,	˄ ˋ ˊ	mam.
Khoueï,	˄ ˋ ˊ	c'uey.	Mao,	˄ ˋ ˊ	mao.
Kouen,	˄ ˋ ˊ	cuen.	Me,	˘	me.
Khouen,	˄ ˋ ˊ	c'uen.	Meï,	˄ ˋ ˊ	mocy.
Koueng,	˄ ˙ ˙	cuem.	Men,	˄	muen.
Khoueng,	˄	c'uem.	Meng,	˄ ˋ ˊ	mem.
Koung,	˄ ˋ ˊ	cum.	Meou,	˄ ˋ ˊ	meu.
Khoung,	˄ ˋ ˊ	c'um.	Mi,	˄ ˋ ˊ ˘	my, mié.
Kouo, kou,	˄ ˊ ˘	cuo.	Mian,	˄ ˋ ˊ	mien.
Kouon, voy.			Miao,	˄ ˋ ˊ	miao.
Kouan,		cuon.	Micï, mie,	˘	mie.
			Micou,	˄ ˊ	mieu.

30   GRAMMAIRE CHINOISE.

Min,	∧ ∖ ∖ ⁄	*min.*	Peï,	∖ ∖ ⁄	*poey.*
Ming,	∧ ∖ ⁄	*mim.*	Pheï,	∖ ∖ ⁄	*p'oey.*
Mo,	∧ ∖ ⁄ ◡	*mo.*	Pen,	∖ ∖ ⁄	*puen.*
Mou,	∖ ∖ ⁄ ◡	*mu, mó.*	Phen,	∧ ⁄	*p'uen.*
			Peng,	∖	*pum.*
Na,	∧ ∖ ⁄ ◡	*na.*	Pheng,	∖	*p'um.*
Naï,	∧ ∖ ⁄	*nay.*	Pheou,	∖ ∖	*peu.*
Nan,	∧ ∖ ⁄	*nan.*	Pi, poï,	∖ ∖ ⁄ ◡	*py, pié.*
Nang,	∧ ∖ ⁄	*nam.*	Pian,	∧ ∖ ⁄	*pien.*
Nao,	∧ ∖ ⁄	*nao.*	Phian,	∧ ∖ ⁄	*p'ien.*
Neï,	∖ ⁄	*nuy.*	Piao,	∧ ∖ ⁄	*piao.*
Neng,	∧	*nem.*	Phiao,	∧ ∖ ⁄	*p'iao.*
Neou,	∧ ∖ ⁄	*neu.*	Pieï, pie,	◡	*pie.*
Ni, ñi,	∧ ∖ ⁄ ◡	*ny, nié.*	Phieï, phie,	◡	*p'ie.*
Nian,	∧ ∖ ⁄	*nien.*	Pin,	∧ ∖	*pin.*
Niang,	∧ ∖ ⁄	*niam.*	Phin,	∧ ∖	*p'in.*
Niao,	∖ ⁄	*niao.*	Ping,	∧ ∖ ⁄	*pim.*
Nieï, nie,	◡	*nie.*	Phing,	∧ ∖ ⁄	*p'im.*
Nieou,	∧ ∖ ⁄	*nieu.*	Po,	∧ ∖ ⁄ ◡	*po.*
Nin,	∧	*nin.*	Pho,	∧ ∖ ⁄ ◡	*p'o.*
Ning,	∧ ∖ ⁄	*nim.*	Pou,	∧ ∖ ⁄ ◡	*pu, pó.*
Nio,	◡	*nio.*	Phou,	∧ ∖ ⁄ ◡	*p'u, p'ó.*
Niu,	∧ ∖ ⁄	*niu.*			
No,	∧ ∖ ⁄ ◡	*no.*	Sa,	◡	*sa.*
Nou,	∧ ∖ ⁄ ◡	*nu, nó.*	Saï,	∧ ⁄	*say.*
Nouan,	∖ ⁄	*nuon.*	San,	∧ ∖ ⁄	*san.*
Noung,	∧ ⁄	*num.*	Sang,	∧ ∖ ⁄	*sam.*
Nun,	⁄	*nun.*	Sao,	∧ ∖ ⁄	*sao.*
			Se, che,	◡	*se.*
Pa,	∧ ∖ ⁄ ◡	*pa.*	Sen,	∧ ∖ ⁄	*sen.*
Pha,	∧ ⁄	*p'a.*	Seng,	∧ ∖ ⁄	*sem.*
Paï,	∧ ∖ ⁄	*pay.*	Seou,	∧ ∖ ⁄	*seu.*
Phaï,	∧ ⁄	*p'ay.*	Si,	∧ ∖ ⁄ ◡	*sy, sié.*
Pan,	∧ ∖ ⁄	*pan.*	Sian,	∧ ∖ ⁄	*sien.*
Phan,	∧ ∖ ⁄	*p'an.*	Siang,	∧ ∖ ⁄	*siam.*
Pang,	∧ ∖ ⁄	*pam.*	Siao,	∧ ∖ ⁄	*siao.*
Phang,	∧ ⁄	*p'am.*	Sieï, sie,	∧ ∖ ⁄ ◡	*sie.*
Pao,	∧ ∖ ⁄	*pao.*	Sieou,	∧ ∖ ⁄	*sieu.*
Phao,	∧ ⁄	*p'ao.*	Sin,	∧ ∖ ⁄	*sin.*
Pe,	◡	*pe.*	Sing,	∧ ∖ ⁄	*sim.*
Phe,	◡	*p'e.*	Sio,	◡	*sio.*

PROLÉGOMÈNES.

Siouan,	siuen.	Tho,	t'o.
Sioucï,	siue.	Tou,	tô, tu.
Siu,	siu.	Thou,	t'ô, t'u.
Siun,	siun.	Touan,	tuon.
So,	so.	Thouan,	t'uon.
Sou,	su, só.	Touï,	tuy.
Souan,	soun.	Thouï,	t'uy.
Souï,	suy.	Toung,	tum.
Soang,	sum.	Thoung,	t'um.
Sun,	sun.	Tun,	tun.
		Thun,	t'un.
Sse, chi,	sú, szú.		
		Tcha,	cha.
Ta,	ta.	Tchha,	c'ha.
Tha,	t'a.	Tchaï,	chay.
Taï,	tay.	Tchhaï,	c'hay.
Thaï,	t'ay.	Tchan, roy.	
Tan,	tan.	Tsan.	
Than,	t'an.	Tchang,	cham.
Tang,	tam.	Tchhang,	c'ham.
Thang,	t'am.	Tchao,	chao.
Tao,	tao.	Tchhao,	c'hao.
Thao,	t'ao.	Tche,	che.
Te,	te.	Tchhe,	c'he.
The,	t'e.	Tchen,	chen.
Teng,	tem.	Tchhen,	c'hen.
Theng,	t'em.	Tcheou,	cheu.
Teou,	teu.	Tchheou,	c'heu.
Theou,	t'eu.	Tchi,	chy, ché.
Ti,	ty, tié.	Tchhi,	c'hy, c'hé.
Thi,	t'y, t'ié.	Tchin,	chin.
Tian,	tien.	Tchhin,	c'hin.
Thian,	t'ien.	Tcho,	cho.
Tiao,	tiao.	Tchho,	c'ho.
Thiao,	t'iao.	Tchou, tchu,	chu.
Tioï, tie,	tie.	Tchhou,	
Thieï, thie,	t'ie.	tchhu,	c'hu, c'hó.
Tieou,	tieu.	Tchoua,	choa.
Ting,	tim.	Tchouan,	chuen.
Thing,	t'im.	Tchhouan,	c'huen.
To,	to.	Tchouang,	choam.

GRAMMAIRE CHINOISE.

Tchhouang,	╷ ╷ ╵	c'hoam.	Thsieou,	╷ ╷ ╵	ç'ieu.
Tchoue,	╷	chué.	Tsin,	╷ ╷ ╵	çin.
Tchhoue,	╷	c'hue.	Thsin,	╷ ╷ ╵	ç'in.
Tchoui,	╷ ╵	chuy.	Tsing,	╷ ╷ ╵	çim.
Tchhoui,	╷ ╷ ╵	c'huy.	Thsing,	╷ ╷ ╵	ç'im.
Tchoung,	╷ ╷ ╵	chum.	Tsio,	╷	çio.
Tchhoung,	╷ ╷ ╵	c'hum.	Tsiouan,	╷ ╷	çiuen.
Tchu, voyez Tchou,			Thsiouan,	╷	ç'iuen.
			Tsiouei,	╷	çiue.
Tchun,	╷ ╷	chun.	Tsiu,	╷ ╷ ╵	çiu.
Tchhun,	╷ ╷	c'hun.	Thsiu,	╷ ╷ ╵	ç'iu.
			Tsiun,	╷ ╷ ╵	çiun.
			Tso,	╷ ╷ ╵	ço.
Tsa,	╷	ça.	Thso,	╷ ╵	ç'o.
Thsa,	╷	ç'a.	Tsou,	╷ ╷ ╵	çu, çó.
Tsaï,	╷ ╷ ╵	çay.	Thsou,	╷ ╷ ╵	ç'u, ç'ó.
Thsaï,	╷ ╷ ╵	ç'ay.	Tsouan,	╷ ╷ ╵	çuon.
Tsan,	╷ ╵	çan.	Thsouan,	╷ ╷ ╵	ç'uon.
Thsan,	╷ ╵	ç'an.	Tsoui,	╷ ╷ ╵	çuy.
Tsang,	╷ ╷	çam.	Thsoui,	╷ ╷ ╵	ç'uy.
Thsang,	╷ ╷	ç'am.	Tsoung,	╷ ╷	çum.
Tsao,	╷ ╷ ╵	çao.	Thsoung,	╷ ╵	ç'um.
Thsao,	╷ ╷ ╵	ç'ao.	Tsun,	╷ ╷ ╵	çun.
Tse,	╷	çe.	Thsun,	╷ ╷ ╵	ç'un.
Thse,	╷	ç'e.			
Tseng,	╷ ╷ ╵	çem.	Wa,	╷ ╷ ╵	va.
Thseng,	╷ ╷ ╵	ç'em.	Waï,	╷	vay.
Tseou,	╷ ╷ ╵	çeu.	Wan,	╷ ╷ ╵	van.
Thseou,	╷ ╷ ╵	ç'eu.	Wang,	╷ ╷ ╵	vam.
Tseu,	╷ ╷ ╵	çù.	We,	╷	ve, voe.
Thseu,	╷ ╷ ╵	ç'ú.	Weï,	╷ ╷ ╵	vy.
Tsi,	╷ ╷ ╵	çy, çié.	Wen,	╷ ╷ ╵	ven.
Thsi,	╷ ╷ ╵	ç'y, ç'ié.	Wo,	╷	vo.
Tsian,	╷ ╷ ╵	çien.	Won,	╷ ╷ ╵	von.
Thsian,	╷ ╷ ╵	ç'ien.	Wou,	╷ ╷ ╵	vu, vó.
Tsiang,	╷ ╷ ╵	çiam.			
Thsiang,	╷ ╷ ╵	ç'iam.	'O, a,	╷ ╷ ╵	ngo.
Tsiao,	╷ ╷ ╵	çiao.	'Ou,	╷ ╷ ╵	ngu.
Thsiao,	╷ ╷ ╵	ç'iao.	Ou,	╷ ╷ ╵	u.
Tsieï, tsie,	╷ ╷ ╵	çie.	'Weï,	╷ ╷ ╵	goey.
Thsieï, thsie,	╷ ╷ ╵	ç'ie.	Oung,	╷ ╷ ╵	um.
Tsieou,	╷ ╷ ╵	çieu.	'Aï,	╷ ╷ ╵	ugau.

'An, ⸜ ⸝ ⸌ ngan.	'En, ⸝ ngen.
'Ang, ⸜ ⸝ ⸌ ngam.	'Eng, ⸌ ngem.
'Ao, ⸜ ⸝ ⸌ ngao.	'Eou, ⸜ ⸝ ⸌ ngeu.
'E, ⸌ nge.	Eul, ñi, ⸜ ⸝ ⸌ ulh, lh.

En tout 450 syllabes, portées à 1203 par la variation des accens (1).

57. Ces 1200 syllabes servant à prononcer plusieurs milliers de caractères, il est évident que chacune devra répondre à plusieurs caractères, ou, ce qui revient au même, que beaucoup de caractères, ayant des significations diverses, se prononceront exactement de la même manière. Certaines syllabes, plus usitées que les autres, servent de prononciation à 30 ou 40 caractères, et expriment, par conséquent, jusqu'à 30 ou 40 idées différentes (2).

58. Beaucoup de caractères *homophones* appartenant à des radicaux différens ont une partie commune, qui est le groupe additionnel, destiné à peindre la prononciation. Souvent aussi la même prononciation est représentée par des groupes différens [7]. De même qu'on réunit dans les dictionnaires par clefs, les caractères qui ont des radicaux semblables [25], on met ensemble, dans d'autres dictionnaires, les caractères simples ou composés qui, quels que soient leurs radicaux, ont la même prononciation. On a nommé *toniques* ces sortes de dictionnaires, dont la première division est suivant l'ordre des

---

(1) On eût désiré donner une table comparative, propre à faire rectifier la prononciation du dictionnaire du P. Basile de Glemona ; mais l'éditeur a substitué à l'orthographe portugaise, que le missionnaire avoit suivie, une orthographe de sa façon, qu'il n'a pas eu soin d'établir sur des principes réguliers. Ainsi, il confond kŏ et koŭ, sous la syllabe kŏ ; tchè et tchī, sous la syllabe tchy, etc. On ne pourroit corriger les fautes de ce genre qu'il a commises, qu'en donnant la table des caractères avec la prononciation, et ce n'est pas ici le lieu d'entreprendre un travail aussi étendu.

(2) Pour indiquer la prononciation dans leurs dictionnaires, les Chinois se servent des *homophones* qu'ils supposent les plus connus. De plus, ils mettent en tête de l'explication de chaque caractère, un autre caractère qui commence par la même consonne, et un troisième qui finit par la même voyelle ou la même diphthongue, marquée de la même intonation : le tout suivi du mot 切 thsiĕĭ, qui signifie *divisez*, pour dire, prenez la consonne de l'un de ces caractères, et joignez-la à la voyelle de l'autre.

tons, et la seconde suivant l'ordre des finales ou consonnances (1). On ne peut y chercher un caractère que quand on en connoît d'avance la prononciation : de là vient qu'ils sont plus commodes pour les Chinois que pour les Européens, à moins que ceux-ci ne vivent au milieu des naturels, ou ne sachent déjà la langue.

59. La prononciation des Chinois diffère beaucoup dans les diverses provinces; beaucoup de villes et même de villages ont des patois particuliers, où se trouvent quelquefois des mots tout-à-fait étrangers à la langue commune. Plusieurs de ces dialectes ont des sons et des intonations qui manquent à la prononciation généralement usitée. A Peking, on change souvent le *k* devant l'*i* en *dz*, le *s* en *ch*; on prononce le *h* comme un *kh*. Dans le midi, la langue est plus adoucie : le *eul* se change en *ñi*, *pou* en *m*; on ajoute fréquemment *h, t, k, r,* après les syllabes terminées par une voyelle, surtout après celles qui sont affectées du *ji-ching* [53] (2).

───────────────

(1) Les missionnaires, et le P. Basile, en particulier, ont un peu modifié cet arrangement dans leurs dictionnaires : ils ont classé les syllabes d'après l'ordre de notre alphabet, et subdivisé chaque syllabe d'après l'ordre des tons. C'est le système suivi dans presque tous les dictionnaires chinois-latins dont on possède des manuscrits, et notamment dans la copie qui a servi à l'impression du dictionnaire chinois publié en 1813.

(2) Les patois les plus connus sont celui de *Tcháng-tcheóu*, ville du premier ordre de la province de *Foŭ-kiĕn*, et celui de Canton. Le premier, connu sous le nom de langue *Chin-cheo*, étoit intéressant à étudier, quand les Européens fréquentoient le port d'*E-mouy*. Le second a acquis de l'importance pour le commerce, depuis que Canton est devenu l'entrepôt de celui que les Anglais et les Américains font à la Chine. On peut encore assimiler aux patois les prononciations corrompues que les Japonais, les Tonkinois, les Cochinchinois et les Coréens emploient quand ils font usage des caractères chinois.

GRAMMAIRE CHINOISE.

60. Les mots chinois, pris séparément, sont tous invariables dans leur forme ; ils n'admettent aucune inflexion, aucun changement, ni dans la prononciation, ni dans l'écriture.

61. Les rapports des noms, les modifications de temps et de personnes des verbes, les relations de temps et de lieux, la nature des propositions positives, optatives, conditionnelles, ou bien se déduisent de la position des mots, ou se marquent par des mots séparés, qui s'écrivent avec des caractères distincts, avant ou après le thème du nom ou du verbe.

62. Les Chinois appellent 字實 *chi tseü* [mots pleins], les mots qui ont une signification propre, comme les noms et les verbes ; et 字虛 *hiü tseü* [mots vides], ou 辭助 *tsoü thseü* [termes auxiliaires], les particules qui ne servent qu'à modifier le sens des premiers, ou à marquer les rapports qui les lient entre eux.

63. Beaucoup de mots chinois peuvent être pris successivement comme substantifs, comme adjectifs, comme verbes, quelquefois même comme particules. On peut à volonté marquer précisément le sens où un mot est pris, et le rôle qu'il joue dans la proposition, ou bien laisser au lecteur le soin de le déterminer, d'après le sens du contexte et la position relative des mots.

64. Dans l'antiquité, l'écriture ne servant encore qu'à des usages bornés, on se plaisoit à sous-entendre le verbe ou le sujet des propositions, et à laisser aux mots toute leur latitude d'acception ; on marquoit rarement leurs rapports [61] ; on exprimoit ses idées avec le moins de mots possible ; on écrivoit isolément chaque proposition, sans la lier à celles qui la précédoient ou la suivoient. De là résultoit ce style sentencieux, vague, concis et morcelé, qu'on remarque dans les anciens monumens, et qu'on nomme, à cause de cela, 文古 *koû wên* [style antique].

65. Le *style antique* ayant bientôt cessé d'être en rapport avec les besoins toujours croissans de la société, il s'y est introduit divers changemens, qui tous ont eu pour but de rendre la langue claire, précise et susceptible de formes variées. Pour qu'on pût s'entendre en parlant, on a substitué des mots composés aux termes simples, qui prêtoient à trop d'équivoques, à cause des mots *homophones* [57]. L'emploi plus fréquent des pronoms a permis de déterminer le sens substantif ou verbal des mots ; l'usage de particules nouvelles, ou autrement employées, a marqué nettement leurs rapports, et divers procédés phraséologiques ont fait varier la coupe et l'enchaînement des propositions. Le style qui est le produit de ces changemens est celui qu'on nomme 話官 *kouân hoû* [langue des magistrats], ou, comme on l'a dit vulgairement, *langue mandarinique.*

66. Entre ces deux styles, les Chinois en placent un troisième qu'ils nomment 章文 *wên tchhâng* [style littéraire]. Ce style participe des deux autres : il est moins vague, moins concis, plus fleuri, que le style antique ; moins explicite, moins prolixe, et, si on ose le dire, moins grammatical, que la langue mandarinique. Ce style peut varier à l'infini, suivant qu'il s'approche plus de l'un des deux autres.

67. La différence qui existe entre le *koù wên* et le *kouân hoà* est assez marquée, pour qu'il soit nécessaire de donner séparément les règles de l'un et de l'autre. Quant au style intermédiaire, il n'offre, sous le rapport de la grammaire, rien qui ne puisse trouver place dans l'exposé des principes du style antique ou de la langue mandarinique.

68. L'étude spéciale des règles du style antique est nécessaire pour l'intelligence des anciens livres classiques appelés 經 *king*, des livres de Confucius et des philosophes de son école, des ouvrages de toute espèce écrits avant l'incendie des livres [l'an 213 avant J. C.], et des livres d'histoire, de géographie, de philosophie et de haute littérature, ainsi que des écrits relatifs à la politique ou à l'adminis-

tration, lesquels sont composés, même à présent, dans un style imité du *koŭ wên*.

69. Les règles du *kouăn hoŭ* sont celles de la langue usitée actuellement dans tout l'empire. Elles sont donc particulièrement indispensables à ceux qui veulent parler le chinois, ou lire les écrits qu'on a coutume de composer dans un style analogue à celui de la langue parlée, tels que les instructions et proclamations adressées au peuple, ou qu'on destine à être lues à haute voix ; les lettres familières, les romans, les pièces de théâtre, certains commentaires des livres anciens, les compositions légères de toute espèce, et généralement tout ce que les Chinois comprennent sous la dénomination de 說小 *siaŏ chouŏ* [petit langage]. Elles ne sont pas moins utiles pour l'intelligence des ouvrages de littérature ou d'histoire, composés à une époque plus ou moins rapprochée de celle où nous vivons, et dans lesquels il s'est introduit beaucoup de termes composés, de locutions familières, ou de tours de phrases empruntés au style de la conversation, d'après un usage qui paroît remonter aux temps anciens.

PREMIÈRE PARTIE.

DU KOÙ WÊN OU STYLE ANTIQUE.

§. I.ᵉʳ Du Substantif.

70. Il y a des mots chinois qui sont toujours adjectifs ou substantifs; d'autres qui sont tantôt noms et tantôt verbes. Le sens de ces derniers se déduit de la position respective des mots.

71. Il n'y a pas de signes pour les genres. Beaucoup de noms spéciaux marquent les sexes dans les animaux. On détermine le sens de ceux qui sont communs, quand cela est nécessaire, par l'addition de certains mots, tels que

父 *foŭ,* pater.   母 *moŭ,* mater.   人 *jîn,* homo.   女 *niŭ,* mulier.

72. On n'ajoute ordinairement aucun signe pour distinguer le singulier du pluriel. On dit indifféremment :

人來 *jîn laï venit* {l'homme vient, ou les hommes viennent.}   神格 *chín kĕ accedit* {l'esprit approche (se manifeste), ou les esprits approchent.}

73. Quand il est indispensable de fixer les nombres, on se sert de particules préposées ou postposées, qui marquent la pluralité ou l'universalité. L'emploi des unes et des autres est déterminé par l'usage, suivant la nature de certains substantifs.

74. Il y a quatre particules qui se placent avant le substantif, savoir :

衆 *tchoúng,* omnes.   諸 *tchoū,* omnes.   庶 *chú,* omnes.   多 *tō,* multi.

1.¹ᵉ PARTIE. — STYLE ANTIQUE.

衆人 *tchoûng omnes, jîn homines.* } les hommes. 　　庶士 *chù omnes, ssë magistri.* } les maîtres.

諸儒 *tchoû omnes, joû litterati.* } les lettrés. 　　多方 *tô multæ, fâng regiones.* } les pays.

75. Il y a aussi quatre particules qui se placent après le substantif, savoir :

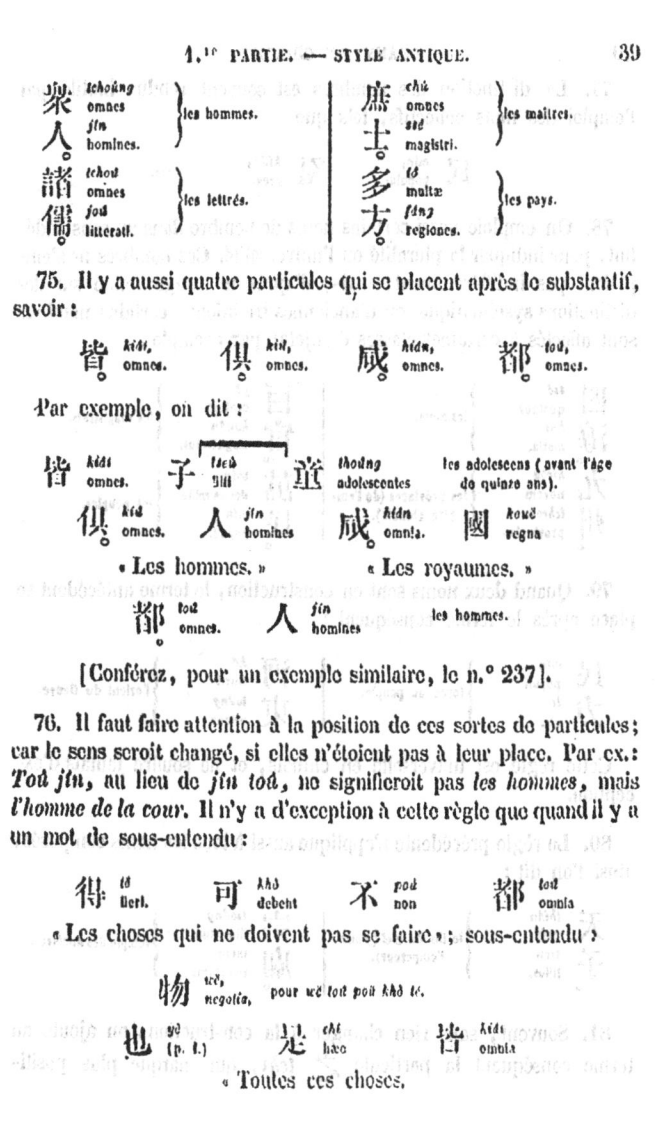

皆 *kiái omnes.*　倶 *kiúu omnes.*　咸 *hiân omnes.*　都 *toû omnes.*

Par exemple, on dit :

皆 *kiái omnes* 子童 *tseû tôung filii adolescentes* les adolescens (avant l'âge de quinze ans).

倶 *kiú omnes* 人 *jîn homines*　咸 *hiân omnia* 國 *kouě regna*

« Les hommes. »　　« Les royaumes. »

都 *toû omnes* 人 *jîn homines* les hommes.

[Conférez, pour un exemple similaire, le n.° 237].

76. Il faut faire attention à la position de ces sortes de particules ; car le sens seroit changé, si elles n'étoient pas à leur place. Par ex.: *Toû jîn*, au lieu de *jîn toû*, ne signifieroit pas *les hommes*, mais *l'homme de la cour*. Il n'y a d'exception à cette règle que quand il y a un mot de sous-entendu :

得 *tě licet.* 　可 *khó debent.* 　不 *poǔ non.* 　都 *toû omnia.*

« Les choses qui ne doivent pas se faire » ; sous-entendu :

物 *wě negotia,* pour *wě toû poǔ khǒ tě.*

也 *yě (p. f.)*　是 *chí hæc*　皆 *kiái omnia*

« Toutes ces choses. »

GRAMMAIRE CHINOISE.

77. La distinction des nombres est souvent rendue inutile par l'emploi des mots collectifs, tels que

民 *min, populus.*   羣 *kiûn, grex.*   etc.

78. On emploie aussi certains noms de nombre dans un sens indéfini, pour indiquer la pluralité ou l'universalité. Ces nombres ne s'emploient pas indifféremment; mais, d'après un usage fondé sur des distinctions systématiques ou d'anciennes traditions, certains nombres sont affectés à certaines classes d'objets; par exemple :

四海 *sùe quatuor hài maria.* } les mers.   百官 *pê centum kouân magistratus.* } les magistrats.

九州 *kíeòu novem tcheōu provinciæ.* } les provinces (de l'empire chinois).   兆民 *tchào decies mille mín populi.* } les peuples.

79. Quand deux noms sont en construction, le terme antécédent se place après le terme conséquent :

民力 *mín populi lì vis.* } force du peuple.   河東 *hô fluvii toûng oriens.* } l'orient du fleuve.

Cette règle est universelle en chinois, et ne souffre jamais d'exception.

80. La règle précédente s'applique aussi à tous les noms composés; ainsi l'on dit :

天子 *thiên cœli tseù filius.* } le fils du ciel (pour l'empereur).   宗廟 *tsoûng illustrium miào templum.* } temple des ancêtres.

81. Souvent, sans rien changer à la construction, on ajoute au terme conséquent la particule 之 *tchí,* qui marque plus positi-

1.re PARTIE, STYLE ANTIQUE.

vement le rapport d'attribution, de propriété, d'appartenance. Quelquefois il est indifférent d'exprimer *tchī* ou de le sous-entendre. On dit également :

命 *ming, mandatum.* 天 *thiēn, cœli*   ou   命 *ming, mandatum* 之 *tchī (n. g.)* 天 *thiēn, cœli*

« L'ordre du ciel. »

82. Généralement on doit mettre *tchī* toutes les fois que l'un des termes, antécédent ou conséquent, étant composé ou complexe, il est nécessaire d'en marquer la séparation, pour éviter l'amphibologie. Ainsi l'on dira :

道 *tao, via.* 之 *tchī (n. g.)* 學 *hiō, studii* 大 *tái, magni*

« La voie de la grande étude (ou de la philosophie politique). »

始 *chī, initium.* 仁 *jīn, humanitatis* 善 *chēn, virtutum* 之 *tchī (n. g.)* 孝 *hiáo, pietas*
義 *ī, justitiæque* 之 *tchī (n. g.)* 源 *yuén, fons* 百 *pĕ, centum*
之 *tchī (n. g.)* 崇 *tsoúng, principalis* 眾 *tchoúng, omnium* 行 *híng, actionum*

« La piété filiale est la source des *bonnes* actions, la plus illustre des
» vertus, et le commencement de l'humanité et de la justice. »

命 *ming, mandatum* 明 *ming, clarum* 之 *tchī (n. g.)* 天 *thiēn, cœli*

« Le brillant ordre du ciel (la providence). » [Cf. 97, 235, 241.]

83. Le substantif, sujet d'un verbe quelconque, ou complément d'un verbe actif, ne prend aucune marque particulière. Le premier se place avant, et le second après le verbe. Cette règle ne souffre presque pas d'exception [Cf. 157] :

善 *chēn, virtutem.* 好 *háo, amat* 王 *wáng, rex*

« Le roi aime la vertu. »

84. Le terme d'une action se marque par des prépositions diffé-

rentes, suivant les idées d'ablation, d'addition, de séparation ou de réunion qu'elle exprime. Les paragraphes suivans feront connoître la manière d'employer les principaux exposans de ces rapports.

85. 與 *iû*, proprement *donner*, marque la réunion, l'addition, la simultanéité, et on peut le traduire par *à, avec*, etc.

樂 *lŏ,* lætari. 偕 *kiái,* simul. 民 *mín,* populum. 與 *iû,* ad.

« Se réjouir en même temps que le peuple. »

86. 於 ou 于 *iû,* signifie *par, dans, de, à* :

我 *ŏ,* me. 於 *iû,* à 問 *wén,* petiit.

« Il a demandé à moi. »

諍 *chéng,* virtute. 至 *tchí,* summa. 於 *iû,* in 止 *tchí,* state.

« Demeurer *ferme* dans la suprême vertu. »

下 *hiá,* subjectis. 天 *thiēn,* cœlo. 於 *iû,* in

« Dans ce qui est sous le ciel (l'empire). »

王 *wáng,* regem. 於 *iû,* ad 從 *thsóung,* sequi.

« Suivre au roi, *pour* suivre le roi. »

87. 乎 *hoû* marque pareillement l'addition et l'ablation, l'arrivée et le départ :

謂 *wéi,* vocatur. 外 *wái,* exteriori. 待 *tái,* expectare. 己 *kí,* seipsum. 足 *tsoŭ,* sufficere.
德 *té,* virtus. 之 *tchí,* (p. r.) 於 *iû,* ab 無 *woŭ,* nihil. 乎 *hoû,* ad

« Se suffire à soi-même, et ne rien attendre du dehors, cela s'appelle » *vertu.* »

門 *mén,* januam. 乎 *hoû,* ad 暨 *kí,* pervenire.

« Parvenir à la porte. »

I.re PARTIE, STYLE ANTIQUE.

神 *chìn, spiritusque* 鬼 *kouéï, genios* 乎 *hou, erga* 孝 *hiào, pius*
« Pieux envers les esprits. »

德 *té, virtutem* 乎 *hou, in* 愼 *chìn, invigila* 先 *siēn, prius*
« Avant tout, veillez sur la vertu. »

知 *tchī, scire* 乎 *hou, ad* 近 *kìn, accedit* 學 *hiŏ, studium* 好 *hào, amare*
« Aimer l'étude, c'est approcher du savoir. »

聞 *wén, audivi* 所 *sŏ, (eo) quod* 乎 *hou, ab* 異 *ì, differens*
« Différent de ce que j'ai entendu. »

爾 *eùl, te.* 乎 *hou* 隱 *yĭn, recondi* 無 *wou, nihil* 吾 *òu, ego*
« Je ne vous ai rien caché. »

88. 諸 *tchou* (voyez 74) marque ordinairement l'origine, la sortie, l'ablation.

己 *kì, seipso.* 諸 *tchou, a* 求 *khieoú, expectare* 惟 *weí, solùm*
« N'attendre rien que de soi-même. »

掌 *tchàng, palmam.* 諸 *tchou, in* 示 *chì, inspicere*
« Regarder dans sa main. »

89. 從 *thsoúng* marque aussi l'ablation.

來 *laí, venire.* 邊 *piēn, finibus* 日 *jĭ, solis* 從 *thsoúng, ex*
« Venir des extrémités du soleil (ou du couchant). »

90. 自 *tseù* signifie aussi *de :*

夏 *hià, Hia.* 克 *khĭ, vincendo* 自 *tseù, ex* 歸 *koueī, reversus* 王 *wáng, rex*
« Le roi revient de sa victoire sur la dynastie de *Hia.* »

3'

GRAMMAIRE CHINOISE.

91. 由 *yeou* est synonyme de *tseu*, et marque aussi l'origine, la source, la cause, le commencement :

爲 *yân, (p. f.)* 學 *hiŏ, stude* 而 *eul, et* 是 *chí, hoc* 由 *yeou, ex*

« Commencez à étudier par ce livre. »

92. Le compellatif n'est ordinairement marqué d'aucun signe, et le plus souvent le sujet du verbe en tient lieu :

利 *li, lucrum?* 曰 *youê, loqueris* 必 *pĭ, quidem* 何 *hŏ, quare* 王 *wâng, rex*

« O roi ! pourquoi parler de profit ? » — Le sens littéral est : *Pourquoi le roi parle-t-il de profit ?*

§ II. DE L'ADJECTIF.

93. Il y a des mots qui par eux-mêmes ont la signification adjective, tels que :

大 *tá, magnus.* 小 *siaò, parvus.* 好 *haò, bonus.* 惡 *ŏ, malus.*

94. D'autres sont des substantifs qui, joints à d'autres substantifs, expriment un attribut [79, 80], comme :

天 *thiên, cœli* 命 *mîng, mandatum.* } l'ordre du ciel, ou l'ordre céleste.   金 *kîn, auri* 像 *siâng, statua.* } une statue d'or.

Et ainsi dans tous les cas où un substantif est employé dans un sens attributif, comme dans les noms qui marquent la matière, la nature, la classe ou l'espèce, etc.

95. Les adjectifs sont soumis à la règle des noms attributifs [80], et se placent presque toujours avant le substantif auquel ils se rapportent :

人 *jîn, homo.* 聖 *chíng, sanctus* un saint homme.

1.re PARTIE, STYLE ANTIQUE.

言 *yán, verbum.* 善 *chén, bonum* — une parole vertueuse.

96. Quelques adjectifs peuvent être pris comme verbes, et alors il arrive souvent que l'accent change pour marquer cette nouvelle acception [55]. Ainsi, de

好 *hǎo, bonus.* on fait 好 *hào, amare.*

惡 *ŏ, malus.* 惡 *où, odisse.*

97. Les adjectifs peuvent être employés comme noms abstraits; alors ils se placent d'ordinaire après un substantif, et se construisent comme s'ils étoient des substantifs :

大 *tà, magnitudo.* 之 *tchī (n. g.)* 地 *tì terræque* 天 *thian cœli*

« La grandeur du ciel et de la terre. »

98. Tous les verbes forment des adjectifs par l'addition de 者 *tchè* (145, 169) ; ainsi,

非 *sĕ, servire,* fait 者 *tchè (p. r.)* 非 *sĕ, servire,* servant.

死 *sĕ, mori,* fait 者 *tchè (p. r.)* 死 *sĕ, mori,* mourant, mort.

99. L'usage de *tchè* s'est étendu à quelques mots qui avoient par eux-mêmes la signification adjective, sur-tout quand on les emploie seuls, le substantif étant sous-entendu ou précédemment exprimé. On dit indifféremment :

聖 *ching, sanctus,* et 者 *tchè (p. r.)* 聖 *ching, sanctus,* saint.

愚 *iū, stolidus,* ou 者 *tchè (p. r.)* 愚 *iū, stolidus,* stupide, ignorant.

On peut aussi traduire, en supposant l'ellipse du verbe substantif, *celui qui est saint, celui qui est stupide ou ignorant.*

GRAMMAIRE CHINOISE.

100. Le comparatif s'exprime par l'adjectif au positif, avec 於 *iû*, qui signifie alors *præ, au prix de, eu égard à* :

舜 *chún, Chun.*   堯 *yao, Yao.*   於 *præ.*   賢 *hian, sapiens.*

« *Plus* sage que *les empereurs* Yao et Chun. »   *Meng-tseu.*
[Cf. 212, 271].

101. Si la comparaison est exprimée d'une manière absolue, on peut se servir de 尤 *yeoû* [beaucoup], ou de 益 *i* [ajouter] :

備 *pi, proprius.*   尤 *yeoû, magis.*   意 *i, sensus.*   語 *iû, vocis.*

« Le sens de cette parole est plus convenable. »

深 *chin, profundum.*   益 *i, magis.*   水 *choui, aqua.*   如 *jou, veluti.*

« Plus profond que l'eau. »   *Meng-tseu.*

102. Si la phrase est interrogative, le comparatif n'a pas besoin d'être exprimé :

賢 *hian, sapiens?*   路 *lou, lou.*   與 *iû, vel.*   我 *o, meus.*
孰 *choû, quis.*   子 *tseû, Tseu.*   子 *tseû, magister.*

« De mon maître ou de *Tseu-lou*, quel est *le plus* sage ? »   *Meng-tseu.*

103. Le superlatif se forme en plaçant avant l'adjectif un des mots suivans :

最 *tsouï, multûm.*   至 *tchi, summè.*   極 *ki, summum.*   甚 *chin, valdè.*

On dit par exemple :

最 *tsouï, multûm.*   至 *tchi, summè.*   極 *ki, summum.*   甚 *chin, valdè.*
窮 *khioûng, pauper.*   聖 *ching, sanctus.*   高 *kao, altus.*   善 *chen, bonus.*

1.ʳᵉ PARTIE, STYLE ANTIQUE.

Ces quatre particules ne s'emploient pas indifféremment avec toute sorte d'adjectifs ; mais l'usage seul peut en déterminer l'application.

§. III. Des Noms propres.

104. Les noms de villes, de fleuves, de montagnes, s'écrivent pour la plupart en deux ou trois caractères, dérivés pour l'ordinaire des radicaux *ville* (CLXIII.ᵉ), *tertre* (CLXX.ᵉ), *eau* (LXXXV.ᵉ), *montagne* (XLVI.ᵉ), etc.

105. Les noms d'hommes n'ont en général rien qui les distingue des autres noms. Ils sont ordinairement formés de deux ou trois caractères, et composés suivant des règles assez constantes.

106. Chaque famille a, depuis un temps immémorial, un nom commun à tous les individus qui la composent. C'est ce qu'on appelle 姓 *sing*. Le nombre des *sing* est assez peu considérable, et l'on en a dressé des tables qu'il est utile de consulter, afin d'éviter de prendre les noms d'hommes pour des noms communs (1).

107. Le *sing* se place toujours avant tous les autres noms ; c'est la première syllabe de tout nom d'homme qui en a plusieurs. Pour désigner les femmes et les lettrés d'un ordre distingué, on met le *sing* seul, par antonomase, en y ajoutant le mot 氏 *chi* [famille] :

| 氏 *chi,* famille. | 許 *hiu* Hiu | pour *Hiu-chin*, célèbre auteur chinois. |
| 氏 *chi,* famille. | 顔 *yan* Yan | *Yan-chi*, la mère de Confucius, qui étoit de la famille *Yan*. |

---

(1) Le P. Basile en avoit rédigé une table, que son éditeur a fait imprimer (*Dict. chin.* page 972). Le missionnaire ayant négligé d'y comprendre les noms de deux syllabes (姓複 *foŭ sing*), M. Klaproth les a donnés dans son *Supplément*, pag. 30. Au reste, on ne croit pas devoir répéter ici les détails historiques relatifs aux noms d'hommes, qu'on a déjà donnés dans l'*Examen critique* que M. Klaproth a bien voulu insérer dans son *Supplément*, pag. 18 et suiv. On se borne en ce moment à ce qui est réellement du ressort de la grammaire.

Le nom de famille de Confucius étoit 孔 *Khoŭng*.

108. Le 名 *ming* [petit nom, ou nom d'enfance], est celui qu'on reçoit de ses parens en naissant. On s'en sert, soit en l'ajoutant à son nom de famille, soit en l'employant seul, au lieu de pronom pour se désigner soi-même. On ne doit jamais prononcer le *petit nom* des personnes à qui l'on porte du respect, et c'est un crime de lèse-majesté que de prononcer ou d'écrire en entier, sans employer quelque excuse, le *petit nom* des empereurs régnans, même en le prenant comme nom commun. Le petit nom de Confucius étoit 丘 *Khicoŭ* [monticule] (1).

109. Le 字 *tseŭ* est un *titre* qu'on reçoit à vingt ans, en prenant le bonnet viril. Il est ordinairement formé de deux mots qu'on joint au nom de famille pour former la dénomination la plus habituelle de chaque individu. Le *titre* de Confucius étoit 尼仲 *Tchoŭng-nî*.

110. Le 諡 *hoëi* est un nom posthume qu'on décerne aux hommes célèbres. Les empereurs n'en ont pas d'autre dans l'histoire (2). Ceux qu'on a donnés à Confucius sont en grand nombre, et expriment la profonde vénération qu'on a pour sa mémoire.

§. IV. Des Noms de nombre.

111. Les noms de tous les nombres s'écrivent avec treize figures,

---

(1) C'est ainsi qu'il se nomme quelquefois lui-même, au lieu de dire *je*, *moi*. (V. la 21.ᵉ note sur le *Tchoung-young*, pag. 143.) Quand on lit ces passages à haute voix, une note avertit qu'on doit, par respect, prononcer *meoŭ*, *un tel*, au lieu de *Khicoŭ*.

(2) Les empereurs ont deux sortes de noms posthumes. L'un est le 諡 *chi*, qui a rapport à leurs qualités ou à leurs actions, comme :

帝 皇 武 文 神 德 聖
ching të chin koŭng wên woŭ hoŭng ti
L'empereur saint, vertueux, divin, méritant, lettré, guerrier.

1.re PARTIE, STYLE ANTIQUE.

dont les dix premières ont chacune deux formes : l'une, ancienne et très-simple ; l'autre, compliquée à dessein, pour éviter les méprises ou les altérations frauduleuses. Ces figures sont :

一	壹	*i*, unus.	八	捌	*pâ*, octo.
二	貳	*eúl*, duo.	九	久	*kieoŭ*, novem.
三	參	*sān*, tres.	十	拾	*chí*, decem.
四	肆	*ssé*, quatuor.	百		*pĕ*, centum.
五	伍	*oŭ*, quinque.	千		*thsiēn*, mille.
六	陸	*loŭ*, sex.	萬 ou 万		*vān*, decies mille (1).
七	柒	*thsĭ*, septem.			

钦明廣孝皇帝

khīn míng kouāng hiào hoáng-tí

L'empereur respectable, illustre, d'une grande piété. Ces noms s'abrègent dans l'usage ordinaire ; on dit *Wên-tí*, *Míng-tí*, etc.

L'autre nom est le 廟號 *miào haó* [nom de temple]; c'est le nom sous lequel on inscrit le prince défunt sur les tablettes de la famille régnante, et il a rapport à la parenté ; c'est, par exemple :

世祖 *Chí-tsoŭ*, l'aïeul de la race.　　成崇 *Tchhíng-tsoŭng*, celui qui a achevé l'illustration, etc.

Les noms de *khāng-hí*, *yōng-tching*, *khiēn-loúng*, etc., ne sont pas des noms d'hommes, mais d'années ou de règnes, servant à dater les événemens.

(1) Les Chinois ont des nombres décuples de celui-ci, en montant jusqu'à la XIX.e figure ; mais, dans l'usage ordinaire, on s'arrête aux *vān*, dans lesquels on rédait toujours les nombres plus élevés.

4

50   GRAMMAIRE CHINOISE.

112. Les multiplicateurs des nombres *dix, cent, mille* et *dix mille* (même l'unité, quand il n'y en a pas d'autre), se placent avant ces nombres, et les quantités plus foibles qu'on y ajoute se mettent après. Un nombre très-élevé servira de modèle de toutes les combinaisons de cette espèce :

十 *chī,* decem   二 *eūl,* duo   萬 *wán,* decies mille   一 *ī,* unum

四 *sù,* quatuor   百 *pǎ,* centum   六 *loŭ,* sex   十 *chī,* decem

一 *ī,* unum   千 *thsiān,* millia   八 *pǎ,* octo

« 186,214. »

113. Presque toujours, on ajoute aux noms des nombres une particule qui ne change rien au sens, quoiqu'elle varie suivant la nature des objets nombrés. On nomme ces sortes de particules, *numérales* (1). Les mots employés en ce sens perdent tout-à-fait la signification qu'ils auraient isolément, et l'on en est averti par la présence du nom de nombre.

114. Quelquefois la numérale s'interpose entre le nom de nombre et la chose nombrée :

書 *choū,* epistolæ.   刀 *taō* gladii (p. n.)   三 *sān* tres

« Trois lettres. »

115. Le plus souvent, on place d'abord le nom de la chose nombrée, puis le nom de nombre suivi de la numérale qui convient à cette sorte de chose :

座 *tsŏ,* (p. n. turrium).   四 *sù* quatuor   塔 *thă* turres   石 *chī* lapideæ

« Quatre tours de pierre. »

---

(1) Le P. Basile en avoit rédigé une table que M. Morrison a insérée dans sa Grammaire, p. 37 et suiv. L'éditeur du Dictionnaire du P. Basile l'a pareillement fait imprimer, sous le titre très-impropre de *Caractères numériques* (Dict. pag. 933). Le soin qu'il a pris nous dispense de reproduire ici cette table, qui occuperoit un espace considérable.

1.ʳᵉ PARTIE, STYLE ANTIQUE.

匹 *phĭ,* (p. n. equorum). 六 *loĕ* sex 馬 *mă* equi

« Six chevaux. »

116. Quand on exprime un nombre dont on n'entend pas garantir la précision, on y ajoute 餘 *iŭ* ou 許 *hiŭ*, qui signifient *environ, un peu plus ou un peu moins.*

里 *li,* ll. 餘 *tă* circiter 百 *pĕ* centum 二 *cĭ* duo

« Environ deux cents *li* [dixièmes de lieue]. »

117. Pour marquer l'ordre, on met devant le nombre la particule 第 *ti.*

三 *săn,* tres. 第 *ti,* (p. o.) le troisième.

118. Au lieu de nom de nombre, on compte quelquefois les parties d'un tout, en employant des divisions particulières, comme :

下 *hiă,* inferior. 上 *chăng,* superior. pour premier, second.

ou bien,

下 *hiă,* inferior. 仲 *tchoùng,* medius. 上 *chăng,* superior. premier, second, troisième.

Les quatre premiers caractères du *ĭ-king* (1) servent quelquefois pour marquer la division en *quatre;* les caractères du cycle dénaire (2)

---

(1) 貞 *tchīng.* 利 *lĭ.* 亨 *hĕng.* 元 *youăn.*

(2) 癸 壬 辛 庚 己 戊 丁 丙 乙 甲

kiă ĭ ping ting meóu kĭ kĕng sĭn jĭn kouĕi

52   GRAMMAIRE CHINOISE.

pour la division en dix, ceux du cycle duodénaire (1) pour la division en douze, et la combinaison de l'un et de l'autre pour la division en soixante. Ces trois derniers moyens de compter sont presque entièrement réservés à la supputation des jours et des années, et servent pour les dates, les quantièmes, etc.

§. V. Des Pronoms.

119. Les trois pronoms de la première personne les plus usités anciennement sont 我 *'ŏ*, 吾 *'où* et 予 *iù*. Le premier est le seul dont l'usage se soit conservé jusqu'à présent. Voici des exemples :

也 *yĕ,* (p.t.)   諸 *tchoû* ad   之 *tchī* (p.e.)   欲 *yŏ* cupio   吾 *'où* ego
我 *'ŏ* me   加 *kiā* addant   人 *jīn* homines   不 *poŭ* non

« Je ne souhaite pas que les hommes ajoutent à mes *bonnes qualités* », c'est-à-dire, « *exagèrent mon mérite.* »   *Confucius.*

吾 *'où* me.   省 *sĭng* examino   三 *sān* ter   日 *jĭ* die   吾 *'où* ego

« Je m'examine trois fois chaque jour. »   *Lun-iu.*

予 *iù* me.   於 *iû* in   德 *tĕ* virtutem   生 *sēng* creavit   天 *thiēn* cœlum

« C'est le ciel qui a fait naître en moi la vertu. »   *Lun-iu.*

120. Depuis *Thsin-chi-hoang-ti* [212 avant J. C.], l'empereur a un pronom qui lui est affecté, et dont lui seul peut se servir, pour

---

(1)   巳 辰 卯 寅 丑 子
      亥 戌 酉 申 未 午

*tseŭ tchheoŭ yĕn maò tchĭn ssé
'où wĕi chĭn yeoù siŭ hài*

I.re PARTIE, STYLE ANTIQUE.

dire *je, nous,* etc.; c'est 朕 *tchin*. Ce mot servoit primitivement pour toutes les personnes d'un rang élevé.

位 *wéi*, dignitatem. 帝 *ti*, Imperatoris. 宅 *tché*, occupo. 朕 *tchin*, ego.

« J'ai occupé la dignité d'empereur. » *Chou-king.*

之 *tchi* (n. g.) 御 *yù*, imperialis. 朕 *tchin*, ego.
初 *tchoū*, principio. 極 *kí*, fastigii. 於 *iû*, in.

« Au commencement de notre règne. »
Préf. des Ssé-choū, trad. en mandchou.

121. Pour éviter le pronom de la première personne, on se sert quelquefois de son *petit nom* [108 et note]. Confucius dit, par exemple :

知 *tchi*, noverim. 所 *sò*, quod. 丘 *Khieou*, Khieou. 非 *féi*, non.

« C'est ce que *Khieou* (je) ne sais pas. »

122. Dès l'antiquité, on s'est attaché à supprimer, autant que possible, les pronoms de la première personne, en les remplaçant par des formules d'humilité qui varient suivant l'état des personnes. Les anciens rois se désignoient eux-mêmes, en disant *kouá-jin* [homme de peu] :

好 *haò*, amo. 寡 *kouà*, parvi. 人 *jin*, homo. 有 *yeoù*, habeo. 寡 *kouà*, parvi. 人 *jin*, homo.
色 *sĕ*, voluptatem. 疾 *tsí*, infirmitatem.

« J'ai une foiblesse : j'aime la volupté. » *Meng-tseu.*

123. Les sujets, s'adressant à l'empereur, se désignent par le mot de 臣 *tchīn* [sujet], qu'on a soin d'écrire, dans les actes officiels, en un petit caractère, à droite de la ligne, ainsi :

4.

54 GRAMMAIRE CHINOISE.

之 tchi (o.g.) 臣 tchʻîn subjecti (moi) 望 vâng spero
孤 koû, orphelin 祖 tsoû aví 憫 mîn miseratum

« J'espère que votre majesté sera touchée de pitié en faveur de moi,
» votre sujet, orphelin, à cause de mon aïeul. » (1)

124. Toute autre qualification, marquant le rapport où une personne se trouve placée à l'égard d'une autre, peut remplacer le pronom de la première personne. La civilité prescrit à ce sujet certaines règles qui seront indiquées par la suite.

125. En émettant une opinion, ou en faisant une remarque, un auteur se désigne ordinairement par le mot 愚 *iû* [stupide, homme peu éclairé]. Dans ce cas, les phrases

按 *àn*, animadverto. 愚 *iû* stolidus (ego) 謂 *weî*, assero. 愚 *iû* stolidus (ego)

doivent être traduites par *je dis, je remarque*, etc.

126. Les pronoms de la seconde personne ne sont guère plus fréquemment usités que ceux de la première. Ceux qu'on trouve ordinairement dans les livres sont les suivans.

127. 爾 *eúl* paroît avoir été le plus anciennement usité, et semble plus respectueux.

及 *kí*, assequeris. 所 *sǒ*, quod 爾 *eúl* tu 非 *feî* non

« C'est à quoi vous n'atteignez pas. »

128. 汝 ou 女 *joû*, est remplacé quelquefois, à cause de l'analogie de prononciation, par 如 *joû* et 若 *jǒ* :

---

(1) C'est un historien qui parle ainsi, en adressant son livre à l'empereur, et réclamant pour lui-même une partie de la faveur qu'on avoit jadis accordée à un de ses ancêtres, historien comme lui.

1.re PARTIE, STYLE ANTIQUE.

賢 *hián, sapiens.* 汝 *jou, tu* 惟 *wéi, solùm*

« Il n'y a que vous qui soyez sage. »

若 *jŏ, tibi.* 語 *iù, dico* 吾 *où, ego*

« Je vous dis... »

120. 子 *tseŭ,* proprement *fils,* étant devenu le titre de beaucoup de philosophes et d'écrivains distingués, remplace le pronom de la deuxième personne, comme quand en français on tourne par la troisième.

奚 *hi, (p. l.)?* 為 *wéi, æstimas* 以 *ì, ex* 子 *tseŭ, magister*

« Qu'en pensez-vous? » comme on diroit : *Qu'en pense monsieur?*

On se sert dans le même sens de 子夫 *fou-tseŭ,* qui signifie plus précisément encore *maître* ou *docteur :*

歟 *iû, (p. l.)* 人 *jîn, vir* 聖 *ching, sanctus* 子 *tseŭ, magister* 夫 *fou*

« Êtes-vous un saint homme? »

130. 下足 *tsoŭ-hiá, le dessous des pieds,* est une forme usitée dans le style élevé, pour dire *vous.*

哉 *tsaï, (p. l.)* 取 *thsiù, capias* 下 *hiá, tu* 為 *wéi, esse* 安 *an* 信 *sîn, fidem* 所 *sò, quem* 足 *tsoŭ* 足 *tsoŭ, sufficio*

« Comment pourrois-je mériter votre confiance? »

131. En s'adressant à l'empereur, on dit presque toujours :

廷 *thing, palatium.* 朝 *tchhaó, aulæ* palais de la cour,

ou bien,

下 *hiå infra* 陛 *plé gradus* le dessous des degrés,

deux façons de parler qui équivalent à *votre majesté*.

賜 *sse, donaque.* 賞 *chàng beneficia* 廷 *thing palatii* 朝 *tchhao aulæ* 蒙 *mêng accepi*

« J'ai reçu les présens de votre majesté. »

一 *i unico* 統 *thoúng, guberno.* 神 *chin diva* 靈 *ling intelligentiæ* 陛 *pi graduum* 下 *hià inferioris* 內 *néi interius* 賴 *laï donatur* 今 *kin nunc* 海 *haï marium*

« Maintenant ce qui est environné de la mer (l'univers), doit au génie de votre majesté d'être réuni sous un seul gouvernement. » *Sse-ki.*

132. Le pronom de la troisième personne s'exprime par 其 *khi*, 伊 *i*, ou 厥 *kiouéï* :

母 *moù, materque.* 民 *min populi* 其 *khi is*
也 *yé (p. f.)* 父 *foù pater* 為 *wéi est*

« Il est le père et la mère du peuple. » *Meng-tseu.*

Kiouéï est souvent employé dans le *Chou-king* comme synonyme de *khi*. Ces deux pronoms et plusieurs autres de la troisième personne sont le plus souvent pris comme adjectifs possessifs ou démonstratifs. [V. 139, 141.]

133. On place élégamment le pronom 其 *khi* après le sujet d'une phrase exprimé par un substantif, sur-tout si la phrase est admirative ou interrogative :

也 *yé (p. f.)* 大 *tá magna* 舜 *chún Chun*
與 *eù (p. a.)* 知 *tchi prudentiâ præditus* 其 *khi is*

« Que la prudence de *Chun* est grande ! »

1.re PARTIE, STYLE ANTIQUE.

處 *tchhoù* stat 地 *ti* terra 運 *yùn* circumagitur 天 *thiēn* cœlum
乎 *hoû* (p. i.)? 其 *khi* illa 乎 *hoû* (p. i.)? 其 *khi* illud

« Le ciel tourne-t-il? la terre est-elle immobile? »

矣 (p. i.) 其 *khi* ea 人 *jin* hominis
乎 *hoû* (p. i.)? 神 *chin* spiritualis 心 *sin* intelligentia

« L'intelligence humaine est-elle spirituelle? [Cf. 211]. »

134. Quand le pronom de la troisième personne est complément d'un verbe actif, il s'exprime toujours par 之 *tchi*, aussi bien pour les choses que pour les personnes :

之 *tchi* eum, 征 *tching* subjicit 而 *eùl* et 往 *văng* it 王 *wáng* rex

« Le roi marche pour le soumettre. »

之 *tchi* illum, 殺 *chă* occidere 以 *ì* ad 可 *khŏ* potest

« Il peut le tuer. »

135. Le pronom personnel commun, *moi-même, toi-même, soi-même,* s'exprime par 己 *ki* ou 自 *tseŭ*. Le premier se met avant le verbe, quand il est sujet, et se met après, quand il est complément. Le second se met avant le verbe qui le régit, et forme le sens réfléchi :

有 *yeoù* habeat 若 *jŏ* quasi 有 *yeoù* habeant 人 *jin* homines
之 *tchi* illos, 己 *ki* ipse 技 *ki* dotes 之 *tchi* (p. e.)

« Si les (autres) hommes ont des talens, que ce soit pour lui, comme s'il les avoit lui-même. » *Taï-hio.*

58 GRAMMAIRE CHINOISE.

息 *si, cessat.* 強 *kiáng, cohibendum* 以 *í, ad* 自 *tseù, seipsum* 君子 *kiūn tseù, sapiens*
不 *poŭ, non*

« Le sage ne met pas de relâche à la violence qu'il exerce sur lui-
» même. » *I-king.*

136. On se sert, dans le même sens, des mots 身 *chīn* [corps, personne], 躬 *koūng* [corps], 親 *thsīn* [proche] :

身 *chīn, corpus.* 修 *sieoū, concinnare.*

« Orner sa personne, se corriger soi-même. »

耕 *kēng, arat.* 躬 *koūng, corpore.* 子 *tseù, filius.* 天 *thiēn, cœli.*

« Le fils du ciel (l'empereur) laboure lui-même. »

之 *tchī, illud.* 筆 *pĭ, scripsit.* 筆 *pĭ, penicillio.* 親 *thsīn, proprio.*

« Il l'a écrit de son propre pinceau. »

137. Il est très-rare que les pronoms personnels soient accompagnés de marque pour le pluriel. On peut toutefois le former, comme pour les substantifs (75), en ajoutant au pronom l'un des mots suivans : 等 *těng, ordo* 屬 *choŭ, classis* 儕 *tchháï, turba* etc.

乎 *hoū, (p. f.)* 吾 *oū, no-* 衆 *tchoūng, multis* 猶 *yeoū, sicut* 文 *wĕn, Wĕn*
儕 *tchháï, bis* 況 *koŭng, multo magis* 用 *yoŭng, utitur* 王 *wáng, wang*

« Puisque *Wen-wang* emploie tant d'autres, à plus forte raison nous
» emploiera-t-il ? » *Tso-tchouan.*

矣 *ĭ, (p. f.)* 之 *tchī, (p. e.)* 今 *kīn, nunc* 吾 *oū,* 屬 *choŭ* } nos
虜 *loŭ, captivi* 爲 *'weï, sumus*

« Nous sommes maintenant prisonniers. »

138. Les rapports des pronoms s'expriment par les mêmes moyens que ceux des substantifs [79, 83, 84]. Dans certains cas pourtant, le pronom personnel, complément d'un verbe actif, se place, par inversion, avant ce verbe. [V. 157.]

139. Le possessif se forme d'après la règle des noms attributifs (80), en mettant le pronom personnel avant le substantif, et sans l'intermédiaire de la particule 之 *tchi*.

國 *kouě, regno.* 吾 *'oû, meo* 利 *lì, lucrandum* 以 *ï, ad*

« Pour apporter du profit à mon royaume. »

志 *tchi, sententiam?* 爾 *eûl, vestram* 言 *yán, dicitis* 各 *kŏ, quisque* 盍 *hŏ, quidni*

« Pourquoi ne dites-vous pas chacun votre pensée? » *Lun-iu.*

妃 *fa, reginam.* 厥 *kiouě, suam* 愛 *'aì, diligebat* 王 *wáng, wang* 大 *tàï, Taï*

« *Thaï-wang* chérissoit la reine son épouse. » *Meng-tseu.*

也 *yě (p. f.)* 其 *khí, ejus* 將 *tsiáng (n. f.)* 鳥 *niǎo, avis*
哀 *'aï, tristis.* 鳴 *ming, cantus* 死 *sé, moritura* 之 *tchi (p. e.)*

« Quand l'oiseau est près de mourir, son chant devient triste. »
 Lun-iu.

140. Outre les pronoms de la troisième personne (182), il y a un assez grand nombre de pronoms démonstratifs. On donnera ici un exemple de chacun des plus usités.

141. 彼 *pi* et 此 *tsèu*, ou 茲 *tseu*, sont opposés l'un à l'autre; le premier, comme démonstratif des choses ou des personnes éloignées, et le second, comme démonstratif des choses ou des personnes prochaines : c'est *celui-là* et *celui-ci*, *cet autre* et *moi-même*. On les emploie également avec ou sans substantif.

此 (tsleù, hoc.) 取 (thsiù, cape) 彼 (pi, illud,) 去 (khiù, amove)

« Éloignez de vous cela, et prenez ceci. »   *Tao-te-king.*

大 (tà, magnum) 殪 (i, interficiamus) 小 (siao, parvam) 發 (fà, sagittemus)
兕 (szé, urum.) 此 (tsleù, hunc) 豝 (pà, suem;) 彼 (pi, illam)

« Tirons nos flèches sur cette jeune laie; frappons ce grand bœuf
» sauvage. »   *Chi-king.*

此 (tsleù, hoc) 時 (chi, tempus.) } ce temps-ci, maintenant.   彼 (pi, illud) 時 (chi, tempus.) } ce temps-là, alors.

兹 (tseù, hoc.) 在 (tsaï, inesse) 兹 (tseù, hoc.) 念 (nien, recogitare)

« Songer à ceci, être (tout entier) à ceci...... »   *Chou-king.*

142. 夫 *fou* ne se dit guère que des personnes.

也 (yé, (p. t.)) 子 (tseù, pueri) 三 (san, tresve) 二 (eùl, duo) 夫 (fou, illi)

« Ces deux ou trois enfans, *pour*, c'est vous, mes disciples. »
   Lun-iu.

爲 (wéi, causà?) 而 (eùl, et) 爲 (wéi, causà) 人 (jin, hominis) 非 (féi, non)
誰 (chouï, cujus) 慟 (toùng, angere) 之 (tchi, (n. g.)) 夫 (fou, hujus)

« Si l'on ne se désole pas à cause de cet homme, à cause de qui se
» désolera-t-on? »   *Id.*

143. 是 *chi* s'emploie ordinairement comme complément d'un verbe ou d'une proposition :

1.re PARTIE, STYLE ANTIQUE.

無 *woû* non 是 *chî* hoc 不 *poŭ* non
悶 *mén,* dolet. 而 *eúl* et 見 *kiàn* videt

« Il n'éprouve pas de chagrin de ne pas voir cela. » *I-king.*

也 *yè,* (p. f.) 時 *chí* tempore 是 *chí* illo 當 *tâng* in

« Dans ce temps-là. » *Meng-tseu.*

不 *poŭ* non 位 *'weí* dignitatem 居 *kiû* occupans 是 *chí* hâc (1)
驕 *kiāo,* superbit. 而 *eúl* et 上 *châng* altam 故 *koŭ* causâ

« C'est pour cette raison que, placé dans un rang supérieur, il ne s'enorgueillit pas. » *I-king, Tchoung-young.*

144. 斯 *ssê* paroît tout-à-fait synonyme de 此 *thseù:*

者 *tchè* qui. 三 *sān* tria 斯 *ssê* hæc 知 *tchí* scit

« Celui qui sait ces trois choses... » *Tchoung-young.*

145. Le pronom conjonctif, sujet de la proposition incidente, se rend par la particule 者 *tchè*, placée à la fin de cette dernière, quelle que soit sa longueur, le nombre des verbes qui la composent, et celui des complémens qui peuvent y être attachés (2).

---

(1) C'est le dictionnaire de *Khang-hi* qui fixe le sens du mot *chí,* dans cette phrase. Mais comme il signifie encore, *être*, on pourroit traduire *chí koŭ* par *est causa.* C'est de cette manière qu'on l'a toujours rendu dans les phrases analogues du *Tchoung-young.* Voyez pag. 88 et *alibi.*

(2) Cette construction, qui est invariable, mérite d'autant plus d'être remarquée, qu'elle donne la clef des seules phrases qui puissent, dans le *K'ou-wen,* offrir quelques difficultés grammaticales.

GRAMMAIRE CHINOISE.

敬 *king* veneratur 之 *tchī* eum. 　 人 *jîn* homines 者 *tchĕ* qui, 人 *jîn* homines 恆 *héng* constanter 　 恆 *héng* constanter 愛 *aï* amant 之 *tchī* eum; 敬 *king* veneratur 　 愛 *aï* amat 人 *jîn* homines 者 *tchĕ* qui, 人 *jîn* homines

« Celui qui aime les hommes, en est constamment aimé ; celui qui ho-
» nore les hommes, en est constamment honoré. »

有 *yeoŭ* habuimus 也 *yĕ* (p. f.) 　 能 *néng* possint 至 *tchī* pervenire 者 *tchĕ* qui, 　 有 *yeoŭ* habemus 之 *tchī* hunc; 不 *poŭ* non 行 *hing* agant 而 *eŭl* et 　 行 *hing* agat 而 *eŭl* et 不 *poŭ* non 至 *tchī* perveniat 者 *tchĕ*, qui, 未 *wéi* nondum 之 *tchī* eos

« Des hommes qui travaillent sans réussir, il y en a ; des hommes qui
» réussissent sans travailler, il n'y en a pas encore eu. »

也 *yĕ* (p. f.) 者 *tchĕ* qui 　 君 *kiūn* principem 其 *khí* suum 　 後 *heòu* post habeat 而 *eŭl* et 　 義 *ī* justum, 有 *yeoŭ* habuimus 　 未 *wèi* nondùm

« Il n'y a jamais eu d'homme qui aimât la justice, et qui mît son prince
» après quelque chose, *pour dire,* qui ne le préférât pas à tout. »

Meng-tseu. [Cf. 154.]

146. Le pronom conjonctif, complément du verbe de la proposition incidente, se rend par 所 *sŏ*, qui se place toujours après le sujet et avant le verbe de cette proposition.

1.ʳᵉ PARTIE, STYLE ANTIQUE.

於 *iū* erga　勿 *fē* ne　不 *poŭ* non　己 *ki* ipse
人 *jin,* homines.　施 *chī* utaris　欲 *yŏ* cupis　所 *sŏ* quod

« Ce qu'on ne souhaite pas soi-même, qu'on ne le fasse pas aux autres
» hommes. » *Lun-iu.*

所 *sŏ* quo　觀 *koŭn* vide　所 *sŏ* ad quod　視 *chī* respice
由 *yeoŭ,* proveniat.　其 *khi* is　以 *ĭ* adhibeatur　其 *khi* is

« Regardez à quoi il sert et d'où il vient (1). » *Lun-iu.* [Cf. 187.]

Dans toutes ces phrases, il faut se garder de prendre pour l'antécédent du conjonctif, le mot qui précède, et qui est le sujet du verbe qui régit ce même conjonctif.

147. Dans le dernier exemple du précédent paragraphe, *sŏ* semble régi par deux particules, parce que les verbes 以 *ĭ* [employer] et 由 *yeoŭ* [passer] sont devenus de simples exposans de rapports : le premier marquant le but, l'intention, l'instrument ; et le second, l'origine, la cause, ou le point de départ. C'est pour cette même raison que le conjonctif *sŏ* veut être placé avant la particule, dans cette expression très-usitée :

以 *ĭ* propter.　所 *sŏ* quâ　C'est pourquoi, ou c'est par quoi.

148. L'emploi du conjonctif est assez rare en *kou-wen,* parce que les phrases y sont en général courtes, et les idées exprimées le plus souvent dans des propositions isolées.

149. Le pronom interrogatif *qui, lequel,* s'exprime par 誰 *choŭi* ou par 孰 *choŭ* :

---

(1) Plus littéralement : *Respicere is quid,* ad, *et videre is quo,* ex, en attachant le mot *sŏ,* comme complément, au verbe ou à la particule qui suit.

GRAMMAIRE CHINOISE.

讓 *jāng,* se dedere? 不 *poŭ* non 敢 *kăn* audet 誰 *choŭi* quis

« Qui osera ne pas se soumettre ? » *Chou-king.*

人 *jīn,* vir? 聖 *chīng* sanctus 爲 *weï* est 孰 *choŭ* quis

« Quel est le saint homme ? »

150. On emploie le pronom interrogatif dans les phrases dubitatives :

之 *tchī* (o. g.) 知 *tchī* scio 吾 *'oŭ* ego
子 *tseŭ* filius, 誰 *choŭi* cujus 不 *poŭ* non

« Je ne sais de qui il est fils. » *Tao-te-king.*

§. VI. Du Verbe.

151. Les verbes que les Chinois nomment 活字 *hŏ-tseŭ* [mots vivans], sont, comme les substantifs [70], de deux sortes ; les uns toujours verbes par eux-mêmes, et les autres alternativement verbes, noms abstraits, adjectifs ou même particules, suivant la place qu'ils occupent dans la phrase, et les marques de rapports qui peuvent s'y trouver attachées (1).

152. On a coutume de faire l'ellipse du verbe substantif, toutes les fois qu'il s'agit seulement d'attribuer une qualité à un sujet ; dans

---

(1) Certains mots dont le sens est exclusivement substantif, ont été employés comme verbes, par une licence particulière. Ainsi, dans un discours contre l'établissement des monastères, *Han-iu* va jusqu'à dire, en parlant des religieux :

人 *jīn,* homines. 其 *khī* eos 人 *jīn* hominifacere

C'est-à-dire, « *Faites des hommes de ces hommes*, rendez-les à la condition humaine, » aux devoirs, aux droits attachés à la qualité d'homme. »

Ces phrases elliptiques sont extrêmement rares : ce sont des hardiesses sur lesquelles il est impossible de donner aucune règle.

1.re PARTIE, STYLE ANTIQUE.

ce cas, on met quelquefois une particule insignifiante entre le substantif et l'adjectif, pour marquer la suspension.

隱 *yên, obscura.* 費 *fêi, ampla.* 之 *tchī (n. g.)* 君子 *kiūn tseù, sapientis.*
而 *eùl, et* 道 *tào, via*

« La voie du sage est ample et cachée. » *Tchoung-young.*

由 *Yeou* 師 *Ssē* 參 *Sēn* 柴 *Tchhái, Tchhaï*
也 *yê (p. f.)* 也 *yê (p. f.)* 也 *yê (p. f.)* 也 *yê (p. f.)*
喭 *yán, rudis.* 辟 *phi, levis.* 魯 *loù, ignarus,* 愚 *iû, stolidus,*

« Tchhaï *est* peu éclairé; Sen *est* peu instruit; Sso *est* léger; Yeou *est* grossier dans ses manières (1). » *Lun-iu.* [Cf. 139.]

153. Quand il s'agit d'attribuer plus positivement à un sujet une qualité qui emporte l'idée d'une action, on se sert du mot 爲 *'wéi*, qui peut se rendre par *être* (2) :

也 *yê (p. f.)* 人 *jîn, vir* 爲 *'wéi, erat* 之 *tchī (p. e.)* 回 *hóei, Hoei*

« Hoei *étoit* (véritablement) un homme. »

Tchoung-young. [Cf. 130, 217.]

---

(1) Ce sont les noms de quatre disciples de *Confucius*, au sujet desquels le philosophe prononçoit ce jugement.

(2) Ce mot signifie proprement *faire :*

爲 *'wéi, agere* 官 *kouān, magistratum.*   爲 *'wéi, agere* 國 *kouĕ, regnum.*

154. L'idée de l'existence rapportée à un sujet, avec détermination d'un attribut, s'exprime par 有 *yeoŭ* (avoir), lequel représente exactement l'idiotisme français, *il y a:*

也 *yĕ* (p. t.) 親 *thsin* parentes 遺 *ĭ* negligentes 仁 *jin* pii 未 *wéi* nondum
者 *tchĕ* qui 其 *khi* suos 而 *eul* et 有 *yeoŭ* fuerunt

« Il n'y a pas encore eu d'homme pieux qui négligeât ses parens. »
Meng-tseu.

學 *hiŏ,* studentes. 弗 *fĕ* non 有 *yeoŭ* sunt

« Il y a des hommes qui n'étudient pas (1). »   [Cf. 186, 234.]

155. L'idée de l'existence, avec désignation de localité, s'exprime par 在 *tsdi* (être dans), tant au propre qu'au figuré:

陳 *tchĭn,* Tchhin. 在 *tsdi* erat in 子 *tseu* 孔 *khoŭng* Khoung

« Confucius étoit dans le pays de *Tchhin.* »

位 *wéi,* gradu. 下 *hid* inferiori 在 *tsdi* esse in

« Être dans un rang inférieur. »

156. Le sujet du verbe est presque toujours placé avant le verbe [83]; mais il est souvent sous-entendu, particulièrement si c'est un pronom personnel, ou s'il a été précédemment exprimé.

157. Les pronoms, complémens d'un verbe actif, font quelquefois exception à la règle précédente, par l'effet d'une inversion élégante; ainsi l'on trouve

---

(1) À l'endroit du *Tchoung-young* d'où cette phrase est tirée (chap. xx, §. 20, pag. 81 de mon édition), il y a plusieurs phrases qui peuvent également servir d'exemples de cette construction.

Ire PARTIE, STYLE ANTIQUE.

也 ye, (p. f.) 知 tchi novit 吾 ou me 不 pou non

« Il ne me connoît pas. »

au lieu de 也吾知不 qui seroit plus régulier (1).

欺 khi, decipio? 誰 choui quem 吾 ou ego

« Qui trompé-je? » *Lun-iu.* [Cf. 252.]

158. Dans les verbes à double rapport, le complément direct se place après le verbe, et est suivi du complément indirect :

天 thiên, cœlum. 人 jîn virum 能 nêng potest 天 thiên cœli
於 iû ad 薦 tiên designare 子 tsu filius

« Le fils du ciel (l'empereur) peut présenter au ciel un homme (pour
» lui succéder). »   *Meng-tseu.*

下 hiá, imperio. 天 thiên 之 tchi eum 與 iû donare

« Lui donner l'empire. »   *Meng-tseu.* [Cf. 119.]

159. On peut encore faire précéder le verbe et son complément direct, du complément indirect accompagné d'une préposition :

人 jîn, virum. 與 iû donare 下 hiá imperio 天 thiên 以 i, ex

« Donner l'empire à un homme. »   *Meng-tseu.*

160. Le temps auquel l'action d'un verbe est rapportée, n'est indiqué le plus souvent que par la suite des idées, ou, si cela est nécessaire, par les adverbes de temps, soit qu'ils expriment le temps

---

(1) Remarquez qu'il n'y a pas d'amphibologie, malgré l'inversion, parce que, pour dire, *je ne connois pas*, il faudroit nécessairement :

也 ye, (p. f.) 知 tchi novi 不 pou non 吾 ou ego

précis, comme *hier, aujourd'hui, demain, maintenant;* soit qu'ils ne l'indiquent que d'une manière générale, comme, *avant, après, déjà, bientôt,* etc.

161. Pour le futur, l'expression la plus généralement usitée est 將 *tsiâng*.

將 tsiâng (n. f.) 惡 'ô mali 之 tchi (n. g.) 後 heòu posteriorum
曰 youeï dicent.... 者 tchè qui 爲 'ueï esse 世 chī sæculorum

« Ceux des siècles futurs qui feront mal, diront.... »

之 tchi illum. 問 uên interrogabo 將 tsiâng (n. f.) 吾 'où ego

« Je lui demanderai. » [Cf. 139, 173.]

162. 曾 *thséng* marque le passé :

之 tchi (p. e.) 與 iù et 曾 thséng (n. pr.)
問 uên, interrogavisti. 求 khieòu Khieou 由 yeòu Yeou

« Vous m'avez interrogé au sujet de *Yeou* et de *Khieou.* » *Lun-iu.*

163. 已 *i* marque aussi le passé, et se met tantôt avant et tantôt après le verbe.

死 sú, mortua est. 心 sîn anima 存 tshûn exstet 形 hîng corpus
已 (n. pr.) 而 eùl et 雖 sòuï etsi

« Quoique son corps existe encore, son ame est morte, » c'est-à-dire, il vit encore, mais il a perdu le sentiment.

甚 chīn, valdè. 已 i (n. pr.) 之 tchi illum 病 pîng malè habuit

« Il le maltraita beaucoup. »

1.re PARTIE, STYLE ANTIQUE.

164. 既 *ki* est synonyme de 已 *i* (1) :

接 *tsiē, occurrerunt* 既 *ki (n. pr.)* 刃 *jìn, laminæ* 兵 *ping, armorum*

« Les lames des armes se sont heurtées. » *Meng-tseu.*

食 *chi, comedi* 烹 *phéng, coxi* 予 *iù, ego*
之 *tchī, illum.* 而 *eul, et* 既 *ki (n. pr.)*

« Je l'ai fait cuire et je l'ai mangé. » *Id.*

165. Tous les verbes, même les verbes actifs, accompagnés de leurs complémens directs ou indirects, sont souvent pris en un sens indéfini, et deviennent à leur tour sujets ou complémens d'autres verbes ; de sorte qu'on peut les rendre, suivant l'occasion, par l'infinitif, ou par le nom d'action qui leur correspond.

命 *ming, fatum.* 有 *yeoù, habent* 生 *sēng, vivere* 死 *sù, mori*

« Vivre et mourir (ou la vie et la mort) ont l'ordre du ciel, » *pour,* sont soumis à la destinée. *Lun-iu.*

之 *tchī, illud* 吾 *où, ego* 有 *yeoù, habero* 怪 *koudi, insolita,* 素 *soù, sectari*
矣 *ì (p. f.)* 弗 *fĕ, non* 述 *choŭ, narrationes,* 後 *hêoù, posterioribus* 隱 *yĕn, obscura,*
爲 *ueī, agerem* 焉 *yān (p. f.)* 世 *chī, sæculis* 行 *hĭng, agere*

« Rechercher les choses obscures, pratiquer des choses extraordinaires, » pour être vanté dans les siècles postérieurs : je ne ferai pas cela, » c'est-à-dire, les actions des deux verbes *soù* et *hĭng.*

Tchoung-young.

---

(1) Pris comme conjonction, *ki* signifie *puisque*. C'est que cette conjonction marque la liaison d'une action à un fait préexistant et passé. Cette conjonction a la même origine en latin, *quoniam, cùm-jam*; en français, *puisque*; en anglais, *since*; en allemand, *nachdem*, etc.

166. Quand plusieurs propositions sont dans la dépendance l'une de l'autre, celle dont le verbe est au positif se place ordinairement la dernière, et celle où est la conjonction se met avant :

樂 *lǒ* lætari	世 *khì* qui	池 *tchhí* lacusque	雖 *soùi* licet
哉 *tsāï* (p. i.)	能 *néng* possit	烏 *niǎo* avesque	有 *yéou* habeat
	獨 *tǒǔ* solus	獸 *chóou* bestiasque	臺 *thái* turrem

« Quoiqu'on ait une tour, une pièce d'eau, des oiseaux, des quadrupè-
» des, comment peut-on en jouir isolément ? » *Meng-tseu.*

樂 *yǒ* musicam quo	敢 *kǎn* audeant	其 *khì* illorum	位 *ɯèi* dignitatem,	雖 *soùi* etsi
焉 *yán* (p. f.)	作 *tsǒ* facere	德 *tě* virtutem,	苟 *keǒu* si	有 *yéou* habeant
	禮 *lǐ* ritus	不 *poǔ* re	無 *wóu* non	其 *khì* illorum

« Quoique (des hommes) aient leur (des anciens princes) dignité, s'ils
» n'ont pas leur vertu, qu'ils n'osent pas imaginer des rites et une
» musique (nouvelle). » *Tchoung-young.*

167. On supprime souvent la conjonction dans le premier membre de phrase, particulièrement l'hypothétique *si*, parce que la position respective des deux verbes indique suffisamment que le premier est dans la dépendance du second, et doit conséquemment être pris au sens conjonctif (1). Dans ce cas, pour éviter tout doute, le

---

(1) En rapprochant cette règle de celle des substantifs (79), des noms composés (80), des noms attributifs et adjectifs (91, 95), et de celle qui est relative aux adverbes et aux expressions modificatives ou circonstancielles (voyez plus bas 177), on s'aperçoit que l'ordre des idées est presque toujours inversif en chinois, comme dans les langues tartares. (Voyez les *Recherches sur les langues tartares*, tom. I, p. 279.) Mais il y a quelque différence relativement aux complémens directs des verbes et de certaines prépositions, lesquels se placent, en chinois, après le mot qui les régit. Ces traits caractéristiques du génie d'une langue méritent d'être remarqués.

1.ʳᵉ PARTIE, STYLE ANTIQUE.

second membre de phrase peut commencer par une marque de conclusion ou d'induction qui achève de déterminer le sens du premier.

從 *tsoúng, obsequitur.* 弗 *fĕ non* 民 *mîn populus* 信 *sin fidem assequitur,* 不 *poŭ non*

« S'ils n'obtiennent pas de confiance, le peuple ne les suit pas, » ou bien, n'obtenant pas de confiance, etc.   *Tchoung-young.*

利 *lî lucrandum* 曰 *yeoŭĕ dicent* 國 *kouĕ regno;* 以 *ĭ ad* 王 *wáng rex*
吾 *'oû meo* 何 *hŏ quomodo* 大 *tá* 利 *lî lucrandum* 曰 *youĕ dicet*
家 *kiā domui.* 以 *ĭ ad* 夫 *foû magnates* 吾 *'oû meo* 何 *hŏ quomodo*

« Si le roi dit : Qu'est-ce qui peut apporter du profit à mon royaume ? » les grands diront : Qu'est-ce qui peut apporter du profit à ma » maison ? » ou bien, *Quand le roi dit…. les grands disent….,* ou bien, *Le roi disant…. les grands disent….* etc.   *Meng-tseu.*

Avec la marque d'induction au second terme :

河 *hŏ fluvii* 民 *mîn populum* 移 *î devebo* 凶 *hioúng, calamitatibus laboret;* 河 *hŏ fluvii*
東 *toúng, orientem.* 於 *ŭ in* 其 *khî ejus* 則 *tsĕ tunc* 內 *nĕi interius*

« *Si* le pays qui est au milieu du fleuve éprouve quelque calamité, » ALORS je transporte les habitans à l'orient du fleuve. »
    Meng-tseu. [Cf. 135, 142, 171, 226, 240, 265.]

168. Le mode impératif n'a besoin d'aucun signe ; le sens se déduit de l'absence de tout sujet autre que le pronom de la deuxième personne :

民 *mîn, populum.* 新 *sin novum* 作 *tsŏ fac*

« Faites nouveau le peuple », *c'est-à-dire,* renouvelez ses mœurs et ses vertus.   *Taï-hio.*

坐 tsò, sede. 復 fou iterùm

« Rasseyez-vous. »

169. L'adjectif verbal actif se forme par l'addition de 者 *tchè* [98, 145].

何 hà quid	者 tchè (p. r.)	與 iù vel	不 poù non
以 ad	之 tchī (o. g.)	不 poù non	爲 'uèï agentis
異 ī discrimen?	形 hing forma	能 néng potentis	者 tchè (p. r.)

« Quelle différence y a-t-il du *non faisant* au *non pouvant?* » c'est-à-dire, de celui qui n'agit pas à celui qui ne peut pas agir.

Meng-tseu. [Cf. 186, 251.]

170. 可 *khò* [pouvoir], placé avant les verbes, forme un verbe facultatif au sens passif, et, par conséquent aussi, un adjectif verbal, qui répond aux adjectifs français en *able, aimable, faisable,* etc. [Cf. 254.]

可 khò possunt	白 pĕ albi	可 khò possunt	爵 tsiŏ dignitates
蹈 tào, calcari.	刃 jīn enses	辭 tseù recusari.	祿 lŏ emolumenta

« Les honneurs et les appointemens peuvent être refusés ; les lames
» nues peuvent être foulées aux pieds. »

Tchoung-young. [Cf. 241.]

171. Le sens passif n'a besoin d'être marqué par aucun signe, quand il n'y a point d'amphibologie, c'est-à-dire, quand on ne sauroit sans absurdité regarder comme sujet de l'action le substantif qui en est le terme :

行 hing. frequentatur.	不 poù non	其 khì ea	道 tào via

« La voie n'est pas parcourue. » *Tchoung-young.*

I.ʳᵉ PARTIE, STYLE ANTIQUE.   73

立 *li, stat.*　則 *tsé, tunc*　豫 *iù, præconsiderata*　事 *ssé, res*　凡 *fàn, quælibet*

« Toutes choses qui sont pensées d'avance, subsistent. »
Tchoung-young. [Cf. 226.]

172. Quand cela est nécessaire, le sens passif s'exprime par l'addition de 於 *iü* entre le verbe et le mot qui formeroit le complément direct :

父 *fou, patre*　愛 *'aí, diligimur*　年 *niàn, annos*　有 *yeoû, habentes*
母 *moù, matreque,*　於 *iü,*　之 *tchi (p. e.)*　三 *sān, tres*

« A l'âge de trois ans, nous sommes chéris par nos parens. »
Lun-iü.

食 *ssé, aluntur*　食 *ssé, alunt*　人 *jín, hominibus;*　勞 *láo, laborantes*　勞 *láo, laborantes*
於 *iü, ab*　人 *jín, homines;*　治 *tchhí, reguntur*　力 *lí, viribus*　心 *sīn, animo*
人 *jín, hominibus.*　治 *tchhí, regunt*　於 *iü, ab*　者 *tchè, qui,*　者 *tchè, qui,*
　　　　　　　　　　　　人 *jín, homines*　人 *jín, hominibus*　治 *tchhí, reguntur*　治 *tchhí, regunt*
　　　　　　　　　　　　者 *tchè, qui,*　者 *tchè, qui,*　於 *iü, ab*　人 *jín, homines;*

« Ceux qui emploient les forces de l'esprit gouvernent les autres; ceux
» qui emploient les forces du corps sont gouvernés; ceux qui sont
» gouvernés nourrissent les autres, et ceux qui gouvernent sont
» nourris. » [Cf. 217.]

173. On peut aussi donner le sens passif à un verbe, en le faisant précéder de 見 *kiàn* [voir] :

5*

殺 chĕ, occidit. 將 tsiāng (p.f.). 知 tchī, scire. 何 hŏ, quomodo. 夫 fou,
見 kian, videre. 其 khi, ipsum. 以 ĭ, si. 子 tseŭ, magister.

« Maître, comment savez-vous qu'il sera tué? » *Meng-tseu.*

§. VII. Des Adverbes.

174. Il y a des mots qui ont par eux-mêmes les sens adverbial, soit qu'ils marquent des circonstances de temps ou de lieu, comme :

今 kīn, nunc.   已 ĭ, jam.
昨 tsŏ, heri.   前 tsiĕn, anté.
後 hèou, post.   未 wĕi, nondum.

soit qu'ils indiquent une interrogation portant sur la manière, le temps, etc. comme :

何 hŏ, quomodo.   豈 khi, quomodo.   幾 kĭ, quantùm.

175. D'autres adverbes sont formés par la répétition d'un mot qui, écrit une fois seulement, auroit une signification adjective ou verbale, ou souvent même n'en auroit pas du tout (1) ; comme,

{ *hŏng*, 哩 *hŏng*, en pleurant amèrement.
{ *yŏ*, 躍 *yŏ*, en sautant.
{ *khiĕou*, 俅 *khiĕou*, respectueusement, d'une manière grave et respectueuse.

---

(1) Cette sorte de mots a été présentée d'une manière peu exacte par le P. Basile dans son Dictionnaire. Il les désigne toujours par cette formule : *dicitur de.....* Voyez le Dictionnaire imprimé, nᵒˢ 229, 539 et *passim.*

Ire PARTIE, STYLE ANTIQUE. 75

Cette classe d'adverbes, riche en onomatopées, est particulièrement employée dans la poésie et dans le style descriptif.

176. On forme à volonté des adverbes, en ajoutant aux adjectifs ou aux verbes la particule 然 *ján*, qui signifie *ainsi*.

忽 *hŏ, subitus*
然 *ján, (p.)*
} subitement.

喟 *'ucĕi, suspirare*
然 *ján, (p.)*
} plaintivement, en soupirant.

177. Comme les adjectifs et les autres noms attributifs se placent ordinairement avant le sujet auquel ils tiennent lieu de qualificatifs, de même les adverbes et les expressions simples ou composées, modificatives ou circonstancielles, ont coutume de précéder le verbe dont ils spécifient l'action. Cette observation fait voir comment des substantifs ou des verbes peuvent être pris adverbialement, d'après la place qu'ils occupent dans une phrase, et sans qu'il soit besoin d'aucun signe particulier :

來 *lái, venerunt.* 子 *tsèu, filiorum more* 民 *mín, populi* 庶 *chú, plures*

« Les peuples vinrent *filialement*, comme un fils. » *Chi-king.*

忍 *jìn, ferre* 之 *tchī, (p. e.)* 知 *tchī, scio* 臣 *tchhín, subjectus (ego)*
也 *yĕ, (p. f.)* 不 *pŏ, non* 王 *uáng, regem* 固 *kóu, certè*

« Je sais certainement que votre majesté ne le supporteroit pas. »
Meng-tseu.

坐 *tsŏ, sedebat.* 侍 *chí, assistendo* 華 *hoá, hoa* 西 *sī, si* 公 *Kòung, Koung*

« *Koung-si-hoa* étoit assis à ses côtés. » [Cf. 119.]

Dans le cas où plusieurs verbes sont ainsi réunis, le verbe principal est toujours le dernier, et ceux qui précèdent servent seulement à modifier l'action qu'il exprime.

76　　　　　　　GRAMMAIRE CHINOISE.

178. La règle précédente s'étend aux expressions adverbiales que nous formons du participe actif des verbes, avec ou sans complément, en observant toujours que l'expression modificative précède le verbe dont l'action est modifiée :

王 *wáng, regnare.* 而 *eût, et.* 民 *mín, populum.* 保 *páo, tueri.*

« Régner en conservant (sauvant) ses peuples. »　　　*Meng-tseu*,

et au sens négatif, avec la négative appropriée aux qualificatifs [272] :

勿 *wû, ne.* 非 *fēi, sine.* 勿 *wû, ne.* 非 *fēi, sine.*
動 *toûng, moveatis.* 禮 *lî, ritu.* 言 *yán, loquaris;* 禮 *lî, ritu.*

« Ne dites pas une parole en n'observant pas les rites; ne faites pas un mouvement, en n'observant pas les rites, » *pour,* sans observer. *Meng-tseu.*

§. VIII. Des Prépositions.

179. Les prépositions proprement dites veulent en général être placées immédiatement avant leur complément [voyez 85 et suiv.].

180. Plusieurs substantifs se prennent comme prépositions, quand ils sont construits avec d'autres noms [80].

國 *kouě, regni.* 　　　　海 *hâi, marium.*
中 *tchoûng, medio.* dans le royaume. 　內 *nêi, interiori.* dans la mer.

181. Quelques verbes s'emploient comme prépositions, dans un sens dérivé de celui qu'ils avoient primitivement. Ainsi, 以 ǐ [se servir], est devenu la préposition *pour, par, au moyen de,* etc.

1.ʳᵉ PARTIE, STYLE ANTIQUE. 77

§. IX. Des Conjonctions.

182. Les rapports qui peuvent exister entre les parties d'une phrase, et les diverses propositions qui dépendent l'une de l'autre, sont marqués, ou par la position respective des unes et des autres [167], ou, quand cela est nécessaire, par des particules qui rattachent ensemble les phrases partielles, et font connoître en quoi chacune d'elles concourt au sens général. Ces particules ayant pour la plupart des usages variés, on en traitera dans un paragraphe séparé.

§. X. Des Interjections.

183. Les interjections ou particules qui marquent l'admiration, l'étonnement, la douleur, se placent ordinairement à la fin des phrases :

耳 *eŭl* aurem 乎 *hoū* (p. a.)! 洋 *yáng* ⎱ Immensum
哉 *tsái* (p. a.)! 盛 *ching* adimplet ⎰ *yáng*

« Quelle harmonie ! comme elle remplit l'oreille ! »

184. Quelquefois pourtant la particule admirative se place après le mot qui exprime la qualité sur laquelle porte l'admiration :

問 *wén*, interrogatio! 哉 *tsái* (p. a.) 大 *tá* magna

« O la grande (importante) question ! »

§. XI. Des Particules

Qui servent à former des idiotismes ou expressions particulières au Koù wên.

185. La plupart des particules ou *mots vides* [62] ont été originairement des *mots pleins*, que l'usage a détournés de leur sens primitif. Il est utile de récapituler les sens divers qu'ont acquis les plus usités, tant pour être en garde contre les mal entendus qui

78   GRAMMAIRE CHINOISE.

peuvent résulter de cette succession de métaphores, que pour avoir une idée juste des idiotismes ou des expressions que l'analyse ne peut réduire aux principes généraux des autres langues.

186. 之 *tchî*, la plus usitée de toutes les particules du *Koù wên*, étoit primitivement un caractère figuratif, représentant un bourgeon qui sort de terre; d'où le sens verbal de ce mot, qui signifie *sortir, passer d'un lieu dans un autre, ou d'un état dans un autre*.

者 *tchĕ,* (p. r.)	之 *tchî* transiens	其 *khì* suum	妻 *thsi* uxorem	有 *yeoù* fuit
	楚 *Thsou* Thsou	友 *yeoù* amicum	子	託 *thŏ* fidens
	遊 *yeoù* peregrinans	而 *eùl* et	於 *iû* ad	其 *khì* suum

« Il y a un homme qui a confié son épouse à son ami, et qui a passé
» dans le pays de *Thsou*, pour y voyager. » (1)

Meng-tseu.

187. Il signifie *pour, à l'égard de* :

而 *eùl* et	親 *thsin* amant	其 *khì* ipsi	人 *jin* homines
辟 *phî,* deflexi.	愛 *aï* diligitque	所 *sò* quos	之 *tchî* erga

« Les hommes sont partiaux à l'égard de ce qu'ils aiment. »

Taï-hio.

---

(1) On peut trouver 之之 *tchî* [passer cela, passer là]; et un missionnaire cite cette phrase :

之 *tchî* (n. g.)	之 *tchî* transeundi	不 *poŭ* non
路 *loù,* viam.	之 *tchî* hoc	知 *tchî* scit

« Il ne connoît pas le chemin pour y passer. »

dans laquelle le mot *tchî* est répété trois fois, et pris successivement comme verbe, comme

1.re PARTIE, STYLE ANTIQUE. 79

Hors ces deux cas, qui sont très-rares, *tchi* doit toujours être construit avec le mot qui précède, soit verbe, soit substantif.

188. Il sert à marquer le rapport de deux substantifs [81], et fait, à l'égard de celui qui précède, la fonction d'une terminaison analogue au génitif.

189. Il a quelquefois été pris comme adjectif démonstratif (1), et les livres anciens en fournissent des exemples; mais d'après l'usage ordinaire, il est réduit à représenter le terme de l'action d'un verbe actif, quand il a été précédemment exprimé [134].

190. Il est souvent encore pris comme particule explétive après le sujet d'un verbe; dans ce cas, on peut le regarder comme faisant les fonctions d'article déterminatif ou partitif.

重 *tchhoung,* 禮 *li* 報 *pdo* 之 *tchi* 士 *ssé*
graves. ritus retribuent (expl.) literati

« Les lettrés rendront (à leur tour) de plus grands honneurs. »

Tchoung-young (2).

191. On le met après les mots 有 *yeoù* [il y a, 154], 未 *wéi* [pas encore, *nondum*, sous-entendu *habuimus*], 謂 *'wéi* [appeler] :

之 *tchi* 有 *yeoù*
eos. habent il y a, il y en a....

─────────────

pronom de la troisième personne à l'accusatif, et comme marque du rapport entre l'action de ce verbe et le substantif qui suit.

(1) Un auteur, cité dans le dictionnaire de *K'hang-hi*, dit que *tchi* est une particule dont le sens s'attache à la chose qu'on montre, à celle à laquelle une autre appartient, au lieu où l'on va. On trouve, en ce sens, dans le *Chi-king* :

歸 *kouéi* 于 *ïu* 子 *tseù* 之 *tchi*
nubendum. ad filia hæc

« Une fille se rendant à la maison de son mari. »

(2) Voyez d'autres exemples de ce sens dans les exemples cités aux n.os 87, 119, 135, 137, 139, 153, 162, 177, 253.

80　　　　　GRAMMAIRE CHINOISE.

有 *yeoù* habemus.　之 *tchī* eos　未 *wèi* nondum

« Il n'y a pas encore eu, il n'y eut jamais. » [Cf. 145.]

之 *tchī* hoc.　謂 *'wèi* vocant　on appelle cela.

Et quelquefois, en faisant une inversion, ou ramenant *tchī* à la qualité d'explétive [190] :

謂 *'wèi* vocare,　之 *tchī* hoc　cela s'appelle (1).

Formule très-usitée pour les définitions. [Cf. 87.]

192. Il se prend pour 者 *tchĕ*, après les adjectifs et les verbes [98, 99, 145, 169] ; et, dans ce cas, il ne s'éloigne pas encore de la fonction déterminative qui lui a été précédemment assignée [190].

古 *koù* veteres　之 *tchī*, (p. r.)　} les anciens, pour　古 *koù* veteres　者 *tchĕ*, (p. r.)

之 *tchī*, (p. r.)　年 *nién* annos　三 *sān* tres　有 *yeoù* habentes

« Ceux qui ont trois ans... » [172.]

193. Il s'ajoute quelquefois à 者 *tchĕ*, et on ne peut alors le prendre que comme explétif ou comme déterminatif [190] :

經 *king* King　之 *tchī* (p. r.)　學 *hiŏ* studerent

也 *yĕ* (p. f.)　於 *iū* quoad　者 *tchĕ* qui

« Les étudians, en ce qui concerne les *King*... »

---

(1) Voyez le commencement du *Tchoung-young*. — Toutes les fois que *tchī* est employé dans le sens de ces deux paragraphes, il a l'avantage de faire éviter une amphibologie, en marquant mieux le rapport qui existe entre les mots qu'il réunit. Il n'est donc jamais véritablement explétif ; mais on l'appelle ainsi pour abréger, et pour ne pas insister trop longtemps sur une analyse purement théorique, et que beaucoup de lecteurs pourroient juger trop raffinée.

1.re PARTIE, STYLE ANTIQUE.

194. 者 *tchè* est proprement un déterminatif (1) qui restreint un sens général ou vague à l'objet qu'on montre ou qu'on a en vue. De là l'emploi qu'on en fait avec les adjectifs et les verbes [98, 99, 145, 169].

195. Quand un adjectif, ou un mot dont l'acception peut être tour-à-tour substantive, adjective ou verbale, est suivi de *tchè*, et qu'il ne se rapporte pas à un sujet précis, il forme le nom abstrait ; et l'on peut, en ajoutant encore 之 *tchi*, reformer l'adjectif, mais avec le sens déterminatif [190, 193]. Ainsi de 誠 *tchhíng* [parfait, perfection], on forme

者 *tchè* (p. r.) 誠 *tchhíng* perfectum   le parfait, ou la perfection, et

之 *tchi* (p. r.) 者 *tchè* (p. r.) 誠 *tchhíng* perfectum   celui qui est parfait. [Cf. 193, 201.]

196. *Tchè* se met après un ou plusieurs mots qu'on va définir ou expliquer par des équivalens, et la définition, ordinairement composée du même nombre de mots, se termine par 也 *yè*, de sorte que les deux termes se correspondent symétriquement :

也 *yè* (p. f.) 本 *pén* fundamentum 者 *tchè* (p. r.) 德 *tè* virtus

« La vertu, c'est le fondement ou la base. »

也 *yè* (p. f.) 人 *jîn* homo 者 *tchè* (p. r.) 仁 *jîn* pietas

« L'humanité, c'est l'homme (tout entier) (2). »

---

(1) Suivant l'analyse du *Choue-wen*, l'ancien caractère étoit composé du signe de *plusieurs* et de celui de *blanc* ; ainsi il représentoit ce qui se distingue par son éclat entre plusieurs.

(2) Il y a dans ce dernier exemple une grâce que les Chinois estiment beaucoup et qui est particulière à leur langue : *jîn* [l'amour du prochain], répond pour le son à *jîn*

82 GRAMMAIRE CHINOISE.

197. La résomption se marque en joignant *yè* et *tchè*, de cette manière :

者 *tchè,* (p. r.)　也 *yè,* (p. t.)　中 *tchoūng* medium

« Ce milieu (dont on vient de parler). »

198. 也 *yè* est le plus souvent une finale insignifiante, une sorte de point ou de virgule articulée, qui marque la fin d'une phrase, ou la séparation des membres qui la composent.

199. On l'ajoute souvent aux noms propres, quand ils sont sujets d'une phrase, pour marquer la suspension, et tenir lieu du verbe substantif [152].

200. On l'ajoute aux réponses courtes, pour en marquer la fin, et, dans ce cas, *yè* correspond à la particule interrogative :

也 *yè,* (p. t.)　可 *khŏ* potest　乎 *hoū,* (p. t.)?　可 *khŏ* potestne

« Peut-il ? — Oui, il peut. »

[homme], avec un accent différent. De plus, le premier caractère contient le second joint au signe de *deux* qui marque le rapport de *deux hommes*, ou de l'homme avec son semblable. On cherche ainsi à faire jaillir une image du rapprochement des caractères qui ont de l'analogie dans le son et dans la composition. C'est ainsi qu'on dit :

也 *yè,* (p. t.)　正 *tchìng* rectitudo　者 *tchè* (p. r.)　政 *tchìng* regimen

« L'administration, c'est la droiture », et

也 *yè,* (p. t.)　孝 *hiào* pietas　者 *tchè,* (p. r.)　教 *kiào* institutio

« L'éducation, c'est la piété filiale. »

Il y a même dans ces deux exemples une beauté de plus : les deux mots qu'on fait contraster dans chacun, ne se répondent pas seulement pour la prononciation ; le premier caractère contient aussi le second, avec l'addition de la clef 66.ᵉ [frapper, mettre en mouvement], de sorte que c'est comme si l'on disoit : *Le gouvernement, c'est la droiture mise en action ; l'éducation consiste à mettre en mouvement la piété filiale.* Mais les phrases chinoises ont bien plus d'élégance et de vivacité.

1.re PARTIE, STYLE ANTIQUE.

201. 於 ou 于 *iû*, d'un mot qui signifie *aller*, est l'exposant du rapport de localité, de juxtaposition et de plusieurs autres, tant au propre qu'au figuré [86].

202. Il forme le sens passif dans les verbes [172].

203. Il marque le terme relatif d'une comparaison [100].

204. Il signifie *pour, relativement à, en ce qui concerne* :

也 *yé,* (p. f.) 於 *iû* quoad 者 *tché* (p. r.) 夫 *foû* illi
病 *ping* morbos 之 *tchi* (p. e.) 醫 *i* medici

« Les médecins, quand il s'agit de maladies… » [Cf. 193, 265.]

205. 乎於 *oû-hoû* se place au commencement des phrases, et marque l'admiration.

王 *wáng,* reges. 前 *thsian* pristini 乎 *hoû,* proh ! 於 *oû,*

206. 乎 *hoû* est, comme la particule précédente, l'exposant de divers rapports des substantifs entre eux, et l'intermédiaire de certains verbes et de leurs complémens [87].

207. Il signifie *en qualité de, en conséquence de*, etc.

貴 *kouéï,* nobilisque. 富 *foû* dives 乎 *hoû* quasi 行 *hing* agere

« Se conduire en homme riche et honoré. »
Tchoung-young.

208. Il se place à la fin des phrases qui marquent la compassion, la douleur, l'admiration, etc. [183].

乎 *hoû,* (p. a.)! 惜 *si* dolendum quel malheur!

乎 *hoû,* (p. a.)! { *yáng* immensitas 洋 *yáng.* quelle immensité!

84 GRAMMAIRE CHINOISE.

209. 乎烏 *oû-hoû*, qu'on écrit communément 呼嗚 marque l'admiration, la douleur, etc., et se place au commencement de la phrase. [Cf. 205.]

210. *Hoû* marque l'interrogation et se place à la fin de la phrase, seul, ou joint à quelque autre particule interrogative ou finale :

乎 *hoû*, (p. f.)?　矣 *ï*, (p. t.)　仁 *jin*, pietas-ne

« Est-ce là l'humanité ? »

哉 *tsaï*, (p. f.)?　乎 *hoû* (p. f.)　遠 *youân* remotá　仁 *jin* pietas

« L'humanité est-elle si éloignée ? » *pour*, si difficile à pratiquer.
[Cf. 133.]

211. On le répète à chaque membre de phrase marquant l'interrogation ou le doute :

乎 *hoû*, (p. f.)?　否 *fcoû*, nonne　乎 *hoû* (p. f.)?　宜 *ï* convenit

« Cela est-il convenable, ou non ? »

者 *tchè* (p. r.)　乎 *hoû* (p. f.)　其 *khî* is　之 *tchî* (n. g.)　不 *poû* non
乎 *hoû*, (p. f.)　其 *khî* is　覺 *kiô* vigilat　言 *yân* loquens　識 *chî* scio
夢 *mîng* somniat　者 *tchè* (p. r.)　者 *tchè* (p. r.)　今 *kîn* nunc

« Je ne sais si (moi) qui parle en ce moment, j'ai ma connoissance, ou si je rêve. »

212. Il sert, comme 於 [100], à marquer les comparatifs :

天 *thiên*, cœlo.　乎 *hoû* præ　高 *kaô* altum　莫 *moû* nihil

« Il n'y a rien de plus élevé que le ciel. » [Cf. 271.]

1.re PARTIE, STYLE ANTIQUE. 85

乎 *hoû, præ* 日 *jî, die* 吾 *'oû, ego*
爾 *eùl, te* 長 *tchâng, major* 一 *ĭ, uno*

« Je suis d'un jour plus âgé *que* vous. » *Lun-iu.*

213. 乎庶 *chŭ-hoû* est une expression qui revient à nos façons de parler, *peu s'en faut, à-peu-près, je pense,* etc. :

可 *khŏ, potest* 乎 *hoû* 則 *tsĕ, igitur*
矣 *ĭ, (p. t.)* 其 *khî, is* 庶 *chŭ*

« Ainsi *je vois* qu'il pourra. »

On dit dans le même sens 幾庶 *chŭ-kî.*

214. 諸 *tchoû* marque la pluralité [74].

215. Il est quelquefois, comme préposition, synonyme de *iû* [201] et de *hoû* [206. Cf. 119] :

掌 *tchăng, palmam* 諸 *tchoû, in* 而 *chî, respicere*

« Regarder *dans* sa main. »

身 *chĭn, seipso* 諸 *tchoû, ex* 本 *pĕn, radicem (habere)*

« Avoir le fondement (de sa conduite) *en* soi-même. »

216. 諸有 *yeoŭ-tchoû* revient à notre façon de parler, *n'est-ce pas?*

有 *yeoŭ* 十 *chĭ, decem* 方 *fâng, quadrato* 之 *tchî, (n. g.)* 文 *wĕn, Wen*
諸 *tchoû, nonne?* 里 *lĭ, li* 七 *thsĭ, septem* 囿 *yeoŭ, hortus* 王 *wâng, wang*

« Le jardin de *Wen-wang* avoit soixante-dix li [sept lieues] en carré : *n'est-ce pas?* » *Mèng-tseu.*

86 GRAMMAIRE CHINOISE.

La réponse à cette interrogation est 之有 *yeoŭ tchĭ*, « il les
» avoit. »

217. 邪 ou 耶 *yé* marque l'interrogation et le doute, comme
hoŭ (210, 211) ; il se place à la fin des phrases, et se répète aussi à
chaque interrogation :

大 *tà* magnitudinem 且 *thsiĕ* equidem 而 *eùl* et 使 *chĭ* si

也 *yă* (p. f.) 得 *tĕ* assecuta essem 有 *yeoŭ* habuissem 予 *iù* ego

邪 *yé,* (p. i.)? 此 *thseŭ* hanc 用 *yoŭng* usum, 也 *yă* (p. f.)

« Si j'avois eu quelque utilité (dit un arbre dans un apologue de
» *Tchouang-tseu*), aurois-je atteint cette grandeur ? »

俞 *ming* imperatum 爲 *'wéi* est 爲 *'wéi* est 爲 *'wéi* est 然 *jăn* sic

於 *iŭ* à 命 *ming* imperans 主 *tchù* dominus 一 *i* unicum 則 *tsĕ* quidem

物 *ŭĕ* rebus 物 *ŭĕ* rebus 耶 *yé* (p. i.) 耶 *yé* (p. i.) 所 *sŏ* quod

者 *tchĕ* (p. r.) 者 *tchĕ* (p. r.) 爲 *'wéi* est 爲 *'wéi* est 謂 *'wéi* vocamus

耶 *yé,* (p. i.) 耶 *yă* (p. i.) 客 *khĕ* hospes 二 *éul* duplex 心 *sin* animam

爲 *'wéi* est 耶 *yé* (p. i.) 耶 *yé* (p. i.) 者 *tchĕ,* (p. r.)

« Ainsi donc, ce qu'on appelle ame est-il un être unique ou double? est-
» ce un maître ou un hôte? commande-t-il aux objets extérieurs ou
» en est-il commandé? »

218. 與 *iù* signifie proprement *donner* :

1.ʳᵉ PARTIE, STYLE ANTIQUE.

之 tchi, cum. 與 iù, donavit 天 thian, cœlum

« Le ciel lui a donné. »

219. Il marque l'addition, la réunion, la simultanéité [85].

220. Il se joint aux adjectifs qui marquent similitude ou différence, même quand les deux termes étant réunis dans un même sujet, la comparaison devient corrélative :

聞 wên audire 與 iù ad 不 poŭ non 聞 wên audire
同 thoŭng, simile 不 poŭ non 行 hing exercero 而 cêl et

« Apprendre et ne pas pratiquer, c'est la même chose que ne pas
» apprendre. »

異 î, diversa 與 iù ad 相 siāng mutuó 必 pì profectò 彼 pì illi

« Ils sont sans doute différens l'un de l'autre. »

221. Il marque la comparaison entre deux états ou deux actions, dont l'un est préféré à l'autre. Dans ce cas, le terme qui exprime la chose non préférée, est placé le premier, précédé de *iù*, et ordinairement suivi de 也 *yè* ; l'autre terme vient ensuite, précédé de 寧 *ning* [il vaut mieux] :

儉 kiàn, parcimonia 也 yè (p. f.) 其 khi eorum 禮 n ritus
寧 ning præstat 奢 chè copiam 與 iù ad

« En fait de rites, la parcimonie vaut mieux que la prodigalité. »

222. Il sert de copulative entre plusieurs substantifs, et de disjonctive si le sens est interrogatif.

88　　　　　GRAMMAIRE CHINOISE.

與 *iû* et 　與 *iû* et 　言 *yán* loquebatur 　子 *tseù* Confucius
仁 *jîn*, humanitatem. 　命 *mîng* fatum 　利 *lì* lucrum 　罕 *hân* rarò

« Confucius parloit rarement de l'intérêt (1), et de la destinée, et de la charité universelle. »　　　*Lun-iu.*

美 *méï*, pulchrior? 　孰 *choû* quænam 　乙 *Í* 　與 *iû* vel 　甲 *kiĕ* Kia

« De *Kia* ou de *I* (2), quelle est la plus belle? »

223. Il sert d'explétive et de finale, et marque quelquefois l'admiration ou l'interrogation; alors il prend l'accent *phíng*:

與 *iû*, (p. f.) 　謂 *wéï* dicebam 　之 *tchî* (p. e.) 　此 *thseù* hoc 　其 *kHî* id

« C'est ce que je disois. »

與 *iû*, (p. a.) 　也 *yĕ* (p. f.) 　知 *tchî* prudentiâ 　大 *tá* magnâ 　其 *kHî* ille

« Que sa prudence étoit grande ! »

與 *iû*, (p. i.) 　救 *kieóu* vitare 　能 *néng* potuisti 　非 *fĕ* non 　如 *joû* quomodo

« Comment n'avez-vous pas pu vous dispenser? »

Dans ce dernier sens, on emploie actuellement la variante 歟

224. 而 *eúl* est une copulative dont on ne fait jamais usage pour les substantifs, parce qu'elle indique l'opposition ou le contraste de deux qualités simultanées. On peut souvent la rendre par *et ta-men :*

---

(1) Ce mot est employé dans une acception technique, pour *les avantages que procure la vertu.*

(2) Ces deux mots sont deux caractères cycliques pris ici dans un sens indéfini, pour *l'une, l'autre, la première, la seconde.* Voyez 118.

I.ʳᵉ PARTIE, STYLE ANTIQUE.

而 *eùl, et* 小 *siao* 而 *eùl, et* 君 *kiün*
不 *pou, non* 人 *jin, insipiens* 不 *pou, non* 子 *tseù, sapiens*
和 *hô, consonans* 同 *thoúng, idem* 同 *thoúng, idem* 和 *hô, consonans*

« Le sage s'accorde (avec les hommes vicieux) sans les imiter; l'insensé
» les imite sans s'accorder avec eux. »   *Lun-iu.*

ou, en sous-entendant le verbe:

何 *hô, quomodo?* 如 *jou, quomodo* 不 *pou, non* 人 *jin, homo*
礼 *li, ritus* 仁 *jin, pius* 而 *eùl, et*

« *Être* homme et ne pas *être* pieux, est-ce satisfaire aux rites? »
Id.

225. Quand une proposition incidente commence par *quoique*, la proposition principale est ordinairement précédée de *eùl*:

厭 *yân, satiamur* 而 *eùl,* 雖 *soúi, etsi* 善 *chén, boni*
不 *pou, non* 多 *tō, multi,* 人 *jin, homines*

« En quelque nombre que soient les gens de bien, on n'en est pas im-
» portuné. » [Cf. 163.]

226. Pour marquer la priorité, la succession et l'intention, on se
sert de 而 *eùl,* souvent aussi de 後而 *eùl-héou,* ou 后而 *eùl-
héou* [et postea].

之 *tchi, ei.* 習 *si, incumbere* 時 *chi, diù* 而 *eùl, et* 學 *hiŏ, studere*

« Étudier et s'exercer long-temps. »   *Lun-iu.*

6*

禱 taô precatus sum 而 eúl et 有 yeóu habere 豈 khí num
邪 yé (p.l.) 後 heòu posteà 病 ping morbam 待 taï expectavi

« Ai-je attendu que je fusse malade *pour* prier ? »

國 kouĕ regnum 而 eúl et 家 kiā domibus
治 tchhí regitur. 后 heòu posteà 齊 thsí ordinatis

« Quand les familles sont bien en ordre, le royaume est bien gou-
» verné. »
Taï-hio (1). [Cf. 91, 134, 143, 239.]

287. Après un adverbe, ou une expression simple ou composée qui en tient lieu, on place souvent *eúl*, et ce mot rattache l'expression modificative au verbe suivant, parce que la première partie de la phrase devient la condition de la proposition principale [167].

怨 youàn, pœnitet. 行 híng agere 利 lí lucrum 放 fàng vacando
多 tō multùm 而 eúl et 於 iū ad

« Celui qui agit en se livrant à l'intérêt, a beaucoup de sujets de s'en
» repentir. » *Lun-iu.*

Et au sens négatif :

治 tchhí regnat. 而 eúl et 嚴 yĕn severum 不 poŭ non

« Il n'est pas sévère, et il gouverne, » *pour*, il gouverne sans sévérité.
Hiao-king. [Cf. 143, 178, 237.]

---

(1) Voyez vingt exemples de cette façon de parler dans le commencement du même ouvrage.

1.ʳᵒ PARTIE, STYLE ANTIQUE.

228. 己而 *eùl-i* [et cessat] se place à la fin des phrases, pour signifier *sans plus, il n'y a que :*

己 *cessat.* 而 *eùl et* 人 *jîn homines* 九 *kièou novem*

« Il n'y a que neuf personnes. »

己 *cessat* 義 *i justitia* 有 *yeòu habetur* 矣 *(p. f.)* 而 *eùl et* 仁 *jîn pietas*

« La charité et la justice, voilà tout. » *Meng-tseu.*

229. 而已 *i-eùl,* répété deux fois, signifie *cessez, laissez-là votre projet* [jam desine]. V. *Lun-iu,* l. XVIII, §. 5.

230. 而 *eùl* se prend quelquefois pour le pronom 爾 *eùl,* à cause de la ressemblance des prononciations.

與 *iu (p. f.)* 強 *khiáng fortitudo* 而 *eùl tua* 抑 *i vel*

« ..... ou votre force d'ame? » *Tchoung-young.*

231. 爾 *eùl* [toi], qu'on remplace quelquefois par 耳 *eùl* [oreille], à cause de l'identité de prononciation, se prend souvent comme particule, et se place après un substantif, pour marquer le peu d'importance qu'on attache à l'idée qu'il exprime :

爾 *eùl, (p. f.)* 人 *jîn homo* 賤 *tsian vilis* 窮 *khióng pauper*

« Moi qui ne suis qu'un pauvre misérable. »

矣 *i (p. f.)* 耳 *eùl (p. e.)* 思 *sed advertisse* 弗 *fé non*

« Ce n'est qu'une inadvertance. »

耳 *eùl* (p. e.) 有 *yeòu* habet 何 *hò* (p. l.)? 君 *kiun* princeps 其 *khì* is
其 *khì* hujus 惟 *wéi* solùm 者 *tchè* (p. r.) 不 *poù* non
名 *ming* nomen 不 *poù* non 幾 *ki* quantùm 爲 *wéi* esse

« Que lui manque-t-il pour être roi? Rien que le nom.... »

232. 爾 *eùl* s'emploie quelquefois comme marque du sens adverbial :

卓 *tchŏ*, 爾 *eùl*, } confidenter, avec hardiesse. | 率 *soŭ*, 爾 *eùl*, } subitò, tout-à-coup.

233. 焉 *yán*, au commencement d'une phrase, marque l'interrogation :

殺 *chă* suppliciis 用 *yoùng* uti 焉 *yán* quare

« A quoi bon ces supplices? » *Lun-iu*.

234. A la fin d'une phrase, c'est une particule finale, insignifiante comme 也 *yè* [198], mais qu'on emploie sur-tout de préférence après les mots qui ont une terminaison nasale :

焉 *yán*, (p. f.) 龍 *loúng* draconem 稱 *tchhing* vocant 故 *koù* ideò

« C'est pour cela qu'on l'appelle *dragon*. » *I-king*.

言 *yán* verbum 人 *jìn* hominis 有 *yeòu* est
焉 *yán*, (p. f.) 之 *tchī* (n. g.) 聖 *ching* sancti

« Il y a une parole d'un saint homme. »

1.re PARTIE, STYLE ANTIQUE.

235. On le met après une comparaison qui commence par 如 *jou* [comme]:

食 *chi eclipses* 月 *youě lunæ* 如 *jou sicut* 之 *tchi* (e. g.) 君 *kiūn*
焉 *yān* (p. f.) 之 *tchi* (n. g.) 日 *ji solis* 過 *kouo culpæ* 子 *tseù sapientis*

« Les erreurs du sage sont comme les éclipses du soleil et de la lune. »

236. Il remplace 然 *jân* dans la formation des adverbes [176, 238]:

忽 *hou,* } subitò.   少 *chào,* } parumper.
焉 *yān,*   焉 *yān,*

237. 然 *jân* signifie proprement *ainsi*, et souvent *oui*:

然 *jân sic.* 皆 *kiāi omnes* 人 *jîn homines* 之 *tchi* (p. e.) 古 *koù veteres*

« *Sic veteres*..... les anciens (pensoient) ainsi. »

乎 *hou,* (p. i.)? 否 *feoù nonne* 乎 *hou,* (p. i.)? 然 *jân sicine*

« Est-ce ainsi, ou non? — Oui ou non? »

曰 *youě sit* 何 *hô quomodo* 如 *jou sic*
然 *jân sic.* 子 *tseù Confucius* 之 *tchi* (p. e.)

« Cela est-il ainsi? — Oui, reprit Confucius. »   *Lun-iu.*

238. *Jân* est la marque la plus ordinaire des adverbes [176].

239. 則 *tsĕ* signifie proprement *mesure, modèle*:

則 tsĕ, norma. 天 thiēn, cǣli. 下 hiá, imperii. 世 chí, per sæcula. 爲 'wéi, fit. 言 yán, loquatur. 而 cól, et.

« Quand il parle, ses paroles deviennent la règle de l'empire. »

240. On le prend comme marque d'induction et de conséquence ; et on peut le rendre par *donc*, si la proposition qui précède est positive, et par *alors*, si elle est hypothétique [166, 167] :

立 lī, stabit. 道 táo, ratio. 則 tsĕ, tunc. 身 chīn, selpsum. 修 sīou, concinnando.

« Si l'on se corrige soi-même, la raison sera fixe. » *Taï-hio.*

之 tchī, eam. 得 tĕ, assequeris. 則 tsĕ, tunc. 求 khiéou, inquire.

« Cherchez, et vous trouverez. » *Meng-tseu.*

241. 則 *ĭ-tsĕ*, répété deux fois, revient à nos locutions disjonctives *tum, tum, soit.... soit....*

懼 kiù, timendum. 一則以 ĭ-tsĕ-ĭ, tum ad. 喜 hí, lætandum. 一則以 ĭ-tsĕ-ĭ, tum ad. 也 yĕ (p. f.) 不 poŭ, non. 可 khŏ, debent. 不 poŭ, non. 知 tchī, sciri. 父 foŭ, patris. 母 moŭ, matris. 之 tchī, (n. g.) 年 nián, anni.

« Nous ne pouvons ignorer (rester indifférens sur) l'âge de nos parens,
» soit pour nous en réjouir (s'il leur promet de longs jours), soit pour
» craindre (s'il est très-avancé). »

242. 且 *thsiĕ*, qu'on prend quelquefois pour la précédente, à cause de la ressemblance de prononciation, marque aussi l'induc-

1.ʳᵉ PARTIE, STYLE ANTIQUE.

tion, par exemple, le rapport d'une qualité à une autre dont elle est la suite ou la conséquence :

賤 *tsiàn, vilis.*   且 *thsiĕ, et*   貧 *phîn, pauper*

« Pauvre et méprisé. » [Cf. 281.]

243. 就 *tsiéou*, proprement *achever*, se prend pour adverbe de temps, et aussi comme conjonction, marquant la suite, la conséquence, l'enchaînement :

利 *li, lucra.* 地 *ti, terræ* 時 *chi, tempora* 天 *thiān, cœli*
　　　　　　之 *tchi (n. g.)* 就 *tsiéou, scilicet* 之 *tchi (n. g.)*

« Des saisons du ciel dépendent les profits (productions) de la terre. »
Hiao-king.

244. 卽 *tsi*, synonyme de *tsĕ* [240] et de *tsiéou*, marque aussi la conséquence, le rapport très-prochain d'une action à faire, avec une autre précédemment énoncée.

245. Il marque l'identité de deux expressions équivalentes :

國 *kouĕ, regnum.* 土 *thoŭ, terræ* 赤 *tchhĭ, rubræ* 唐 *thâng, Thang* 卽 *tsi, scilicet*

« (*Sin-lo* ou *Siam*) c'est le royaume de la terre rouge de la dynastie » *Thang.* »

246. 猶 *yeoû* [*comme, ac si, scilicet*], marque aussi l'indentité de deux choses ou de deux mots équivalens :

也 *yĕ (p. f.)* 猶 *yeoû, quasi* 之 *tchi (n. g.)* 兄 *hiōng, fratris majoris*
子 *tseŭ, filius* 子 *tseŭ, filius* 弟 *ti, minorisve*

« Un neveu est (comme) un fils. »   *Li-ki.*

247. 若 *jŏ* et 如 *joû* signifient également *comme, de même*. Toutefois *joû* est plus usité en ce sens que *jŏ* :

鬼 *kouĕi* dæmonem 若 *jŏ* tanquam 之 *tchī* eum 惡 *oŭ* odit

« Il le hait comme (on hait) un démon. »

248. *Joû*, et plus ordinairement *jŏ*, représentent la particule hypothétique *si* (1), et alors le second membre de phrase commence presque toujours par *tsĕ* [240], même dans le sens interrogatif :

行 *hĭng,* agas? 爲 *wéi* id 則 *tsĕ* tunc 善 *chén* laudas 王 *wáng* rex
不 *poŭ* non 何 *hŏ* qui 之 *tchī* eam 如 *joû* si

« Si votre majesté la loue (cette maxime), comment se fait-il qu'elle ne
» la pratique pas ? » *Meng-tseu.*

249. *Jŏ*, suivi d'un substantif ou d'un pronom, signifie *quant à*, parce qu'on sous-entend 論 *lún* [considérer, parler de] :

者 *tchĕ,* (p. r.) 人 *jín* hominem 寡 *kouă* parvi 若 *jŏ* quoad

« En ce qui me concerne.... » *Meng-tseu.*

250. *Joû* sert quelquefois à former les adverbes :

也 *yĕ,* (p. f.) 如 *joû* 空 *khoûng khoûng* inanis

« D'une manière inhabile, insignifiante. »

---

(1) L'ellipse de cette particule a lieu toutes les fois qu'elle peut se faire sans nuire à la clarté de la phrase [167]. D'autres fois on la remplace par le verbe 使 *ssĕ, efficere ut :*

善 *chén,* bona. 果 *kŏ* reverà 性 *síng* indoles 使 *sĕ* fac ut

« Si le caractère est vraiment bon..... »

1.re PARTIE, STYLE ANTIQUE.

251. 若莫 *moŭ-jŏ*, ou 如不 *poŭ-joŭ*, marquent la préférence, la supériorité d'une chose sur une autre :

如 *joŭ sicut* 行 *hing agit* 之 *tchĭ eam* 者 *tchĕ, qui.*

好 *hăo amat* 之 *tchĭ eam* 者 *tchĕ qui,* 不 *poŭ non.*

如 *joŭ sicut* 好 *hăo amat* 之 *tchĭ eam* 者 *tchĕ qui;*

知 *tchī scit* 之 *tchĭ eam* 者 *tchĕ qui,* 不 *poŭ non.*

« Celui qui la connoît (la vertu) ne vaut pas celui qui l'aime ; celui qui
» l'aime ne vaut pas celui qui la pratique. »

252. 以 *ĭ* signifie proprement *se servir, faire usage* :

也 *yĕ, (p. f.)* 以 *ĭ utitur* 吾 *oŭ me* 毋 *woŭ non*

« Il ne m'emploie pas. » *Lun-iu.*

253. Comme particule, ce mot, suivi d'un complément, a un sens dérivé de celui qu'il a comme verbe ; il marque la manière ou l'instrument, s'il est placé avant le verbe ; le résultat ou l'intention, s'il ne vient qu'après le verbe. On peut le traduire par *ex, ab, juxtà,* etc.

下 *hià imperium* 也 *yĕ, (p. f.)*

孝 *hiào pietate* 治 *tchhí regebant* 天 *thian*

王 *wáng reges* 之 *tchĭ (p. e.)* 以 *ĭ ex*

昔 *sí olim* 者 *tchĕ (p. r.)* 明 *ming clari*

« Ces illustres rois des temps passés gouvernoient l'empire par la piété
» filiale. » *Hiao-king.* [Cf. 268.]

百 *pĭ* centum 以 *ĭ* ad 修 *siĕŭ* concinnare
姓 *sìng,* familias. 安 *'ān* pacandum 己 *kĭ* seipsum

« Se corriger soi-même pour maintenir le peuple en repos. »
Lun-iu. [Cf. 280.]

254. Après 可 *khŏ* (pouvoir), il conserve au verbe suivant le sens actif [Cf. 170] :

天 *thiān,* cœlum. 不 *pŏŭ* non 可 *khŏ* potest 人 *jîn* homines 思 *sū* meditans
知 *tchī* cognoscere 以 *ĭ* ad 不 *pŏŭ* non 知 *tchī* cognoscere

« Celui qui a dessein de connoître les hommes ne peut pas ne pas con-
» noître le ciel (1). » Tchoung-young. [Cf. 134.]

255. 以所 *sŏ-ĭ* ou 以是 *chí-ĭ* signifie *quam ob rem* [147], c'est pourquoi, c'est par quoi; et aussi, comment :

也 *yĕ,* (p. f.) 齒 *tchhĭ* dentes 序 *sìŭ* ordinant 以 *ĭ* juxtà 所 *sŏ* quod

« C'est ainsi qu'on arrange les dents, » c'est-à-dire, que l'on marque
des égards aux gens âgés. Tchoung-young. [Cf. 263.]

256. 爲以 *ĭ-'wéi,* composé de *ĭ* [ex], et de *'wéi* [facere, æstimare], signifie *existimare,* juger, trouver, etc. :

恥 *tchhĭ,* turpe. 爲 *'wéi* æstimat 以 *ĭ* ex 不 *pŏŭ* non

« Il n'estime pas cela honteux. » [Cf. 129.]

---

(1) Sans *ĭ*, le verbe *poŭ-tchī* signifieroit *ignorari* ; mais ce mot ne pourroit se construire avec le complément qui vient après.

1.ʳᵉ PARTIE, STYLE ANTIQUE.

257. 來以 *i-láï* [à venir] se dit d'un temps passé, mais postérieur à un temps plus ancien :

以 ¹ *i, ad* — 人 *jîn, homines* — 天 *thian, cœlum* — 自 *tseú, ex (quo)*
來 *láï, futurum* — 民 *mîn, populusque* — 地 *tí, terræque* — 有 *yeoù, habentur*

« Depuis qu'il y a un ciel, une terre, des hommes, des peuples... »
Koung-'an-koue.

258. 爲 *'wéï*, proprement, *faire,* tient lieu du verbe substantif [153].

259. Prononcé *'wéï*, il signifie *à cause de, en faveur de,* et se place tantôt avant, tantôt après son complément :

爲 *'wéï, causâ.* — 人 *jîn, hominis.* — 夫 *foû, hujus.*

« A cause de cet homme. » [Cf. 142.]

己 *kí, seipso.* — 爲 *'wéï, pro* — pour soi-même.

260. 哉 *tsaï* est le plus souvent une particule interrogative qui se place à la fin de la phrase, seule ou jointe à une autre particule interrogative ou finale. [Cf. 210.]

261. Souvent aussi elle marque l'admiration ; et alors elle peut se placer immédiatement après le mot qui exprime l'idée sur laquelle porte ce sentiment. [Cf. 184.]

262. 乃 *náï* a été pris très-anciennement comme pronom de la deuxième personne :

休 *hieoû, bonum.* — 之 *tchi (n. g.)* — 乃 ¹ *náï, tui* — 惟 *wéï, solùm*

« C'est un bienfait qui ne vient que de vous. » *Chou-king.*

263. C'est aussi une sorte de conjonction copulative et explicative, qui, comme le *quidem* des Latins, est souvent purement explétive :

死 *sù moriar* 善 *chin bonè* 所 *sò quo* 生 *sēng viro* 善 *chin bonè*
也 *yě (p. f.)* 吾 *ôù ego* 以 *i ex* 乃 *nâi scilicet* 吾 *ôù ego*

« Je mène une bonne vie pour avoir une bonne mort. »

264. 愈 *iù*, répété plusieurs fois, signifie *quò magis, eò magis,* avec cette particularité, que le membre de phrase où est l'assertion est ordinairement précédé de 而 *eûl* :

出 *tchhoù, prodit.* 愈 *iù magis* 而 *eûl et* 動 *toúng movet*

« Plus elle s'agite, et plus elle sort. » *Tào-te-king.*

不 *poû non* 而 *eûl et* 愈 *iù quò magis* 愈 *iù quò magis*
至 *tchi pervenit.* 愈 *iù eò magis* 動 *toúng moretur,* 力 *li vires adhibet,*

« Plus il s'efforce, plus il s'agite, et plus il ne réussit pas, » *pour, et moins il réussit* (1).

265. 況 *hoâng*, qu'on fait ordinairement précéder de 而 *eûl*, sert à conclure du plus au moins, et le verbe exprimé dans le premier membre de phrase est remplacé dans le second par 於 *iù*, qui signifie *quant à* [204] : alors le second membre de phrase est interrogatif :

---

(1) On se sert dans le même sens et de la même manière de 益 *ì* et de 彌 *mi.*

1.ʳᵉ PARTIE, STYLE ANTIQUE.

伯 *pě* tertii,	況 *hoăng* eò magis	國 *kouě* regnorum	不 *poŭ* non
子 *tseù* quarti,	於 *iŭ* quoad	之 *tchī* (n. g.)	敢 *kăn* audens
男 *nán* quinti ordinis	公 *koūng* principes primarios,	臣 *tchhin* subjectos,	遺 *ï* negligere
乎 *hoū* (p. f.)	侯 *héou* secundi,	而 *eúl* et	小 *siaǒ* parvorum

« S'il n'ose négliger aucun de ses sujets des plus petits états, à plus
» forte raison (ne négligera-t-il pas) les princes des premier, deuxième,
» troisième, quatrième et cinquième rangs (1). »

Hiao-king.

266. 是 *chí*, à la fin d'une phrase, revient à l'expression *c'est, ce sont*, placée chez nous au commencement. On s'en sert sur-tout quand on explique ou qu'on définit :

是 *chí* hoc	濛 *méng* Meng	入 *jĭ* ingreditur	扶 *foŭ* Fou	日 *jĭ* sol
也 *yě* (p. f.)	汜 *sú* ostium	於 *iŭ* in	桑 *sāng* Sang,	出 *tchhoŭ* exit

« C'est dans le pays de *Fou-sang* que le soleil se lève, et c'est à l'em-
» bouchure du *Meng* qu'il se couche. » *Hoaï-nan-tseu.*

267. 故 *koú*, à la fin d'une phrase, signifie *à raison de, parce que* :

也 *yě* (p. f.)	多 *tŏ* multitudine	人 *jín* hominum	由 *yeoú* ex
故 *koú* causâ	之 *tchī* (n. g.)	去 *khiŭ* euntium

« A cause de la multitude des gens qui y vont. »

---

(1) *Koung, Heou, Pe, Tseu* et *Nan* sont, dans cet ordre même, les titres que portoient les divers princes feudataires de l'empire chinois, au temps de Confucius.

102 GRAMMAIRE CHINOISE.

268. 類 *loúï* [classe, espèce], placé après un ou plusieurs noms, avec ou sans la marque de rapport, signifie *et cætera :*

蓋 *kài* operiunt 之 *tchī* (a. g.) 簟 *thiĕ* mattā 止 *tchī* solùm
之 *tchī,* illud. 類 *loúï* cæt. 席 *sī* storeâ 以 *ī* ex

« On se borne à le couvrir avec des nattes et autres choses du même
» genre. »

On emploie dans le même sens et de la même manière les mots 等 *tèng* et 屬 *choŭ*.

269. 不 *poŭ* est la négative la plus usitée ; elle s'applique aux adjectifs et aux verbes, et nie l'action ou l'état. On le remplace quelquefois par 非 *fê*. [V. 154, 223, 231.]

270. 無 (1) *woŭ* est une négation très-absolue, qui s'applique à l'existence et à la possession, et qui suppose toujours un verbe exprimé ou sous-entendu :

人 *jīn,* homo. 母 *moŭ* matre 無 *woŭ* sine 無 *woŭ* non 天 *thiēn*
之 *tchī* (p. e.) 父 *foŭ* patre 有 *yeoŭ* habetur 下 *hiá* imperio

« Il n'y a pas dans le monde d'homme qui n'ait un père et une
» mère. »   [Cf. 166.]

271. 莫 *moŭ* nie l'existence, et peut se traduire par *nul, rien,* sujets d'un verbe exprimé ou sous-entendu :

---

(1) Dans quelques anciens livres, on remplace ce caractère par

非 亡 无

1.ʳᵉ PARTIE, STYLE ANTIQUE.

孝 *hiaó, pietate.* 於 *iū, præ* 大 *tá, magna* 莫 *moŭ, nulla (res)*

« Rien n'est au-dessus de la piété filiale. » *Hiao-king.*

乎 *hoū, præ* 莫 *moŭ, nihil* 乎 *hoū, præ* 莫 *moŭ, nihil*
微 *wéï, subtilibus.* 顯 *hián, manifestum* 隱 *yĕn, absconditis;* 見 *hián, apparens*

« Il n'y a rien de plus clair que ce qui est caché ; il n'y a rien de plus
» manifeste que ce qui est subtil (1). » *Tchoung-young.*

272. 非 *fēï* s'applique de préférence au qualificatif, soit adjectif,
soit adverbial :

不 *poŭ, non* 非 *fēï, sine* 不 *poŭ, non* 非 *fēï, sine*
行 *híng, agere.* 道 *táo, regula* 言 *yán, loqui;* 法 *fă, exemplo*

« Ne rien dire de contraire aux exemples (de l'antiquité) ; ne rien faire
» de contraire à la raison. » *Hiao-king.*

服 *fŏŭ, vestes induere.* 不 *poŭ, non* 法 *fă, exemplaris* 王 *wáng, regum* 非 *fēï, sine*
敢 *kăn, audet* 服 *fŏŭ, vestibus* 之 *tchī, (n. g.)* 先 *siēn, priscorum*

« Il n'ose pas se vêtir d'une manière contraire à l'exemple des anciens
» rois. » [Cf. 178, 273.]

273. 勿 *wĕ* et 毋: *woŭ* sont ordinairement prohibitifs :

---

(1) Cette phrase signifie que ce qu'il y a de plus évident pour chaque homme, c'est ce qui est caché en lui, c'est-à-dire, sa conscience, et que ce qu'il peut voir le plus clairement, ce sont les replis de son propre cœur. C'est par erreur que j'ai donné un autre sens à ce passage, dans la traduction du *Tchoung-young* (pag. 33). Je saisis cette occasion de rectifier la méprise dans laquelle j'ai été entraîné en suivant le P. Couplet (*Confuc. sin. Philos.* p. 41). Le P. Noël avoit donné le véritable sens, qui est aussi le seul sens qu'on puisse donner à la phrase correspondante de la traduction mandchoue (*Tchoung-young*, p. 116).

視 *chī, aspicias.* 勿 *wĕï, ne* 禮 *rĭ, ritibus* 非 *fēī, sine*

« Ne jetez pas un coup d'œil d'une manière contraire aux rites. »
Lun-iu.

於 *iū, quàm* 毋 *wōū, no* 於 *iū, quàm* 毋 *wōū, no*
帶 *tāï, zona.* 下 *hĭā, inferiùs* 面 *mĭēn, vultus;* 上 *chāng, altiùs*

« Ne portez pas (les mains) plus haut que le visage, ni plus bas que la ceinture. » *I-li.*

274. 未 *wèï* se dit du temps, et signifie *pas encore*, et quelquefois *jamais*. [V. 145, 154, 191.]

275. Ordinairement deux négations valent une affirmation :

食 *chī, comeditque* 不 *pŏŭ, non* 人 *jîn, hominum*
也 *yĕ (p. f.)* 飲 *yĕn, bibit* 莫 *mŏŭ, nullus*

« Tout homme boit et mange. »
Tchoung-young. [Cf. 254, 272, 273].

276. La négation interrogative s'exprime en mettant à la fin de la phrase 否 *fŏŭ*, ou en plaçant au commencement la particule 盍 *hŏ, quidni* ; ou les mots 亦不 *pŏŭ-ĭ*, qui reviennent à *nonne* :

來 *lāi, venire.* 乎 *hōū, ad* 歸 *kōuēi, revertor* 盍 *hŏ, quidni*

« Que ne vais-je me soumettre à lui ? » *Meng-tseu.*

乎 *hōū (p. f.)* 樂 *lŏ, lætandum.* 亦 *-ne* 不 *pŏŭ, non-*

« N'est-ce pas un sujet de joie ? » *Lun-iu.*

1.ʳᵉ PARTIE, STYLE ANTIQUE.

277. La présence de l'une des particules finales interrogatives [210, 217, 223, 260] n'empêche pas que l'interrogation ne puisse aussi être marquée au commencement de la phrase par quelqu'un des mots suivans :

何 *hó*　胡 *hoû*　惡 *'oû*　焉 *yên*　豈 *khì*
曷 *hâ*　烏 *'oû*　安 *'ân*　奚 *hî*

lesquels paroissent se prendre indifféremment les uns pour les autres, et marquent également l'interrogation simple, ou, suivant les cas, l'interrogation sur la manière, le motif, etc.

278. 矣 *i* est une finale insignifiante comme plusieurs de celles qu'on a déjà vues [208, 223, 231, 234]. Elle n'ajoute ni ne change rien au sens, non plus que *yĕ* [198].

279. 夫 *foû* est aussi employé comme explétive :

夫 *foû,* (p. l.)　斯 *seŭ* hoc　如 *joû* sicut

« De cette manière. »

280. 云 *yûn* [dire] se trouve employé de la même manière :

云 *yûn,* (p. l.)　子 *tseŭ* sapientem　君 *kiûn*　俟 *seŭ* expectandum　以 !

« Pour attendre le sage. »

云 *yûn,* (p. l.)　云 *yûn* refert　傳 *tchoûn* historia

« L'histoire le rapporte. »

281. 兮 *hî* est une finale usitée, sur-tout dans les vers, pour marquer l'emphase et fixer l'attention, comme si l'on faisoit du mot précédent le sujet d'une interrogation :

106 GRAMMAIRE CHINOISE.

兮 hi, 之 tchi (n. g.) 西 si occidentis 人 jin homo 彼 pi ille
人 jin homo 方 fang regionum 兮 hi, 美 měi pulcher

« Ce bel homme.... cet homme des contrées occidentales.... »

兮 hi, 吉 ki felicitas 且 tsiěn et 安 'an quies

« Repos, *véritable* bonheur ! »

282. Souvent on réunit à la fin d'une phrase deux explétives, ou une explétive avec une interrogative, ou une interrogative avec une particule admirative. [Cf. 210.] Ces sortes de combinaisons, qui varient beaucoup, ne changent rien au sens ; on les rencontre sur-tout dans la poésie ou dans les livres écrits en une sorte de prose mesurée, où elles contribuent à produire la symétrie des phrases, et à multiplier les consonnances, deux ornemens particulièrement recherchés dans le style littéraire [66].

SECONDE PARTIE.

DU KOUAN-HOA *OU STYLE MODERNE,*
VULGAIREMENT APPELÉ *MANDARINIQUE.*

283. Les règles du style antique sur l'emploi des termes grammaticaux et la position relative des mots, auxquelles il n'est pas formellement dérogé dans cette seconde partie, sont généralement applicables au style moderne, tant parce qu'elles tiennent au caractère propre de la langue chinoise, que parce que le mélange des styles étant autorisé dans plusieurs sortes de compositions, un grand nombre de phrases ou de locutions prises ou imitées des livres anciens se sont introduites dans la langue vulgaire, tandis que, réciproquement, plusieurs termes vulgaires ont été admis jusque dans les ouvrages où l'on se propose d'imiter le style des compositions antiques.

§. I.er Du Substantif.

284. Pour obvier aux inconvéniens qui résulteroient, dans la langue parlée, de la multiplicité des termes homophones [57], et des mots qui peuvent être pris comme verbes ou comme substantifs [70, 151], on y fait fréquemment usage de mots composés, lesquels sont formés d'après divers procédés (1).

285. Les plus communs sont formés de la réunion de deux termes synonymes, dont l'un n'ajoute rien au sens de l'autre, mais sert seulement à le déterminer, parce que l'équivoque, possible à l'égard de chacun d'eux en particulier, ne l'est pas à l'égard du mot dissylla-

---

(1) On trouve, même dans les livres anciens, beaucoup de noms composés de la même manière, lesquels avoient dû s'y introduire par les mêmes motifs; mais ce n'est que dans le *kouân-hoá* que l'emploi de ces noms est devenu systématique, et a remplacé très-généralement celui des termes simples anciennement usités.

bique qui résulte de leur groupement. Ainsi les syllabes *táo* et *loù*, répondant chacune à plusieurs caractères, et conséquemment à plusieurs idées différentes, savoir :

táo, conduire.	*loù*, chemin.
táo, dérober.	*loù*, pierre précieuse.
táo, parvenir.	*loù*, rosée.
táo, renverser.	*loù*, cormoran.
táo, couvrir.	*loù*, suborner.
táo, drapeau.	*loù*, char.
táo, fouler aux pieds.	*loù*, nom de rivière.
táo, céréales.	
táo, dire, raison, voie.	

le composé *táo-loù* ne peut signifier que l'idée commune à ces deux séries, *voie*, *chemin*, et ne peut conséquemment être exprimé que par les caractères 路道

286. Souvent aussi l'on réunit des mots qui ne sont pas tout-à-fait synonymes, ou même qui ont une signification opposée, et l'idée commune à ces deux mots est la seule qui reste attachée au composé ; ainsi :

兄 *hioûng, frère aîné* joint à 弟 *tí, frère cadet*, forme le composé *hioûng-tí* [frère], sans désignation d'âge.

鬼 *kouéi, mauvais génie* avec 神 *chîn, bon génie*, forme le composé *kouéi-chîn* [esprit *ou* génie], en général (1).

東 *toûng, orient* avec 西 *sí, occident*, forme le composé *toûng-sí*, qui n'a, dans l'usage ordinaire, que la signification vague de *chose*.

287. Il y a un grand nombre de mots formés de la réunion de

---

(1) Le P. Basile avoit rédigé une table des mots opposés qui peuvent donner naissance à des composés de ce genre. L'éditeur du dictionnaire de ce religieux avoit mal-à-propos supprimé cette table, que M. Klaproth a reproduite, pag. 70--81.

II.ᵉ PARTIE, STYLE MODERNE.

deux substantifs, ou d'un substantif avec un verbe, lesquels sont entièrement analogues aux mots composés des autres langues. Tels sont :

書 *chou* librorum } la maison des livres, pour la
房 *fâng* domus. } bibliothèque.

乞 *khí* mendicans } l'homme mendiant, pour le
人 *jîn* homo. } mendiant.

288. Les noms d'emploi et de profession sont aussi formés de deux parties; savoir, d'un mot qui exprime l'action, et d'un autre qui désigne l'agent. Ce dernier est ordinairement

人 *jîn* homo.   夫 *fou* homo.   匠 *tsiâng* artifex.   手 *cheòu* manus.   家 *kiâ* domus.

ou quelque autre terme semblable ; ainsi l'on dit :

賣 *maï* vendeus } le vendeur, le marchand.
人 *jîn* homo. }

農 *noûng* arator } le laboureur.
夫 *fou* homo. }

鞋 *hiái* calceorum } le cordonnier.
匠 *tsiâng* artifex. }

船 *tchhoûan* navis } le matelot, le rameur.
手 *cheòu* manus. }

道 *tào* rationis } le religieux (livré au culte du
家 *kiâ* domus. } Tao, ou de la raison primordiale).

醫 *í* medicinà } le médecin.
生 *sêng* natus. }

289. Les noms qui expriment les degrés de parenté et d'alliance, sont ordinairement accompagnés du mot générique 親 *thsin* cognatus, ou, suivant l'âge et le sexe, des mots 父 *fou* pater 母 *moù* mater 子 *tseù* filius 女 *niù* filia. Par exemple :

110   GRAMMAIRE CHINOISE.

父親	*foû* pater *thsin* cognatus. } pour le père.	伯母	*pé* patrua *moù* mater. } la tante, femme du frère aîné du père.
母親	*moù* mater *thsin* cognata. } pour la mère.	妹子	*mêi* soror natu minor *tseù* filia. } sœur cadette.
伯父	*pé* patruus *foû* pater. } l'oncle, frère aîné du père.	甥女	*sêng* sororis filis *nêu* filia. } nièce, etc.

290. Les noms d'animaux sont aussi, quelquefois, accompagnés de ces mots *foû*, père ; *moù*, mère ; *tseù*, fils ; pour désigner l'âge et le sexe. Souvent aussi on se sert des mots

| 牝牡 | *phin* fœmina, *meoû* masculus, } pour les quadrupèdes. | 雌雄 | *thseû* fœmina, *hioúng* masculus, } pour les oiseaux. |

291. Beaucoup de mots sont formés d'un radical accompagné du mot 子 *tseù* [fils], qui est alors purement explétif, et qui fait l'office de terminaison :

| 房子 | *fáng* domus. *tseù* (p. e.) } maison, logis. | 日子 | *ji* dies *tseù* (p. e.) } jour. |

292. 兒 *eûl* [enfant], qu'on remplace quelquefois par 耳 *eûl* [oreille], forme des diminutifs :

II.ᵉ PARTIE, STYLE MODERNE.

孩兒	háï puer eúl (p. e.)	le petit enfant.	盒耳	hŏ arca eúl p. e.)	le petit coffre, la boîte.
石兒	chĭ lapis eúl (p. e.)	la petite pierre, le caillou.	玉耳	iŭ gemma eúl (p. e.)	une petite pierre précieuse.

203. 頭 *theóu* (tête) est l'explétive la plus ordinaire des objets matériels et de forme arrondie ; mais elle s'emploie aussi pour des substantifs d'un autre genre :

石頭	chĭ lapis theóu (p. e.)	une pierre, un moellon.	日頭	jĭ sol theóu (p. e.)	le soleil (1).

294. Un assez grand nombre de mots composés sont primitivement des termes poétiques, ou des expressions allégoriques empruntées du *koŭ-wén*, mais que l'usage a consacrés, et dont il est désormais inutile de rechercher l'étymologie. Tels sont :

府園	foŭ urbis primariæ yoûan hortus.	le jardin de la ville du premier ordre, pour le préfet.	天女	thiēn cœli niŭ filia.	la fille du ciel, pour l'hirondelle.

205. Dans beaucoup de mots composés, l'idée métaphorique qui leur a donné naissance a été totalement perdue de vue, et ils sont

---

(1) Remarquez que, dans ces deux exemples, la particule sert à déterminer le sens du radical. *Chĭ* tout seul signifieroit également *un rocher, une dalle, une pierre taillée* ; *chĭ-theoú* signifie *une pierre de forme arrondie* : *jĭ* signifie indifféremment *le soleil* et *un jour* ; *jĭ-theoú* ne peut plus signifier que *le soleil* ; pour *le jour*, il faut dire *jĭ-tseŭ* [291].

112 GRAMMAIRE CHINOISE.

devenus de véritables polysyllabes formés d'élémens insignifians. Tels sont :

和 *hố concordiæ*
尚 *chǎng altum.*
} le religieux.

鼻 *pí nasi*
祖 *tsoù avus.*
} l'aïeul.

296. Enfin, il faut rapprocher de ces mots la classe des mots polysyllabiques qui ont été empruntés par les Chinois, soit à des dialectes autrefois parlés dans diverses parties de leur empire, soit aux peuples voisins de leurs frontières, et qu'ils ont exprimés par des caractères choisis arbitrairement, uniquement pour en représenter le son ; par exemple :

琵 *phí*
琶 *phá*
} une guitare.

喇 *là*
嘛 *má*
} les lamas, prêtres du Tibet.

297. Le pluriel se marque, soit par les particules préposées 衆 *tchoùng*, ou 諸 *tchoû* [74], soit par les noms de nombre indéfinis [78], soit enfin par les particules postposées 都 *toû* et 皆 *kiāī* [75].

298. Les substantifs se construisent entre eux, comme dans le *koû-wên* [79, 80], avec cette différence, qu'au lieu de 之 *tchī* [81], la marque du rapport d'appartenance est 的 *tī* :

人 *jîn, homo.* 的 *tī (n. g.)* 國 *kouè regni* 中 *tchoūng medii*

« Un homme du royaume du milieu, » c'est-à-dire, un Chinois.

299. Outre les signes de rapports usités en *koû-wên* [85—91], on se sert encore de quelques mots particuliers ; savoir :

對 *toùï,* 替 *thì, et* 和 *hố.*

II.ᵉ PARTIE, STYLE MODERNE.

說 *choué, die.* 他 *thá, eum* 對 *touì, ad*

« Dites-lui. »

了 *liaó, (n. præt.)* 說 *choué, dixi* 他 *thá, eum* 替 *thí, ad*

« Je lui ai dit. »

300. Le nom de matière se met avec 的 *ti*, suivant la règle des noms attributifs [94] :

像 *siáng, statua.* 的 *ti (n. g.)* 銅 *thoúng, cupri*

« Une statue de cuivre. »

301. Le vocatif se marque quelquefois par 阿 *ó*, placé après le nom, quelquefois par la répétition du nom :

阿 *ó.* 君 *kiün, princeps* 郎 *láng, vir*

« O mon époux ! »

緣 *yoüán, felices.* 你 *ní, tu* 仙 *sián,* 淡 *Tán, Tan*
也 *yĕ, (p. f.)* 好 *haó, valdè* 我 *'ó, ego* 仙 *sián, sian*
無 *woŭ, in-* 和 *hó, et* 淡 *Tán, Tan*

« O *Tan-sian!* vous et moi sommes bien malheureux ! »

§ II. DE L'ADJECTIF.

302. Les adjectifs sont souvent accompagnés de la particule 的 *ti*, particulièrement s'ils sont placés après le verbe substantif, comme attributs du sujet de ce verbe. On dit indifféremment :

8

花 ʰᵒᵈ,ᶠˡᵒˢ. 的 ᵗⁱ ⁽ᵖ·ʳ·⁾ 白 ᵖᵉ ᵃˡᵇᵘˢ

ou simplement *pĕ hoá* [une fleur blanche].

善 ᶜʰᵉⁿ ᵇᵒⁿᵘˢ 人 ʲᶤⁿ ʰᵒᵐᵒ 這 ᵗᶜʰᵉ ʰᶤᶜ
的 ᵗⁱ, ⁽ᵖ·ʳ·⁾ 是 ᶜʰᶤ ᵉˢᵗ 個 ᵏᵒ ⁽ᵖ·ᵉ·⁾

的 *tī*, en ce sens, est tout-à-fait synonyme de 者 *tchĕ* [99].

303. Les adjectifs verbaux se forment pareillement avec 的 *tī* :

: 的 ᵗⁱ, ⁽ᵖ·ʳ·⁾ 來 ˡᵃⁱ ᵛᵉⁿᶤᵉⁿᵗᵉˢ 往 ʷᵃⁿᵍ ᵉᵘⁿᵗᵉˢ

« Les allans et les venans », ou « ceux qui vont et qui viennent. »

的 ᵗⁱ, ⁽ᵖ·ʳ·⁾ 賣 ᵐᵃⁱ ᵛᵉⁿᵈᵉⁿˢ 買 ᵐᵃⁱ ᵉᵐᵉⁿˢ

« Celui qui achète et qui vend, commerçant. »

On peut, après ces sortes de mots, exprimer ou sous-entendre 人 *jīn* [homme].

304. Le comparatif s'exprime, ou comme en *koŭ-wên* [100, 101], ou en faisant précéder l'adjectif des mots 更 ᵏᵉⁿᵍ ᵐᵃᵍᶤˢ ou de 還 ʰᵒᵃⁿ ᵃᵈʰᵘᶜ.

好 ʰᵃᵒ, ᵇᵒⁿᵘˢ 更 ᵏᵉⁿᵍ ᵐᵃᵍᶤˢ 你 ⁿⁱ ᵗᵘ

« Vous êtes meilleur. »

305. Le superlatif se marque par des particules qui se placent avant ou après l'adjectif. Celles qui se placent avant, sont :

太 ᵗʰᵃⁱ ˢᵘᵐᵐᵉ 挺 ᶜʰᵉⁿ ᵛᵃˡᵈᵉ 極 ᵏⁱ ˢᵘᵐᵐᵉ 最 ᵗˢᵒᵘⁱ ᵛᵃˡᵈᵉ
絕 ᵗˢⁱᵒᵘᵉⁱ ᵃᵇˢᵒˡᵘᵗᵉ 好 ʰᵃᵒ ᵇᵉⁿᵉ

II.e PARTIE, STYLE MODERNE.

306. Les expressions qui se mettent après l'adjectif, pour former le superlatif, sont :

| 得緊 | té kĭn | attingens aretum. | 得很 | té hĕn | assequens ○ | 得極 | té kĭ | assequens fastigium. | 十分 | chĭ fēn | decem partis. | 不過 | poŭ koŭ | non superandus. |

§. III. DES NOMS DE NOMBRE.

307. Dans le commerce et pour les besoins domestiques, on fait usage de chiffres produits par l'altération de ceux qui servent dans les livres [111]. En voici le tableau (1) :

一	1	ĭ.	1.	八	≗	pă.	8.
二	11	eúl.	2.	九	≭	kieoŭ.	9.
三	111	sān.	3.	十	+	chĭ.	10.
四	✕	ssé.	4.	百	♭	pĕ.	100.
五	⸓	où.	5.	千	⼻	thsiān.	1,000.
六	⊥	loŭ.	6.	萬	万	wān.	10,000.
七	⸽	thsĭ.	7.	零	0	líng.	0.

308. Ces chiffres ne se placent pas, comme les noms de nombre ordinaires, en colonnes verticales et les uns au-dessous des autres, mais, comme les chiffres arabes, en lignes horizontales : les valeurs croissent de droite à gauche, et on les lit de gauche à droite ; les

---

(1) Hyde est le premier qui les ait fait connoître. Voyez *Syntagm. Dissert.* t. II, p. 530, pl.

coefficiens se groupant au-dessus de chaque degré décuple, à moins qu'il n'y ait pas de quantité fractionnaire. Ainsi l'on dit :

100.   124.   465.

Quand un des degrés intermédiaires vient à manquer, on le remplace par un zéro, lequel toutefois ne se met jamais à la fin d'une quantité. Ainsi l'on écrit :

102.   120.   10,204.
       (sans zéro.)

309. Outre les numérales spéciales [113], il y en a une commune qui sert également pour les personnes et pour les choses : c'est la particule *kó*, qui s'écrit de trois manières :

個 pour les personnes.   箇 pour les choses.   个 pour les personnes et pour les choses.

Il faut remarquer qu'en *kouan-hoa* les numérales ne se joignent pas seulement aux noms de nombre, mais qu'on les place aussi après les mots qui marquent la pluralité ou un nombre indéfini, et après les adjectifs démonstratifs [310, 337].

310. — 一 [un], suivi de la numérale *kó*, forme l'article indéfini *quidam*, un certain :

人 jin, homo.   個 kó (p. n.)   一 i, unus

« Un homme. »

物 wě, res.   件 kiēn   箇 kó (p. n.)   一 i, vel

« Une chose. »

Et quelquefois en supprimant *i*, *kó jin* [un homme, quelqu'un], *kó kiēn-wě* [une chose, quelque chose].

II.ᵉ PARTIE, STYLE MODERNE.

§. IV. Du Pronom.

311. Le pronom de la première personne s'exprime par 我 'ŏ, 吾 'où [Cf. 119], 咱 tsă ou 俺 yán ; ce dernier est plus usité dans les provinces du nord :

重 tchoúng, grave, 命 ming mandato, 以 ĭ ex, 向 hiăng elapso tempore, 我 'ŏ ego,
爲 'ouéi feci, 父 foù patris, 只 tchi solùm, 一 ĭ toto

« Jusqu'à présent je n'ai considéré que les ordres de mon père. »

佳 kiā bonum, 選 siouén, 吾 'où ego,
婿 si, generum, 擇 tchĕ eligere, 欲 yŏ cupio

« Je souhaite de choisir un bon gendre. »

家 kiā, domo, 他 thā ejus, 在 tsái eram in, 咱 tsă ego

« J'étois chez lui. »

些 siē paucas, 得 tĕ profectò, 咱 tsă ego, 到 táo ad,
銀 yén argenti uncias, 要 yáo (n. t.), 少 chão, 那 nă illam,
子 tseŭ (p. e.), 破 phŏ diffundam, 不 poŭ, 日 jĭ diem

« Ce jour-là je dépenserai quelques taels. »

他 thā ejus, 箇 kŏ (p. n.), 俺 yán nos, 前 thsién prioribus,
家 kiā, domo, 在 tsái eramus in, 兩 liăng ambo, 日 jĭ diebus

« Nous étions tous deux ces jours passés chez lui. »

312. Pour éviter l'emploi du pronom de la première personne, on se sert de diverses formules d'humilité, prises le plus souvent des rapports que l'on a avec ceux à qui l'on parle. Les parens et les alliés se désignent eux-mêmes par le mot qui exprime leur degré de parenté, particulièrement s'il marque quelque infériorité d'âge ou de subordination, comme *fils, neveu, frère cadet,* souvent avec l'épithète de 小 *siaò* (petit).

313. En s'adressant à des personnes d'un rang égal, on se désigne soi-même par le titre de 弟 *tì* [frère cadet]; 弟小 *siaò-tì* [petit frère cadet]; 生晚 *wǎn-séng* [tardè natus], en parlant à des personnes plus âgées, ou 夫老 *laò-foû,* en parlant à des personnes plus jeunes :

曉 *hiaò* scire	豈 *khi* qui	小 *siaò* parvus
得 *té,* possem?	不 *poû* non	弟 *tì* frater minor

« Comment ne le saurois-je pas? »

面 *mién* facie	不 *poû* non	晚 *wǎn* tardè	方 *fāng* tunc
欺 *khi,* deceptorem.	是 *chi* esse	生 *séng* natum	知 *tchī* scies

« Vous verrez alors que *je* ne suis pas trompeur par le visage, » *pour dire,* « que je n'ai pas le visage trompeur. »

314. Les inférieurs changent ce mot en 的小 *siaò-tì* :

拜 *paï* visitare	出 *tchhoū* exiisse	己 *ï* (n. pr.)	小 *siaò* parvus
容 *khǒ,* hospites.	門 *mén* portâ	曰 *youĕ* dixeram	的 *tì* (p. r.)

« Je lui avois dit que vous étiez sorti pour faire des visites. »

315. Les lettrés se parlant les uns aux autres avec respect, disent

II.ᵉ PARTIE, STYLE MODERNE.

生 學 *hiŏ-séng* [*studio natus*], et quelquefois 生 門 *mén-séng* [*portâ natus*] :

之 *tchi* (p. e.)　衰 *sòi debilis*,　學 *hiŏ studio*
夫 *foŭ homo*.　朽 *hieoŭ marcidus*.　生 *séng natus*,

« *Je ne suis qu'un homme faible et sans moyens.* »

316. Certains offices autorisent ceux qui en sont revêtus à faire usage d'une dénomination empruntée du titre même de leur place. Ainsi :

Le préfet d'une ville du premier ordre dira : 府 *foŭ civitas* 1.ʳⁱᵃ 本 *pén propria* ma ville, pour moi.

Celui d'une ville du deuxième, 州 *tcheoŭ urbs* 2.ʳⁱᵃ 本 *pén propria* ma ville du deuxième ordre, pour moi.

L'intendant des grains, des rivières, des greniers à sel, ou le receveur des contributions,

道 *taó præfectura*.　本 *pén propria* mon intendance, ou mon district, pour moi intendant.

Et ainsi de quelques autres.

317. Le pronom de la deuxième personne est 你 *nĭ* [Cf. 127]. Il est principalement usité quand on s'adresse à des inférieurs :

訪 *fǎng inquiro*　是 *chi est*　我 *ŏ me*;　你 *nĭ tu*　不 *poŭ non*
你 *nĭ, te*.　我 *ŏ ego*　便 *piĕn potiùs*　尋 *thsin quæris*　是 *chi est*

« Ce n'est pas toi qui me cherches ; c'est plutôt moi qui te
» demande (1). »

---

(1) C'est une expression proverbiale, pour dire : *c'est à qui cherchera l'autre*.

318. La civilité chinoise fait éviter le pronom de la deuxième personne, et le fait remplacer par des expressions qui marquent le respect, et qui sont empruntées des idées de subordination, de famille, d'âge, ou de rapports sociaux. Ainsi l'on dit communément :

兄 *hioûng, frater major* ou 兄年 *nian-hioûng, annis frater major*

哥 *kŏ, frater major.* 賢契 *hiân-khì, sapiens amice.* 先生 *sian-sêng, antea natus.* 仁兄 *jin-hioûng, plus frater major.*

Ces expressions ne s'adressent pas seulement aux personnes plus âgées (1).

最是 *tsouì-chi, valdè sic.* 之言 *chi-yán, (n. g.) sermo.* 年兄 *nian-hioûng, annis fratris majoris.*

« Ce que vous dites est bien vrai. »

才 *thsaï, dotibus (præditi).* 年美 *nian-mêï, ætate eximis.* 兄清 *hioûng-thsîng, fratres majores floreuto.* 二仁 *ûl-jin, duo pii.*

« Vous êtes tous deux à la fleur de l'âge, et doués du plus beau « talent. »

罷 *pà, cessare.* 念頭 *niân-theôu, deoù consilium.* 息了 *sí-liaô, interrumpere (a. p.).* 賢契 *hiân-khì, sapientem amicum.* 我勸 *ngŏ-khioûán, ego hortus.*

« Je vous engage à abandonner votre projet. »

---

(1) Le deuxième exemple notamment est pris d'un discours adressé par un homme âgé à deux jeunes gens. Rien n'est plus commun que cette sorte de contre-sens, dans le style de la conversation.

II.ᵉ PARTIE, STYLE MODERNE.

319. Souvent aussi on tourne par la troisième personne, et on se sert de l'une des expressions usitées en parlant aux hommes âgés ou aux personnes en place, suivant le rang qu'elles occupent; savoir :

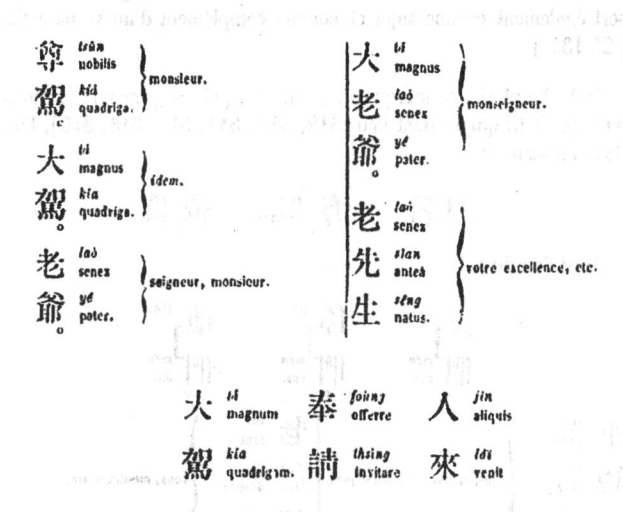

尊 *tsûn* nobilis
駕 *kiá* quadriga. } monsieur.

大 *tí* magnus
駕 *kiá* quadriga. } idem.

老 *laò* senex
爺 *yé* pater. } seigneur, monsieur.

大 *tí* magnus
老 *laò* senex
爺 *yé* pater. } monseigneur.

老 *laò* senex
先 *sian* antea
生 *sĕng* natus. } votre excellence, etc.

大 *tí* magnum 奉 *foûng* offerre 人 *jîn* aliquis
駕 *kiá* quadrigam 請 *tshing* invitare 來 *lâi* venit

« Quelqu'un est venu vous inviter. »

高 *kão* altum 見 *kian* videt 生 *sĕng* natus 老 *laò* senex
最 *tsoùi* valde 所 *sò* quod 先 *sian* antea

« L'idée de votre excellence est admirable. »

320. En s'adressant à des parens ou à des alliés, on emploie le terme qui exprime le degré auquel on est lié avec eux, en y joignant une qualification respectueuse, ordinairement 老 *laò* [vieux], s'ils sont au-dessus de celui qui parle, et quelquefois une expression de bienveillance, s'ils sont au-dessous par l'âge ou les rapports de famille.

321. Le pronom de la troisième personne est 他 *thâ*, lequel sert également comme sujet et comme complément d'un verbe actif. [Cf. 134.]

322. Le pluriel se marque en ajoutant, après le pronom personnel ou l'appellatif qui en tient lieu [312, 313, 314, 315, 318, 319], l'un de ces trois mots :

們 *mên* ○   每 *mî* quilibet   輩 *pëi* ordo

Ainsi l'on dit :

我 *ô* 們 *mên* nos.   你 *ni* 們 *mên* vos.   他 *thâ* 們 *mên* illi.

小 *siaô* parvi
的 *ti* (p. r)
們 *mên* (n. pl.) } nous, esclaves ou domestiques.

老 *laô* senes
爺 *yé* domini
們 *mên* (n. pl.) } vous, messieurs, etc.

323. On remplace *mên* par 等 *têng*, toutes les fois que les mots *nous, vous, eux*, emportent l'idée d'une classe ou d'une catégorie, avec exclusion de ceux qui n'en sont pas :

旨 *chî* voluntati.   遵 *tsôn* obsequimur   謹 *kîn* diligenter   等 *têng* ordo   我 *ô* nos

« Nous [autres officiers] nous conformons strictement à la volonté
» [impériale] (1). »

---

(1) C'est ainsi que, dans la version chinoise de l'oraison dominicale, on a mis par-

II.ᵉ PARTIE, STYLE MODERNE.

324. Le possessif se forme d'après la règle des noms attributifs, avec ou sans l'intermédiaire de la particule 的 *ti*. [Cf. 139.] On dit également :

親 *thîn* 父 *foù / pater* 我 *ô / mei*

pour mon père, ou bien :

親 *thîn* 父 *foù / pater* 的 *ti (n. g.)* 我 *ô / mei*

et ainsi des autres.

325. Au lieu du pronom possessif de la première personne, il est d'usage d'employer certaines expressions qui marquent l'humilité, et dont le sens s'applique toujours à la personne qui possède, et non à la chose possédée. On ne parlera ici que des plus usitées.

326. 家 *kia* [maison], s'applique aux parens ascendans, vivans, et autres auxquels on doit du respect, comme *père, mère, oncle, beau-père, frère aîné*, etc. Ainsi l'on dit :

家 *kia / domûs*
父 *foù / pater.*
} *mon père.*

家 *kia / domûs*
兄 *hiôung / frater natu major.*
} *mon frère aîné.*

327. 舍 *ché* [maison *ou* logis] sert pour désigner les parens inférieurs en ligne collatérale, tels que *frère cadet, sœur cadette, gendre, cousin* et *parens* en général :

舍 *ché / domûs*
弟 *ti / frater natu minor.*
} *mon frère cadet.*

舍 *ché / domûs*
親 *thîn / cognatus.*
} *mon parent, etc.*

---

tout *'ô-têng, nous,* c'est-à-dire, *nous qui sommes d'une même religion, nous autres chrétiens.* Des Chinois parlant à des étrangers, diront de même, *'ô-têng, nous, Chinois,* etc.

328. 小 *siaò* [petit] se dit des descendans, des domestiques, quelquefois de la femme de celui qui parle ; comme, par exemple :

小女。	*siaò* parva / *niù* filia.	} ma fille.
小介。	*siaò* parvus / *kiéi* servus.	} mon domestique.
小妻。	*siaò* parva / *thsi* uxor.	} ma femme, etc.
小兒。	*siaò* parvus / *eùl* infans.	} mon fils, mon enfant.

329. 敝 *pí* [bas] se dit des personnes et des choses, soit abstraites, soit matérielles, qui sont en notre possession, ou qui ont rapport à nous, comme :

敝友。	*pi* humilis / *yeòu* amicus.	} mon ami.
敝同年。	*pi* humilis / *thoúng* ejusdem / *nian* anni.	} mon contemporain, celui qui est du même âge que moi (coætaneus).
敝國。	*pi* humile / *kouĕ* regnum.	} mon royaume, le pays où je suis né.
敝姓。	*pi* humile / *sing* nomen.	} mon nom de famille, etc.

330. 賤 *tsian* [vil] ne se dit que des choses qui touchent de près à notre personne, comme les parties du corps, les propriétés directes, et les personnes qu'on désigne métaphoriquement par des noms de choses :

II.ᵉ PARTIE, STYLE MODERNE.

賤 *tsian vilis* / 手 *cheòu manus.* } ma main.

賤 *tsian vile* / 名 *ming nomen* } mon nom.

賤 *tsian vilis* / 恙 *yáng morbus.* } ma maladie.

賤 *tsian meum* / 房 *fáng cubiculum* } ma chambre (ce qui peut signifier ma femme).

331. 寒 *hân* [froid] ne s'applique qu'à la maison qu'on habite :

里 *li. li.* 七 *thsi septem* 僅 *kin vix* 去 *khiù abest* 寒 *hán frigida* / 八 *pa octovo* 十 *chi decem* 此 *thseù hinc* 舍 *ché domus*

« Ma maison est à peine à 17 ou 18 *li* d'ici. »

332. Au lieu du pronom possessif de la 2.ᵉ personne, on emploie presque toujours diverses expressions respectueuses et honorifiques, dont on va voir les plus usitées.

333. 令 *ling* se joint au titre des parens de ceux à qui l'on parle, et ce titre est ordinairement exprimé d'une manière métaphorique. On dit :

令 *ling nobilis* / 兄 *hiúng frater major.* } votre frère aîné.

令 *ling nobilis* / 姐 *tsiě soror natu major.* } votre sœur aînée.

et métaphoriquement :

令 *ling nobilis* / 尊 *tsun honoratus* } votre père.

令 *ling nobilis* / 堂 *tháng aula.* } votre mère.

126 GRAMMAIRE CHINOISE.

令 *ling* nobile		
千 *thsian* mille	votre fille (encore petite).	
金 *kin* aurei.		

令 *ling* nobilis		
愛 *aï* amor.	votre fille (déjà grande).	

et ainsi d'une multitude d'autres.

334. 貴 *koueï* [noble, illustre], répond, pour la 2.ᵉ personne, aux termes d'humilité *pi* [329] et *thsian* [330], employés pour la première, et se dit aussi bien des personnes que des choses :

貴 *kouei* nobilis		
同 *thoung* ejusdem	votre contemporain (coætaneus).	
年 *nien* anni.		

| 貴 *kouei* nobilis | |
| 手 *cheou* manus. | votre main (au propre). |

| 貴 *kouei* nobilis | |
| 恙 *yang* morbus. | votre maladie. |

| 貴 *kouei* nobilis | |
| 馬 *ma* equus. | votre cheval. |

| 貴 *kouei* nobile | |
| 姓 *sing* nomen. | votre nom. |

| 貴 *kouei* nobilis | |
| 府 *fou* civitas. | votre ville (la ville où vous êtes né). |

Les deux derniers exemples sont quelquefois interrogatifs, et c'est de cette manière qu'on s'informe de l'âge, du pays, du nom, etc. d'une personne à qui l'on parle.

335. 尊 *tsun* [honorable] se prend dans le même sens que *kouei*; il est encore plus respectueux, mais moins fréquemment employé. Ex. :

II.ᵉ PARTIE, STYLE MODERNE.

尊 袍 *tsûn honoratum / phao pallium.* } votre manteau.

尊 號 *tsûn honoratus / hao titulus.* } votre titre.

尊 駕 *tsûn honoratus / kia currus.* } votre char, ce qui se prend pour votre seigneurie [Cf. 319].

尊 筆 *tsûn honoratus / pi penicillus.* } votre pinceau, ou propre [Cf. 336].

336. 高 *kao* [haut] se dit des actions de la main, des opérations de l'esprit, et de ce qui en est le résultat :

高 明 悟 *kao altum / ming clarum / où ingenium.* } votre esprit, votre discernement.

高 手 *kao alta / cheo manus.* } votre main, pour votre adresse, votre talent, soit dans les arts mécaniques, soit dans les arts libéraux (1).

高 筆 *kao altus / pi penicillus.* } votre pinceau, pour votre manière d'écrire, votre style, votre éloquence.

337. Il y a deux adjectifs démonstratifs, qui sont :

這 *tché* pour les personnes ou les choses prochaines. 那 *na* pour les personnes ou les choses éloignées.

On les emploie avec ou sans la numérale *ko* [309], et quand il s'agit même d'une seule personne ou d'une seule chose ; on peut aussi ajouter le nom de nombre *un*, dans le sens indéfini. Ainsi l'on dira :

---

(1) Si l'on vouloit dire *votre main*, au propre, il faudrait se servir de *kouei* [334], et de même pour l'exemple suivant.

人 *jîn, homo.* 个 *kŏ (p. n.)* 一 *ĭ unus* 那 *nà ille*

ou *nà ĭ jîn*, ou *nà-kŏ jîn*, ou simplement *nà jîn*, « cet homme-là. »

物 *wĕ, negotium.* 件 *kiĕn, res* 个 *kŏ (p. n.)* 一 *ĭ una* 這 *tchĕ hæc*

ou *tchĕ-kŏ kiĕn-wĕ*, ou *tchĕ ĭ kiĕn-wĕ*, ou simplement *tchĕ kiĕn-wĕ*, « cette chose, ceci. »

338. Dans la suite d'un récit, ces deux adjectifs démonstratifs, et plus particulièrement *nà*, se prennent comme de simples déterminatifs, et peuvent se rendre par nos articles *le, la :*

人 *jîn, mulier.* 婦 *foù* 那 *nà illa*

« Cette dame, *ou* la dame. »

慶 *khing khing* 門 *mên men* 西 *sĭ sĭ* 這 *tchĕ hic*

« Si-men-khing », nom propre d'homme, avec un article.

339. Le pronom indéfini *on* ou *quelqu'un* s'exprime par

或 *hoĕ quidam* ou 人 *jîn homo*

曰 *yoŭeï ait.* 或 *hoĕ quidam*

« On dit, quelqu'un dit, on dira. »

曰 *yoŭeï, dicens.* 謂 *ŭeï* 人 *jîn homo* 有 *yeoŭ habetur*

« Il y a quelqu'un qui dit, *ou* qui dira….. »

340. Pour rendre le sens des pronoms indéfinis *tel, un tel, l'un, l'autre*, on se sert quelquefois des caractères cycliques [118, 222] (1) :

---

(1) On s'en sert aussi en géométrie, pour désigner les diverses parties d'une figure, de la même manière que nous employons nos lettres capitales A, B, etc.

II.ᵉ PARTIE, STYLE MODERNE.

乙 *i, alteram* 甲 *kiă, una* 而 *éul, et* 對 *tóui, adversis* 兩 *liăng, duæ*
曰 *yuĕt, ait,* 間 *wēn, interrogans* 屏 *kiū, manebant,* 門 *mén, portis* 婦 *foŭ, mulieres*

« Deux femmes demeuroient porte à porte : *l'une* demanda à
» *l'autre*.... » [Cf. 222.]

341. Le pronom conjonctif sujet du verbe s'exprime le plus souvent, dans le style familier, par 的 *ti*, qui tient lieu de 者 *tchĕ* [145], et se construit de la même manière :

的 *ti, quæ* 與 *iù, ad* 暗 *'àn, clam* 人 *jin, domina* 是 *chi, est*
小 *siaŏ, parvam* { *'àn, clam* 叫 *kiào, jussit* 小 *siaŏ, parva*
姐 *tsiĕ, sororem* 送 *soùng, offerre* 我 *ngò, me* 夫 *foŭ*

« C'est la jeune dame *qui* m'a dit de le porter secrètement à
» mademoiselle. »

342. Outre les pronoms interrogatifs qu'on a vus précédemment, on se sert encore de 那 *nă* [Cf. 337], et de 厷甚 *chi-mŏ*, ou 麼拾 *chi-mŏ* (vulgairement 厷什 *chi-mŏ*). *Nă* s'emploie plus ordinairement pour les personnes, et *chi-mŏ* presque toujours pour les choses [Cf. 149, 403] :

是 *chi, est* 那 *nă, quis* 是 *chi, est* 那 *nă, quis*
奸 *kiĕn, nequam* 一 *i, unus* 忠 *tchoūng, fidelis* 一 *i, unus*
臣 *tchhin, subjectus?* 個 *kŏ (p. n.)* 臣 *tchhin, subjectus?* 個 *kŏ (p. n.)*

« *Quel* est le sujet fidèle, et *quel* est le méchant? »

9

130 GRAMMAIRE CHINOISE.

病 *ping, morbus?* 甚 *chin* 的 *ti (p.r.)* 你 *ni tu*
广 *mò quis* 是 *chi est* 害 *hái laboras*

« Le mal dont vous souffrez, *quel* est-il? »

§. V. Du Verbe.

343. On réunit fréquemment ensemble deux verbes synonymes ou très-analogues dans leur signification, comme cela a lieu pour les substantifs, et par le même motif [285]. Ainsi l'on dit :

說 *choué dicere*
道 *tào, loqui.*
} pour dire.

看 *khán videre*
見 *kian, videre.*
} pour voir. [Cf. 370, 379.]

Et ces sortes de verbes composés sont exempts de l'amphibologie qui pourroit être attachée à chaque monosyllabe en particulier, soit en parlant, à raison de la multiplicité des *homophones* [57], soit en écrivant, à cause de la latitude grammaticale accordée à chaque mot [151].

344. Quand le verbe substantif n'est pas sous-entendu [152], on l'exprime, soit par 為 *'wéi* [153], soit par 是 *chi* (1), ou 係 *hi*; ex. :

為 *'wéi est* 兄 *kioûng frater major,* 我 *ngò ego*
弟 *ti, frater minor.* 他 *thá ille* 為 *'wéi sum*

« Je suis l'aîné, il est le cadet. »

人 *jin homo.* 好 *hào bonus* 個 *kó unus* 是 *chi est*

« C'est un honnête homme. »

---

(1) Ce mot est, en *koŭ-wén*, un adjectif démonstratif, v. 143.

II.ᵉ PARTIE, STYLE MODERNE.   131

心 sin / 寶 chí revera / 聘 phíng ducere / 前 thsien prioribus
小 siao parva / 係 hi fuit / 定 tíng determina- tum / 日 jí diebus
姐 tsiěi, soror. / 永 ping Ping / 者 tchě quæ / 所 so quam

« Celle avec qui mon mariage a été conclu ces jours derniers, est
» réellement la demoiselle (1) *Ping-sin*. »

同 thoúng iisdem / 又 yéou item / 白 Pě Pe / 生 tēng natus / 老 lao senex
年 nian, annis (coætanei) / 係 hi estis / 公 koúng dominum / 與 iù ad / 先 sian anteâ

« De plus, votre seigneurie et le seigneur Pe êtes du même âge. »

345. Il y a des verbes qui, joints à d'autres verbes, forment des expressions dont le sens s'éloigne plus ou moins de celui des mots qui les constituent : ce sont des verbes auxiliaires, non pour la conjugaison, mais pour le sens. Il est nécessaire de donner au moins quelques exemples des plus usités. [Cf. 385, 386, 388, 389, 390, 391, 392, 393, 394.]

346. 將 *tsiang* [*accipere*] s'emploie souvent dans un sens indéfini, avant le complément d'un ou de plusieurs verbes actifs, lesquels sont alors rejetés à la fin de la phrase, de cette manière :

出 tchhou exire / 救 kiéou liberavit / 女 niû / 將 tsiang accipiens
來 lái, ad, / 了 liao (n. pe.) / 子 tseu mulierem / 那 na illam

« Il délivra cette femme et la fit sortir. »

─────────────

(1) *Sido-tsièi*, *parva soror major*, est le titre qu'on ajoute au nom des filles, et qui signifie *mademoiselle*.

132   GRAMMAIRE CHINOISE.

說 *chōue* enarravit — 告 *koŭ* KOU — 請 *tshíng* invitationem ad — 之 *tchī* (n. g.) — 白 *pĕ* Pe
了 *liăo,* (n. pr.) — 軒 *hian* cubiculi — 酒 *tsieoŭ* prandium — 言 *yán* sermonem — 公 *koūng* dominus
之 *tchī* (n. g.) — 及 *kí* et — 與 *iù* et — 遂 *soŭĕ* statim
事 *sū* negotium — 錯 *thsoŭ* erroneæ — 與 *'oú* Ou — 將 *tsiang* accipiens
細 *sĭ* et — 讀 *toŭ* lecturæ — 翰 *hán* Han — 相 *siang*
細 *sĭ* minutim — 弗 *fĕ* FE — 林 *lin* lin — 士 *sžŭ* harioli

« Le seigneur Pe lui raconta en détail le discours du devin, ainsi que
» l'invitation à dîner chez le docteur Ou, et l'aventure de la lecture
» fautive de l'inscription de la salle *fĕ-koŭ* (1). »

[Cf. 161, 356, 392, 394.]

347. 着 *tchŏ* (2), placé après les verbes, donne plus de force à
leur signification, en marquant que l'action qu'ils expriment a lieu effectivement, ou atteint le but que le sujet s'est proposé :

道 *táo,* alt. — 便 *pian* tunc — 白 *pĕ* Pe — 望 *wáng* aspiciens
     叫 *kiáo* clamans — 公 *koūng* dominum — 着 *tchŏ*

---

(1) Ces deux mots sont pris du *Chi-king* (*Kouc-foung*, Odes du pays de *'uei*, *khi-'ao*). Le dernier se prononce ordinairement *káo*, mais il doit se lire ici *koŭ*, à cause de la rime. Un jeune lettré qui ne connoissoit pas cette particularité, trahit son ignorance, en lisant à la manière ordinaire (*fĕ káo hian*) les mots *fĕ-koŭ hian*, qu'un docteur du collège des Han-lin avoit inscrits sur la porte de son cabinet d'études. Ces mots signifioient *salon de la joie intérieure*, ou *dont rien n'avertit au dehors*, *fĕ-koŭ*. — Le titre de Han-lin désigne la plus haute dignité littéraire de la Chine; elle n'est pas plus honorable, mais elle est infiniment plus honorée que celle d'académicien parmi nous.

(2) Variante vulgaire de 著 *tchú*. Le P. Basile dit avec raison que ce mot répond assez bien à l'*acertar* des Espagnols.

II.ᵉ PARTIE, STYLE MODERNE.

« En apercevant le seigneur Pe, il s'écria.... : »

了 liaò (n. pr.)　着 tchò (v. s.)　訪 fǎng (syn.)　尋 thsin quæsivi

« Je l'ai trouvé. » — *Thsin-făng liaò* signifieroit seulement *je l'ai cherché.*

罷 pá desine　着 tchò assequeris　尋 thsin quærens
了 liào (n. pr.)　便 pian statim　不 poŭ non

« Vous ne le trouverez pas : laissez-le. » (Cf. 360, 387, 399).

348. 得 *tĕ* (*assequi, posse*), placé, soit avant, soit après un autre verbe, forme un verbe facultatif dont le sens peut varier :

得 tĕ potuit　來 lái venire　« Il est venu. »

得 tĕ potest　不 poŭ non　來 lái venire　« Il ne peut venir. »

得 tĕ assequitur　通 thoŭng penetrando　不 poŭ non　« Il ne comprend pas. »

得 tĕ potest　不 poŭ non　通 thoŭng penetrari　« Cela est incompréhensible. »

此 thseŭ hoc　到 tào attingere　得 tĕ posse　難 nán difficile

« Il est difficile d'y atteindre. » (Cf. 375, 387, 403.)

的 *ti* remplace quelquefois *tĕ*, à cause de l'analogie de prononciation ; c'est ainsi que l'on dit :

的 ti　曉 hiào　pour　得 tĕ assequor　曉 hiào sciens

« Je sais, je suis au fait, cela suffit. »

134 GRAMMAIRE CHINOISE.

349. 去 *khiù* (*ire*) marque l'ablation, le mouvement pour s'éloigner, l'émission. Il est, en ce sens, l'opposé de 來 *lái*, qui marque l'arrivée, le mouvement vers une chose, l'intus-susception. L'un et l'autre se joignent aux verbes, et font l'office des particules latines *ab* et *ad*, ou des particules séparables des Allemands, *an* et *auf*. Comme ces dernières, ils sont souvent séparés du verbe auquel ils appartiennent, et rejetés à la fin de la phrase :

拿 *ná* cape
來 *lái* ad. } apporte.

拿 *ná* cape
去 *khiù* ab. } emporte.

來 *lái* ad.　茶 *tchâ* theam　泡 *pháo* bullire　去 *khiù* ito

« Allez chercher le thé. »

來 *lái* venit.　不 *poŭ* non　學 *hŏ* studere

« Je n'étudie pas. »

去 *khiù* it.　不 *poŭ* non　說 *choŭé* dicere

« Je ne parle pas (1). »

不 *poŭ* non　來 *lái* venit,　買 *mái* emere
去 *khiù* it,　賣 *mái* vendere　不 *poŭ* non

« Je ne vends ni n'achète. »

---

(1) Dans cet exemple et dans le précédent, l'emploi de *lái* et de *khiù* est déterminé par la nature de l'action du verbe principal : il y a *attraction* dans l'étude, et *émission* dans l'action de parler ; il en est de même dans l'exemple suivant.

II.ᵉ PARTIE, STYLE MODERNE.

不 *poŭ* non
去 *khiú,* it.
是 *chī* est
出 *tchhoŭ* exire
來 *lái* venire;
只 *tchī* at
入 *jĭ* ingredi
得 *tĕ* assequitur
容 *yoúng*
易 *ĭ,* facile

« Il est aisé d'y entrer, mais on n'en sort pas. » [Cf. 394.]

350. 罷 *pá* [*desinere*], placé immédiatement après un verbe, ou rejeté à la fin de la phrase, marque la cessation ou l'interruption de l'action que ce verbe exprime :

花 *hoā,* flores.
菊 *kiŭ* chrysanthema.
罷 *pá* cessavit
看 *khán* respicere

« Elle cessa de regarder les reines-marguerites. »

也 *yĕ,* (p. f.)
作 *tsŏ* agere
叫 *kiáo* evocare
莫 *moŭ* non
罷 *pá,* cessare.
媒 *méi* pronubum
他 *thā* eum
若 *jŏ* sicut

« Il vaut mieux le charger d'être l'entremetteur de ce mariage. » — *Pá*, dans cette phrase, marque qu'il faut interrompre toute autre affaire, et en finir. [Cf. 347, 382, 385.]

351. La marque la plus ordinaire du prétérit est 了 *liaŏ*, qui se met après le verbe, et ordinairement avant le complément quand il y en a un :

了 *liaŏ,* (n. pr.)
愛 *chèou* accepit
恭 *koūng* salutationem
一 *ĭ* unam
打 *tă* agens

« Elle le prit en faisant une révérence. »

盃 *pēi,* cyathos.
數 *soŭ* aliquot
了 *liaŏ* (n. pr.)
飲 *yĕn* bibit

« Il but plusieurs tasses. »

352. Quelquefois un verbe suivi de *liaŏ* doit être entendu au présent, ou même au futur, quand il s'agit d'une action qui s'achève ou s'achèvera bientôt, et le signe du passé marque alors la rapidité de cette action :

136   GRAMMAIRE CHINOISE.

了 *liaò (n. pr.)* 成 *tchǎing perficere* 易 *i facile* 容 *yuǒng* 便 *pian potius*

« Cela sera facilement achevé. » [Cf. 347, 359, 360, 381, 394.]

353. On se sert encore, pour marquer le passé, de 過 *kouò (transire)*, ce qui toutefois n'empêche pas qu'on ne puisse mettre aussi *liaò* après le verbe, ou quelque autre signe du prétérit auparavant. Le sens alors peut en être diversement modifié, et, s'il y a plusieurs verbes, le rapport d'antériorité exprimé d'une manière plus ou moins précise (1). Ainsi l'on dit :

了 *liaò (n. pr.)* 過 *kouò (n. pr.)* 說 *chouě dixi*

« J'ai dit, *jam dixi*. »

姬 *ki pulchras* 妾 *thsiě, concubinas* 幾 *ki plures* 個 *kò (p. n.)* 蓄 *hiǒu aluerat* 過 *kouò (n. pr.)* 也 *yě et* 曾 *tsěng (n. pr.)*

« Il avoit entretenu chez lui plusieurs femmes du second rang. »

354. Les adverbes qui marquent le prétérit, et qu'on place avant le verbe, sont :

曾 *tsěng (162)* 已 *i (163)* 經 *king*

ou, en en réunissant deux ensemble :

經 *king* 曾 *tsěng*   經 *king* 已 *i*

355. 有 *yeǒu* [avoir], placé avant le verbe, marque aussi le prétérit, sur-tout au sens négatif :

---

(1) Toutefois on ne doit pas, à l'exemple de quelques grammairiens, chercher dans l'emploi de ces diverses marques de temps, des expressions qui répondent exactement à nos imparfaits, à nos plus-que-parfaits, etc. Ces sortes de nuances sont peu d'usage dans le style chinois, et l'on en trouveroit à peine quelques exemples dans les livres.

II.ᵉ PARTIE, STYLE MODERNE.   137

說 chouě/dictum. 有 yeoŭ/habeo 沒 moŭ/non

« Je n'ai pas dit. » Exactement comme en français.

356. Le futur s'exprime ordinairement par l'addition d'un de ces trois mots :

要 yaŏ/velle   將 tsiang, mox/item, [Cf. 34d.]   會 hoéi/unire

相 siang/minister.   將 tsiang/(n. f.)   親 thsin/(p. e.)   今 kim/nunc

拜 pái/honorabitur   又 yeŭ/amplius   父 foŭ/pater

« De plus, son père sera honoré de la charge de ministre. »

係 hí/nodos.   千 thsian/mille   脫 thǒ/solvam   要 ydo/(n. f.)

« Je leverai cet embarras. »

說 chouě/dices.   會 hoéi/(n. t.)   講 kiǎng/eloqueris   會 hoéi/(n. t.)

« Vous parlerez, vous vous expliquerez. »

357. Les marques des temps sont ordinairement omises, quand le sens est suffisamment indiqué par la présence des adverbes de temps, ou le rapport des verbes qui précèdent ou qui suivent : c'est là le cas le plus ordinaire, et c'est ce qui explique la rareté de l'emploi des particules qui n'ont d'autre usage que de marquer le temps.

358. L'impératif, quand on parle à des inférieurs, s'exprime en mettant le pronom de la deuxième personne avant le verbe :

來 ici/veni.   你 ni/tu   罷 pá/ab.   去 khiú/abi.   你 ni/tu

« Viens. »   « Va-t'en. »

359. Par urbanité, on fait ordinairement précéder l'impératif du mot *thsing*, qui signifie *prier, inviter* :

袍 *phaò, pallium.* 尊 *tsûn, honoratum* 了 *liào (n. pr.)* 寬 *kouân, exue* 請 *thsîng, rogo*

« Quittez, je vous prie, votre manteau. »

360. Le prohibitif s'exprime, ou par les particules prohibitives [273], ou par les mots

要 *yào velis* 不 *pou ne* ou 休 *hieóu cave* ou 要 *yào velis* 別 *piĕĕ aliter*

我 *'ò me.* 哄 *hoúng decipere* 要 *yào velis* 不 *pou ne* 你 *ni tu*

« Ne me trompez pas. »

話 *hoá, verba.* 這 *tchĕ hæc* 說 *chouĕ dicas* 休 *hieóu cave ne*

« Ne dites pas ces sortes de choses. »

忘 *wâng oblivisci* 休 *hieóu cave ne* 言 *yân* 我 *'ò mei* 哥 *kŏ*
了 *liào (n. pr.)* 要 *yào velis* 話 *hoá verba* 的 *ti (n. g.)* 哥 *kŏ frater*

« Monsieur, n'oubliez pas ce que je vous dis. »

着 *tchŏ (v. a.)* 信 *sìn credere* 要 *yào velis* 別 *piĕĕ aliter*

« Ne croyez pas cela. » [Cf. 350, 382.]

361. L'optatif s'exprime par les mots

巴 *pā* 恨 *hĕn oderim*
不 *pou* ou 不 *pou bon*
得 *tĭ* 得 *tĕ assequi*

qui répondent à *utinam, plût à Dieu, ou que ne puis-je* (1).

Ces deux expressions se prennent l'une pour l'autre.

---

(1) Souvent aussi on peut les rendre au positif par *de tout cœur, volontiers.*

II.ᵉ PARTIE, STYLE MODERNE.

狗 *keou canibus* 吃 *khi vorare*｜肝 *kan jecur* 把 *pa dare* 與 *iu (a. d.)*｜他 *tha ejus* 的 *ti (n. g.)* 心 *sin cor*｜得 *te utinam* 剜 *khou avellam* 出 *tchhou foras*｜我 *o ego* 恨 *hen* 不 *pou*

« Que ne puis-je lui arracher le cœur et le foie, et les donner à dévorer
« aux chiens ! »

362. Le sens passif se marque, comme dans le style antique [173],
par l'addition du verbe 見 *kian* [voir] :

殺 *chá occidere* 見 *kian videre*   être tué (se voir tué).

363. Plus souvent encore le passif est marqué par la particule 被
peï, qui se met avant le verbe ; et si le sujet de l'action est exprimé, il
se place après la particule et avant le verbe :

謫 *tse castigatus est* 謫 *khian*｜廷 *thing imperatore* 朝 *tchhao*｜被 *peï ab*｜父 *fou* 親 *thsin pater*

« Mon père a été puni par S. M. »

笑 *siao, irrideri* 恥 *tchhi dedecorari*｜人 *jin hominibus*｜被 *peï ab*｜恐 *khoung vereor*

« Je crains d'être déshonorée et tournée en ridicule. »

364. 吃 *khi* [manger, avaler] forme aussi quelques expressions
qui ont le sens passif, mais qui semblent contenir une métaphore po-
pulaire :

打 *tá verberare* 吃 *khi manducare*   être frappé.

140 GRAMMAIRE CHINOISE.

話 *hod, verba.* 笑 *siao irrisionis* 人 *jin hominum* 吃 *khi manducare*

« Être raillé par les autres. »

365. Le participe se forme par l'addition de 的 *ti* [341, Cf. 145]:

的 *ti, quæ.* 我 *'ô meam* 箇 *kd (p. n.)* 沒 *moû non* 意 *i mentem* 中 *tchoúng assequens* 一 *i una*

« Il n'y en a pas une qui me plaise; » mot-à-mot, *me plaisant*.

的 *ti, qui.* 來 *lai venientes* 凡 *fán omnes*

« Tous les *venans*, ou tous ceux qui viennent. »

366. Indépendamment de la réunion des verbes synonymes ou presque synonymes [343], et des verbes auxiliaires [345, Cf. 389], il n'est pas rare de trouver deux ou plusieurs verbes de suite sans conjonction. Ces verbes alors appartiennent à des sujets différens : le premier ou les premiers doivent être pris au sens transitif, et leur complément, sujet de celui ou de ceux qui suivent, peut être, suivant les cas, exprimé ou sous-entendu :

知道 *tchi tdo, scire.* 門 *mén men* 慶 *khing khing* 報 *paó nuntiare* 西 *si si* 來 *lai venit* 回 *hoéi reversus est*

« Il revint le dire à *Si-men-khing*; » mot-à-mot, *pour qu'il le sût*.

邊 *pian, juxta.* 身 *chin corpus* 在 *tsai esse* 留 *lieóh retinebat*

« Il les retenoit près de lui; » mot-à-mot, *il les retenoit être à ses côtés* (1).

---

(1) *Chin-pian*, à côté du corps, se dit des femmes qu'on épouse ou qu'on entretient chez soi : *chin-pian-jin*, une compagne, une concubine.

II.ᵉ PARTIE, STYLE MODERNE.

下 hiá sub.　地 tì terrā　在 tsāi esse　潑 phǒ effudit

« Il la répandit par terre; » mot-à-mot, il répandit être par terre.

On dit de même, offrir prendre, présenter manger, envoyer être, chasser être, porter être, placer être, pour, envoyer dans, chasser en tel endroit, porter ou placer dessus ou dedans, etc., comme nous disons, faire savoir, laisser courir, envoyer dire, etc. [Cf. 346, 361, 392.]

§. VI. Des Adverbes.

367. On fait fréquemment usage d'adverbes composés, soit de la répétition d'un même mot [175], soit du groupement de deux adverbes synonymes, soit d'une préposition, d'une postposition ou d'une marque de rapport qui en tient lieu, et jointe à un substantif qui exprime le temps, le lieu ou la manière. On dit, par exemple :

慢 mán / 慢 mán } lentement, tout doucement.　　日 jĭ / 日 jĭ } tous les jours, journellement, quotidié.

ou, en réunissant des synonymes :

方 fāng / 纔 tsái } à présent, alors.　　略 liŏ / 寡 kouă } un peu.

ou, en faisant l'ellipse d'une préposition :

明 míng crastino / 日 jĭ die } demain.　　那 ná illo / 裏 lí loco } là.　　這 tchĕ hoc / 般 pán modo } ainsi.

ou, en exprimant la postposition :

142   GRAMMAIRE CHINOISE.

端 *toân / recté*
的 *ti (p. g.)* } bien, véritablement.

怎 *tsèng / quomodo*
的 *ti (p. g.)* } comment.

§. VII. DES PRÉPOSITIONS ET DES CONJONCTIONS.

368. Beaucoup de prépositions sont des mots qui, dans le style antique, sont plus habituellement pris comme substantifs ou comme verbes [Cf. 180, 181], tels que :

裏 *li / doublure d'habit*   dans, lieu.
替 *thí / ruiner*   pour, à la place de, à.

隨 *soùi / sulvre*   suivant.
到 *tào / parvenir*   jusque, à.

369. Quoique pris comme prépositions, ces mots se construisent comme s'ils avoient conservé leur signification primitive, c'est-à-dire que ceux qui sont originairement substantifs se placent ordinairement après [Cf. 298], et ceux qui sont verbes, avant leur complément :

替 *thí / pro*
他 *thâ / eâ* } pour elle, en sa faveur.

隨 *soùi / secundùm*
便 *piàn / commodum* } à volonté.

至 *tào / usque*
此 *thseù / hoc* } jusqu'ici.

家 *kiā / domùs*
裏 *li / interiùs* } dans la maison.

370. Les mêmes mots, construits comme on vient de le dire, peuvent encore faire l'office de conjonctions, et on doit alors les considérer comme étant les compléments d'une autre préposition exprimée ou sous-entendue. Dans ce cas, le verbe qu'ils régissent

II.ᵉ PARTIE, STYLE MODERNE.

doit être pris comme nom d'action, et la place qu'il occupe est déterminée par la règle des noms en construction [79, 298] :

| 重 *tchhoúng* iterùm { *tchhoúng* iterùmque 謝 *siè* gratias agam 你 *ni* tibi. | 了 *liaó* (n. pr.) 時 *chi* tempore 我 *ŏ* ego 自 *tseú* ipse | 成 *tchhíng* perficiendi 作 *tsŏ* perficiendi 完 *houán* finiendi 備 *pi* præparandi | 乾 *khan* firma 娘 *niáng* mulier, 你 *ni* tu 自 *tseú* ipsa |

« Madame, quand vous aurez achevé de tout préparer, je vous renou-
» vellerai mes remercîmens. » — *Khan-niáng*, femme ferme, est un compellatif usité, en parlant aux femmes d'une condition médiocre. — Les quatre verbes *tchhíng*, achever, *tsŏ*, faire, *houán*, terminer, et *pi*, préparer, sont régis par le mot *chi*, temps, lequel est lui-même gouverné par *tà*, dans, qui est sous-entendu, *dans le temps de*, pour *lorsque* (1).

---

(1) *Chi*, ainsi placé à la fin d'un membre de phrase, se prend, comme le *wenn* des Allemands, tantôt pour *quand, lorsque*, tantôt pour *si* ; et, dans ce dernier sens, l'hypothétique est ordinairement exprimée au commencement :

| 時 *chi* tempus. | 作 *tsŏ* faciendi 聲 *ching* clamorem | 他 *thă* illius 不 *poŭ* non | 若 *jŏ* si 是 *chi* sit (ui) |

« Si elle ne crie pas. »

| 作 *tsŏ* faciendi 時 *chi* tempus. | 塈 *koŭei* nobilis 乎 *cheoŭ* manus | 娘 *niáng* mulier 子 *tseŭ* dominæ | 若 *jŏ* si 得 *tĕ* assequar |

« Si madame veut bien me rendre ce service. »

144 GRAMMAIRE CHINOISE.

§. VIII. Des Interjections.

371. Les interjections les plus usitées sont, au commencement de la phrase :

呀 *yā oh!*   兀 *wŏ*   ou   的 *tí*   兀 *wŏ hola! hò!*

et à la fin :

哩 *lý*   呢 *ní*   那 *nà*   呵 *hō*   etc.

Toutes signifiant *oh*, et marquant l'admiration, l'étonnement, etc.

§. IX. Des Particules et des Idiotismes, ou Façons de parler irrégulières.

372. Le mélange des styles étant autorisé dans un grand nombre de compositions, et notamment dans celles que l'on appelle 俗半文半 *pàn wén pàn soŭ* [moitié littéraires, et moitié vulgaires], il n'y a guère de particules usitées dans le style antique qui ne puissent se trouver employées dans les livres écrits en style moderne [283]. On ne parlera ici que de celles qui sont particulières à ce dernier, et l'on fera connoître en même temps les locutions irrégulières les plus usitées, lesquelles sont ordinairement formées de particules ou d'autres expressions détournées de leur usage primitif.

373. 也 *yè* n'est pas seulement une finale insignifiante [Cf. 198]; on le met aussi au commencement ou au milieu des phrases, et il signifie *item, etiam*, de plus, même, et :

株 *tchū* arbores	也 *yè* et	株 *tchū* arbores	也 *yè* et
依 *ī* inhibentes	有 *yeoŭ* erant	近 *kìn* prope	有 *yeoŭ* erant
山 *chān* montī.	幾 *kī* aliquot	水 *choŭī* aquam	幾 *kī* aliquot

II.ᵉ PARTIE, STYLE MODERNE.

« Un bocage étoit près de la rivière ; un autre sur le revers de la montagne (1). »

人 *jīn* homo. 個 *kô* unus 是 *chī* est 不 *poŭ* non 也 *yè* et

« Aussi, ce n'est pas un homme. » (*yè chī*, c'est même.... *yè poŭ chī*, ce n'est pas même...., *vel non*).

不 *poŭ* non 口 *khéoŭ* os 不 *poŭ* non 乎 *chéoŭ* manus
開 *khāi*, apertur. 也 *yè* et 動 *toŭng* movetur. 也 *yè* et

« Il n'osa ni remuer la main, ni ouvrir la bouche. » (*yè poŭ*, pas même). [Cf. 379, 381, 382, 385.]

Dans ces phrases et autres semblables, on pourroit remplacer *yè* par 亦 *ĭ*, qui a la même signification.

374. On le met entre les deux membres d'une phrase interrogative [401] :

也 *yè* vel 不 *poŭ* non 意 *ì* propositum 道 *tchĕ* hoc 你 *nì* tu
不 *poŭ* non 巧 *khiao* egregium, 巧 *khiao* egregium 箇 *kŏ* (p. n.) 道 *tao* dic
妙 *miào*, excellens. 妙 *miào* excellens 也 *yè* vel 主 *tchŭ* 我 *'o* meum

« Dites-moi si mon projet est bon ou mauvais. » — *yè*, dans ces sortes de phrases, signifie *ou*.

375. 只 *tchĭ* [seulement], répond à notre façon de parler, *ne que*, et s'emploie seul, ou joint à d'autres mots pour constituer diverses locutions :

---

(1) Cette expression *yĕ-yeoŭ*, *item erant*, est commune dans les descriptions, et l'on se plaît à la répéter plusieurs fois de suite.

146 GRAMMAIRE CHINOISE.

苦 *khoŭ, miserum.* 得 *tĕ poterat* 叫 *kiaó vocare* 只 *tchí solùm*

« Il ne pouvoit que se dire malheureux. »

要 *yaò volo.* 不 *pou non* 是 *chí est* 只 *tchí solùm* 我 *'ó ego*

« Mais c'est ce que je ne veux pas. » — *Tchí-chí* peut presque toujours se rendre par *mais*, quand on fait une objection [Cf. 349]:

信 *sin, credes.* 你 *ní tu* 只 *tchí solùm* 說 *chouĕ dicere*
不 *pou non* 怕 *phá timeo* 來 *lái venit*

« Je parlerois bien, mais vous ne me croirez pas. » — Dans cette locution, qui est très-commune, l'idée de *crainte* est souvent prise en un sens ironique [Cf. 407].

他 *thá, illum.* 跟 *kĕn sequi* 得 *tĕ potuerunt* 只 *tchí solùm*

« Ils ne purent que le suivre. » — (*Tchí-tĕ*, on ne peut que, il faut bien, il n'y a qu'à. . . .)

等 *tĕng modo.* 這 *tchĕ hoc* 好 *haò bene* 只 *tchí solùm*

« C'est bien à-peu-près comme cela. » (*Tchí haò*, c'est bien, il n'est bon que, il n'y a qu'à. . . . .)

心 *sin, animum.* 放 *fáng relaxare* 管 *kouăn cura* 只 *tchí solùm*

« Ayez l'esprit en repos. » — (*Tchí kouăn*, ne songez qu'à.)

376. 止 *tchí* [*sistere*], tient souvent la place du précédent:

如 *jou sicut* 不 *pou non* 如 *jou sicut* 愛 *'ái diligit*
子 *tseù filium.* 止 *tchí solùm* 身 *chīn corpus,* 之 *tchī eum*

II.ᵉ PARTIE, STYLE MODERNE.

« Il l'aime, non comme un fils, mais comme soi-même. »

377. 又 *yeóu* [*iterùm*], se prend pour *même*, et répond, comme *yĕ* [373], au *vel* des Latins, dans les phrases où l'on met les choses au pis, avec cette différence qu'il se place au second membre de phrase :

煩 *fàn* [nao, irascar.] 惱
又 *yeóu* etiam
怠 *tái* [wou, non] 慢 *màn* malè tractes,
由 *yeóu* quamvis
你 *nì* tu

« Quelque mal que vous me traitiez, je ne me fâcherai pas : *vel si me malè habeas, et ego non irascar*. »

378. Répété deux ou plusieurs fois, il équivaut à ces façons de parler, où l'on applique à plusieurs propositions une même formule d'affirmation ou de négation :

又 *yeóu* item 富 *fóu* dives.
高 *kaō* altum, 家 *kia* domus
官 *kouān* munus 又 *yeóu* item

« *Et* sa charge étoit élevée, et sa maison étoit riche. »

379. 就 *tsieóu* [aussitôt, tout de suite], ne marque pas seulement la succession prompte, immédiate, d'un fait à l'égard d'un autre, mais il sert encore, suivant les cas, à particulariser une assertion, et à indiquer la certitude d'une conséquence, la promptitude et la rapidité d'une action :

餓 *ó* famè 死 *sù* morietur,
就 *tsieóu* certè 是 *chí* erit
凍 *tóung* frigore 死 *sù* morietur,
不 *poŭ* non 是 *chí* est

« Si ce n'est pas de froid qu'il meurt, ce sera certainement de faim. »

他 *tā* ille.
是 *chí* est
就 *tsieóu* quidem
必 *pí* certè
想 *siàng* puto

148　　　　　GRAMMAIRE CHINOISE.

« Si je ne me trompe, c'est lui-même. »

知 *tchī* scio, 道 *tào* — 我 *ó* ego 也 *yé* etiam — 就 *tsieòu* quidem 是 *chī* est — 別 *piě* alios 人 *jīn* homines, — 莫 *moū* ne 說 *choūě* dicas

« Non-seulement les autres, mais moi-même je le savois. » — Remarquez *moū-choūě, ne dicas,* pour *non-seulement.*

不 *poū* non 吃 *khī* biberem. — 我 *ó* ego 也 *yé* et 是 *chī* est — 一 *ī* unum 百 *pě* centum 年 *nián* annos — 你 *nī* tu 就 *tsieòu* quidem 跪 *khoūèi* genua flecteres

« Vous auriez beau rester cent ans à genoux, que je ne boirois pas. » — Dans cette phrase et dans la précédente, *yé* correspond à *tsieòu*, et marque l'opposition des deux membres de la proposition [373].

380. 還 *hoán* [encore], se dit souvent dans un sens vague et indéterminé :

當 *tāng* conforme 要 *choūě,* loco? — 還 *hoán* adhuc 是 *chī* est — 當 *tāng* conforme 真 *tchīn* vero, — 還 *hoán* adhuc 是 *chī* est

« Est-ce sérieusement ou par plaisanterie ? »

醫 *ī,* remedium. 藥 *yŏ* — 心 *sīn* cordis 將 *tsīang* instat — 還 *hoán* adhuc 心 *sīn* cordis 病 *pīng* morbo

« Aux maux du cœur, il faut un remède de cœur. »

381. 連 *lián* [contigu, continuation], signifie *ensemble,* et marque la connexion, la liaison de deux choses simultanées :

II.ᵉ PARTIE, STYLE MODERNE.

知 *tchī, scio.* 不 *poŭ, non* 也 *yĕ, et* 我 *ŏ, ego* 連 *liên, etiam*

« Moi-même je ne l'ai pas su. »

有 *yeoŭ, habebitis* 着 *tchă* 落 *lŏ, connubium* 了 *liaò, (n. pr.)* 連 *liên, et* 妹 *mèi, sorores* 都 *toŭ, quoque* 有 *yeoŭ, habebo* 了 *liaò, (n. pr.)* 着 *tchă* 落 *lŏ, connubium* 不 *poŭ, non* 特 *tĕ, solùm* 恖 *sù, stolida* 姊 *tseù, soror natu major*

« Non-seulement je vais être établie, mais vous, mes sœurs, vous allez
  l'être aussi. »

382. 便 *piàn* [commodité, occasion], peut souvent se traduire par *même, bien*, et indique une sorte de concession conditionnelle :

倒 *taò, libentissimè.* 也 *yĕ, et* 夢 *mèng, somnio* 便 *piàn, vel* 快 *khoŭai* 見 *kiên, videre* 是 *chī, sit*

« Que je le voie, fût-ce même en songe. »

菲 *toŭ, venenum.* 得 *tĕ, assequens* 罵 *mà, jurgat* 便 *piàn, et* 罵 *mà, jurgits*

« Pour des injures, il en dit des plus cruelles. »

罷 *pà, desine.* 買 *maì, emete,* 便 *piàn, et* 買 *maì, emei,* 不 *poŭ, non* 買 *maì, emete,* 便 *piàn, et*

« Achetez, si vous voulez ; sinon, qu'il n'en soit plus question. »

383. 且 *thsiĕ* indique la nécessité d'une action qu'on recommande ou qu'on va faire :

GRAMMAIRE CHINOISE.

{ 叔 *choŭ, patruo. / choŭ* 問 *wēn, petam à* 且 *thsiĕ, jam* 我 *'ŏ, ego*

« Je vous demanderai, mon oncle.... »

其 *khí, hanc* 且 *thsiĕ, jam* 不 *poŭ, non* 是 *chí, sit*
說 *choue, narrationem.* 終 *tchoūng, absolve* 是 *chí, sit,* 與 *iù, vel*

« Vraie ou fausse, achevez-nous cette histoire. »

384. 却 *kiŏ* [véritablement, en effet], sert à marquer l'opposition, la préférence qu'on accorde à une chose sur une autre :

當 *tāng, consentio* 我 *'ŏ, ego* 做 *taŏ, agis* 你 *ní, tu*
真 *tchīn, vero.* 却 *kiŏ, quidem* 夢 *mĕng, somnia;* 便 *pian, potiùs*

« Vous rêvez sans doute, car j'en suis certain. »

何 *hŏ, quis* 却 *kiŏ, verè* 相 *siāng, ┐ kodūng, dominus* 這 *tchĕ, ille*
人 *jĭn, homo?* 是 *chí, est* 公 ┘ 位 *wěi (p. n.)*

« Enfin, quel est ce jeune homme ? » — *Siang-koung* [monsieur], est le titre qu'on donne aux jeunes gens d'un état honorable.

385. 到 *taŏ,* ou 倒 *taŏ* [parvenir, tomber], se prend souvent pour la préposition *jusque* [368], et quelquefois aussi dans un sens adverbial et absolu, comme signifiant *jusque là, encore, à toute force, au contraire* :

罷 *pá, absit.* 也 *yĕ, et* 到 *taŏ, huc usque*

« Jusque là, c'est bien, ou encore passe. »

II.ᶜ PARTIE, STYLE MODERNE.

疑 ⁱ, dubitari. 分 fēn partes. 有 yeoŭ habet. 到 tào adhuc. 這 tchĕ hic.

可 khò possunt. 三 sān tres. 也 yĕ et. 話 hóa sermo.

« Il y a bien quelque chose à dire là dessus, ou il reste encore quelque
» sujet de doute; » *sān-fēn*, trois parties. Un tout est composé de
dix parties, d'où vient que *chí-fēn*, dix parties, signifie *absolument,
tout-à-fait* [306]. On dit *une partie, trois parties*, etc., pour marquer *un peu, moins de moitié*, et *six parties, huit parties*, pour
dire *beaucoup, presque entièrement* :

好 hǎŏ, bene. 倒 tào adhuc. 的 ĭ (p. r.). 吃 khī comedens.

« S'il mangeoit, cela seroit encore bon. »

倒 tào è contrà. 口 khǒŭ oris. 雖 soŭi etsi. 文 wén litteraria.

有 yeoŭ habebantur. 才 tsáï dotes. 無 woŭ non habebantur. 才 tsáï dotes.

« Il n'avoit pas d'instruction, mais beaucoup de babil. »

386. 叫 教 交 trois caractères qui se prononcent également
kiáo, se prennent l'un pour l'autre, à cause de l'identité de prononciation (1) [20]; ils peuvent souvent se rendre par *faire, obliger à*, et
alors ils donnent au verbe le sens transitif :

做 tsǒ agere. 叫 kiáo jussit. 那 nà quis.

官 kouān, magistratum? 他 tā illum. 箇 kǒ (p. n.).

« Qui l'a obligé d'accepter une charge? »

---

(1) Le premier signifie *appeler*, le second *enseigner*, et le troisième *s'unir*.

152　GRAMMAIRE CHINOISE.

好 *hǎo* bené　肚 *toù* ventre　教 *kiào* cogis
悶 *mén* angi.　裏 *lì* in　我 *ǒ* me

« Vous me faites cruellement souffrir. » [Cf. 341, 350.]

387. Très-souvent il faut les traduire par *apprenez-moi*, et ils forment des façons de parler interrogatives :

着 *tchǒ* efficere?　猜 *thsāi* divinare　如 *jóu* hǎo quomodo　叫 *kiào* doce
得 *té* possim　　　何 　　　　　　　我 *ǒ* me

« Comment voulez-vous que je devine? »

的 *tǐ* (p. r.)　兒 *cái* (p. e.)　箇 *kǒ* (p. n.)　有 *yěoù* habere　教 *kiào* doce
上 *chǎng*, sursùm.　看 *khàn* respicere　眼 *yǎn* oculum　半 *pàn* dimidium　我 *ǒ* me

« Comment oserois-je lever les yeux? »

On dit dans le même sens : 道你 *nǐ-tào*, ou 說你 *nǐ choué*, *dic tu* :

笑 *siaò* risu.　不 *poǔ* non　好 *hǎo* bonum　你 *nǐ* tu
好 *hǎo* bonum　笑 *siaò* risu　道 *tào* dic

« N'est-ce pas ridicule? » [Cf. 374.]

388. 可 *khǒ* [il convient], forme les adjectifs verbaux facultatifs au sens passif [170, 254]; mais il forme aussi les assertions ou invitations mitigées, comme nos façons de parler *il se peut, vous pouvez* :

麼 *mǒ* (p. i.)　道 *tào* scire　知 *tchǐ*　可 *khǒ* potes　你 *nǐ* tu

« Le savez-vous bien? »

II.ᵉ PARTIE, STYLE MODERNE.

我 ŏ/me 賓 chì/vere 你 nǐ/tu
說 choué/loqui 對 toui/ad 可 khŏ/potes

« Vous pouvez me parler franchement. » [Cf. 393, 394.]

389. 來 *lái* [venir], et 去 *khiù* [aller], s'emploient souvent ensemble pour marquer l'opposition ou le mouvement en sens divers [Cf. 349] :

去 khiù/it 訪 fǎng/quærens 來 lái/venit 訪 fǎng/quærens

« Il cherche de tous côtés. »

去 khiù/it 想 siǎng/cogitando 來 lái/venit 想 siǎng/cogitando

« Ses pensées errent çà et là. »

390. 來起 *khi-lái* [surgendo venire], sont deux mots qui s'emploient après un autre verbe, soit ensemble, soit séparés par le complément de ce verbe, dans le sens de *se mettre à, commencer* :

來 lái/venit 起 khi/surgendo 說 choué/dicere

« Il se mit à parler. »

來 lái/venit 筆 pĭ/penicillum 起 khi/surgens 提 thí/sumens

« Il saisit le pinceau, il se met à écrire. »

391. 打 *tà* [verberare], se joint à d'autres verbes ou à des substantifs, pour former des expressions verbales, dont plusieurs ont de l'analogie avec celles que nous composons en nous servant de notre verbe *faire* (1) :

---

(1) Le P. Basile a rédigé une table de 119 idiotismes formés avec le verbe *Tà* (voy. le *Dictionnaire* imprimé, pag. 919). M. Klaproth en a joint une soixantaine à ce nombre (*Supplément*, pag. 31).

心 sin, animum. 的 tī (n. g.) 他 thā ejus 動 toūng movit 打 tā percussit

« Il a fait impression sur son esprit. »

水 choŭi, aquam. 打 tā percutere « Faire, ou puiser de l'eau. » (Cf. 351.)

392. 把 pă [capere], reçoit, en composition avec d'autres verbes, des acceptions aussi variées que celles du verbe *prendre*, et souvent il est impossible de le traduire exactement ; il se construit comme 將 tsiang [346], et doit le plus souvent être entendu de la même manière :

睒 tiĕn, respicere. 偷 theōu furtim 眼 yēn oculos 把 pă capere

« Jeter un coup d'œil à la dérobée. »

了 liaŏ (n. pr.) 他 thā eum 都 toū omnia 心 sin cordis 把 pă capiens
說 chouě dixit 對 touī ad 話 hoá verba 眞 tchīn veri

« Il lui a dit tout ce qu'il avoit au fond du cœur. »

偷 theōu furtim 衆 tchoúng (n. pl.) 睛 tsing pupillas 不 poŭ non
看 khán, inspiciebat. 人 jīn homines 把 pă capiens 轉 tchouăn vertens

« Elle les regardoit à la dérobée, sans détourner les yeux. »

背 peī tergum 丟 tieōu abjecit 老 laŏ senem 把 pă capiens
後 heōu post 在 tsaī esse 人 jīn 我 ŏ me
了 liaŏ (n. pr.) 腦 naŏ cerebri 家 kiā hominem 道 tché hanc

« Parce que je suis vieille, il ne songe plus à moi. »

II.ᵉ PARTIE, STYLE MODERNE.

土 *thoù, terram.* 爲 *wéi, æstimat.* 銀 *yèn, argentum.* 把 *pá, capiens.*
糞 *fèn, stercus.* 視 *chì, respicit.* 金 *kin, aurum.*

« Il regarde l'or et l'argent comme du fumier. »

393. 見 *kian (videre)* s'entend aussi par catachrèse des autres perceptions, soit des sens, soit de l'intelligence :

見 *kian, video,* 不 *pou, non,* 看 *khán, videndo.*

« Je ne vois pas. »

見 *kian, video,* 不 *pou, non,* 聽 *thing, audiendo.*

« Je n'entends pas (1). »

見 *kian, videre* 利 *li, lucrum* } « Avoir le gain en vue. »   可 *khò, potest* 見 *kian, videri,* } « On voit, vous voyez, il est visible ou évident que..... » (339.)

愚 *iù, stupida* 見 *kian, visio,* } « Mon avis. » (125.)   高 *kao, alta* 見 *kian, visio,* } « Votre opinion. » (336.)

招 *tchào, advocare,* 見 *kian, visum* 人 *jin, viri* 大 *tá, magni* 蒙 *mèng, accepi*

» Votre seigneurie a daigné m'appeler. »

敎 *kiào, docere,* 見 *kian, videatur* « Daignez m'instruire, veuillez me dire..... »

Comme en-latin : *Visum est conscribere*, etc.

394. 待 *tái (expectare)* se prend souvent dans le sens indéfini de *traiter, agir,* et souvent aussi comme conjonc-

---

(1) En ce sens, *kian* est toujours placé après le verbe principal ; s'il étoit mis avant, il formeroit le sens passif (173, 362).

156 GRAMMAIRE CHINOISE.

tion, pour *à peine, au moment où, quand*, et quelquefois, *voici, ecce* :

待 *tái* babui   好 *haó* bonum   我 *ó* ego
他 *thâ.* eum.   意 *ï* animum   將 *tsiang* accipiens

« Je l'ai accueilli avec bienveillance. »

來 *lái,* ad.   待 *tái* ecce   去 *khiù* eo   我 *ó* ego

« Je m'en vais, me voici. »

了 *liaò* (n. pr.)   待 *tái* ecce   庚 *kéng* ætatis   筆 *pí* penicillo   你 *ní* tu
去 *khiù* ab.   我 *ó* ego   帖 *thiĕī* schedulam   寫 *siĕ* scribere   可 *khŏ* potes
送 *soúng* feram   來 *lái* ad   個 *kŏ* unam   親 *tsin* proprio

« Écris de ta main le *billet d'âge* (1), et je m'en vais le porter. »

也 *yĕ* (p. f.)   打 *tá* verberat   來 *lái* ad   要 *yáo* volo   我 *ó* ego
我 *ó* me   又 *yeóu* iterùm   說 *choŭī* loqui   待 *tái* statim ac

« Au moment où je vais parler, il me frappe. »

兒 *cul,* (p. d.)   些 *siĕ* pauxillùm   睡 *choŭī* dormire   待 *tái* vix   我 *ó* ego

« À peine commençois-je à sommeiller. »

去 *khiù* ire   要 *yáo* velim   待 *tái* statim   欲 *yŭ* cupido   我 *ó* mea

---

(1) *Kéng-thiĕï,* le *billet d'âge,* est un morceau de papier rouge sur lequel on écrit huit caractères qui marquent l'année, le mois, le jour et l'heure de la naissance d'une fille. On l'envoie au fiancé, qui fait déterminer, d'après ces élémens astrologiques, le jour heureux pour le mariage. Voyez Duhalde, t. III, pag. 40, et la traduction françoise du *Hao Khieou tchouan,* t. I, pag. 88.

II.ᵉ PARTIE, STYLE MODERNE.

« Si mon intention est d'y aller.... » — Dans cet exemple et dans le quatrième de ce paragraphe, *tát-yáo*, *expecta velim* ou *dùm velim*, équivaut à notre hypothétique *si*, vulgairement *dès que*....

395. — 一 [un] se prend souvent dans un sens indéfini, pour *un certain*, *quidam* [310], et forme diverses façons de parler très-usitées :

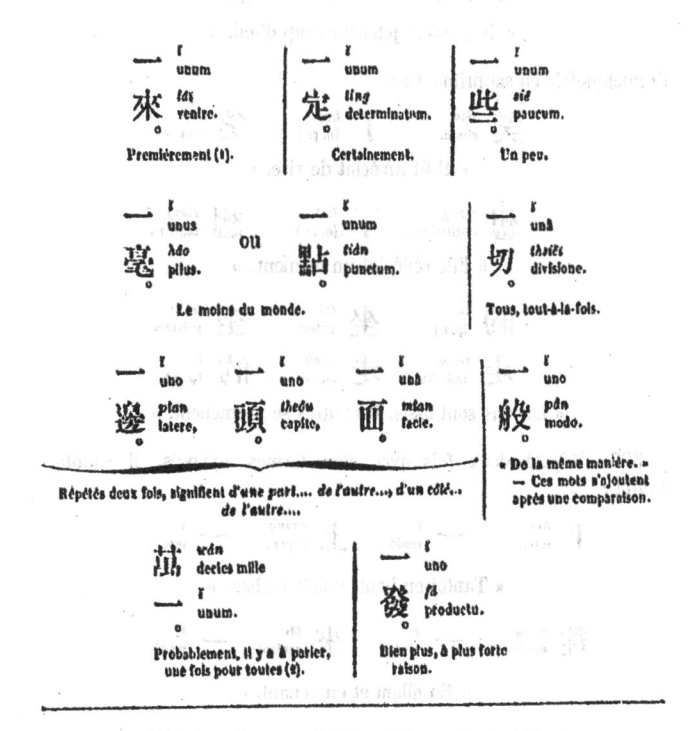

一 *unum* 來 *lái ventre.*	一 *unum* 定 *ting determinatum.*	一 *unum* 些 *sié paucum.*
Premièrement (1).	Certainement.	Un peu.

一 *unus* 毫 *háo pilus.* ou	一 *unum* 點 *tiĕn punctum.*	一 *unâ* 切 *thsiĕ divisione.*
Le moins du monde.		Tous, tout-à-la-fois.

一 *uno* 邊 *pian latere,*	一 *uno* 頭 *théou capite,*	一 *unâ* 面 *mian facie.*	一 *uno* 般 *pán modo.*
Répétés deux fois, signifient d'une part.... de l'autre...., d'un côté... de l'autre....			« De la même manière. » — Ces mots s'ajoutent après une comparaison.

萬 *wán decies mille* 一 *unum.*	一 *uno* 發 *fă productu.*
Probablement, il y a à parler, une fois pour toutes (2).	Bien plus, à plus forte raison.

---

(1) On dit *eul-ldi*, secondement; *sán-ldi*, troisièmement, etc.
(2) *Wán-teán*, voudroit dire *absolument, sans exception, de toute manière*.

158 GRAMMAIRE CHINOISE.

396. 一 est très-souvent précédé et suivi du même mot répété deux fois, et pris d'abord comme verbe, et ensuite comme nom d'action :

訪 *fǎng, quæstionem.* 一 *unam* 訪 *fǎng, quærere*

« S'enquérir, s'informer. »

睄 *tsiǔn, visionem.* 一 *unam* 睄 *tsiǔn, videre*

« Regarder, jeter un coup d'œil. »

Et quelquefois en supprimant 一 :

笑 *sião, risum.* 了 *liǎò (n. pr.)* 笑 *sião, risit*

« Il fit un éclat de rire. »

想 *siǎng, cogitationem.* 了 *liǎò (n. r.)* 想 *siǎng, cogitavit*

« Elle réfléchit un moment. »

的 *ti (p. r.)* 坐 *tsǒ sedent,* 坐 *tsǒ sedentes*
走 *tseǒu, ambulant.* 走 *tseǒu, ambulantes* 的 *ti (p. r.)*

« Les uns sont assis, les autres se promènent. »

397. Répété deux fois avec des termes opposés, il signifie *tantôt* :

下 *hiá, infrà.* 一 *modò* 上 *chǎng, suprà,* 一 *modò*

« Tantôt en haut, tantôt en bas. »

往 *wǎng, eundo,* 一 *modò* 來 *lái, veniendo,* 一 *modò*

« En allant et en venant. »

398. 來原 *youân-lái*, et quelquefois 來從 *thsoǔng-*

II.ᵉ PARTIE, STYLE MODERNE.

lái, sont des expressions usitées pour rattacher une proposition à celle qui précède, comme si l'on disoit, *ainsi donc*, ou *eh bien*...; mais souvent il est impossible de les rendre exactement :

是 *chī erat* 來 *lái atqui* 誰 *chóoi quis?* 道 *táo dicebam* 我 *ǒ ego*
你 *nī tu.* 正 *tchìng rectò* 原 *youén* 是 *chī est* 只 *tchǐ solùm*

« Je disois : Qui est-ce? et justement, c'étoit vous. »

399. 道難 *nán-táo* [*difficile dictu*] est une expression qui se place au commencement des phrases, pour marquer l'interrogation. La phrase peut être terminée par 成不 *pǒŭ-tchhǐng* [*non perfectum*], qui s'emploie aussi seul, quoique plus rarement :

着 *tchǒ* 還 *hoán adhuc* 難 *nán*
我 *ǒ de me?* 想 *siàng cogitat* 道 *táo nùm*

« Est-ce qu'il pense encore à moi? »

成 *tchhǐng* (n. int.) 了 *liaò* (n. pr.) 聽 *thǐng audiendo* 是 *chī est* 難 *nán*
不 *pŏŭ nŏn* 錯 *thsǒ erravi* 我 *ǒ ego* 道 *táo nùm*

« Est-ce que j'ai mal entendu? »

400. La manière d'interroger la plus ordinaire consiste à répéter le verbe, la première fois affirmativement, et la seconde négativement :

肯 *khèng vis?* 不 *pŏŭ nŏn* 肯 *khèng vis*

« Voulez-vous? » [Cf. 374, 383, 387.]

401. On peut faire l'ellipse du verbe dans le second membre

de la phrase, laquelle finit alors par une négative ordinairement précédée de *yé* [Cf. 374] :

也 *yé vel* 這 *tché hæc* 可 *khò potest*
無 *woû non?* 事 *sû res* 有 *yeoù haberi*

« Cela est-il possible ? »

未 *ouéi nondûm?* 了 *liaò (n. pr.)* 飯 *fàn cœnam* 晚 *ouàn vesperi* 吃 *khî comedisti*

« Avez-vous soupé ? »

曾 *tsêng, dûm?* 不 *poû non-* 了 *liaò (n. pr.)* 來 *lái venit*

« Est-il venu ? »

402. Dans le style familier, on se sert ordinairement de 庅 *mò* (1), qui se place à la fin de la phrase :

庅 *mò (p. i.)* 安 *'ān jucundum* 平 *phíng* 路 *loù iter* 一 *i unum*

« La route est-elle agréable ? » [Cf. 388.]

Au lieu de *mò*, on met quelquefois 那 *nà* ou 波 *pó*.

403. 庅 *mò* peut être précédé de l'un de ces trois mots :

打 *tà* 什 *chî* 怎 *tsèng*

Mais l'expression composée qui en résulte, au lieu de se mettre à la fin, se place au commencement de la phrase, ou immédiatement avant le mot sur lequel porte l'interrogation [342] :

---

(1) Abréviation de 麼 cl. 200, tr. 3.

II.ᵉ PARTIE, STYLE MODERNE.

得 *tǒ posse* 麼 *mǒ quomodo* 酌 *tí negotium* 的 *tí quod* 肚 *tǒu ventre*
由 *tchoū ex?* 看 *khàn videre* 怎 *tsèng* 來 *toúng* 裏 *lí in*

« Comment voir ce qui est dans le cœur? »

On dit aussi simplement 怎 *tsèng* ou 的怎 *tsèng-li*.

404. 非莫 *moū-fèi* ou 不莫 *moū-poū*, au commencement de la phrase, marquent l'interrogation, comme le mot latin *nonne*; et l'on peut aussi mettre à la fin la particule *mǒ* :

鬼 *kouèi, phantasmata?* 見 *kian vidit* 是 *chí est* 莫 *moū non*
了 *liaò (n. pr.)* 他 *thā illo* 非 *fèi ne*

« Est-ce qu'il a le délire? »

花 *hoā flores* 是 *chí est* 莫 *moū non*
的 *tí, qui?* 偷 *theōū furans* 不 *poū no*

« N'est-ce pas celui qui vole les fleurs? »

405. 少多 *tó-chaò* [*multum parumve*, 400] marque une interrogation qui porte sur le nombre ou la quantité :

人 *jin, homines?* 少 *chaò paucive* 多 *tó multi* 有 *yeoù habentur*

« Combien y a-t-il de personnes? »

406. 敢 *kàn* [*audere*] est un mot employé dans la civilité chinoise, où l'on fait fréquemment usage, en manière d'excuse ou de compliment, des formules

敢 *kàn audeo.* 不 *poū non* ou 敢 *kàn ausim?* 豈 *khì qui*

qu'on peut répéter jusqu'à trois fois de suite.

407. On s'en sert en émettant une assertion un peu hasardée, ce qui suppose l'ellipse du verbe *croire* ou *dire* :

我 *ŏ, me.* 哄 *hoŭng decipis* 你 *nĭ tu* 是 *chĭ est* 敢 *kăn audeo*

« Je crois que vous me trompez. »

On se sert, dans le même sens et de la même manière, des mots

多 *tŏ multûm* 管 *koŭăn curo* 怕 *phă timere.*
管 *koŭăn curo.* 情 *thsíng affectum,* et [Cf. 313.]

408. La préférence accordée à une chose sur une autre s'exprime de diverses manières [Cf. 221, 251, 304] :

背 *pĕi tergum vertere* 不 *poŭ non* 寧 *níng præstat*
理 *lí, rationi* 可 *khŏ debet* 死 *ssŭ mori.*

ou bien :

理 *lí, rationi.* 敢 *kăn audeo* 死 *ssŭ mori,* 寧 *níng præstat*
背 *pĕi tergum vertere* 不 *poŭ non* 可 *khŏ posse*

« Il vaut mieux mourir que de tourner le dos à la raison. »

更 *kĕng magis* 金 *kin aureæ* 座 *tsŏ (p. n.)* 塔 *thă turris* 有 *yeoŭ habetur*
高 *kaŏ, alta.* 塔 *thă turri* 比 *pĭ comparata* 一 *ĭ una* 銅 *thoúng ænea*

« Il y a une tour de bronze plus haute que la tour d'or. »

Ces façons de parler se varient de plusieurs manières. Ainsi l'on dit, en se servant de 還 *hoán* [*adhuc*], ou de 又 *yeoŭ* [*item*] :

II.ᵉ PARTIE, STYLE MODERNE.

thoúng thă pĭ kĭn thă hoăn kaó, ou *yeoŭ kaó, turris ænea comparata turri aureæ adhuc alta*, pour *magis alta*.

On peut aussi se servir de 過 *koŭo* [*superare*], et dire : *Thoŭng thă koŭo kĭn thă kaó, turris ænea superat aureæ turris altitudinem*, ou bien, *thoŭng thă kēng kaó koŭo kĭn thă, turris ænea altiŏr vincit turrim auream*, ou *thoŭng thă pĭ kĭn thă kaó koŭo, turris ænea comparata turri aureæ altitudine superat*.

On peut encore retourner la phrase, et dire, en employant 如不 *poŭ-joŭ* [251], *kĭn thă poŭ joŭ thoŭng thă kaó, turris aurea non sicut ænea turris alta*, ou bien, avec 得不比 *pĭ poŭ tĕ* : *kĭn thă pĭ poŭ tĕ thoŭng thă kaó, turris aurea comparata non attingit turris æneæ altitudinem*. Il paroît superflu de multiplier les exemples, et d'expliquer plus en détail ces formules et d'autres du même genre, parce que le sens en découle de lui-même par une traduction littérale. [Cf. 101, 102, 212, 221, 264, 265, 304.]

409. La quantité dont une chose l'emporte sur une autre, s'exprime après l'adjectif :

尺 *tchhĭ, pede.*   一 *ĭ uno*   高 *kaó altum*

« Plus haut d'un pied. »

Si l'on disoit *ĭ tchhĭ kaó*, le sens seroit, *haut d'un pied*.

分 *fēn, denariis.*   三 *sān tribus*   多 *tŏ multum*

« Trois deniers de trop. »

410. Le mot qui exprime le surplus d'une quantité se met après le nom de nombre et avant le substantif :

年 *nian, anni.*   多 *tŏ multam*   十 *chĭ decem*

« Dix années, et davantage. » [Cf. 116.]

411. La répétition d'un même substantif marque la continuité, et quelquefois la pluralité [Cf. 175] :

時 *chì tempore*
時 *chì tempore.*
} « en tout temps, à toute heure. »

年 *nian anno*
年 *nian anno.*
} « chaque année, tous les ans. »

人 *jin homo*
人 *jin homo.*
} « chaque homme, tous les hommes. »

家 *kia domus*
家 *kia domus.*
} « toutes les familles, chaque maison »

412. La répétition d'un adjectif, ou d'un autre mot pris adverbialement [367], est d'un très-grand usage, et s'emploie de différentes manières. Tantôt on place un seul mot deux fois de suite, comme :

的 *ti (p. r.)* 洞 *toúng profundum* 洞 *toúng profundum* 黑 *hĕ nigrum*

« Dans le milieu des ténèbres. »

Tantôt on joint deux termes synonymes, ou presque synonymes, répétés chacun deux fois :

泡 *paó saturdatem* 醉 *tsoùi ebrietatem* 吃 *kkĭ comedendo*
{ *paó* { *tsoùi* 得 *tĕ assecutus*

« Après avoir bien bu et bien mangé. »

Tantôt, enfin, on répète deux fois une phrase courte, pour en renforcer le sens :

了 *tiaò (n. pr.)* 是 *chì est* 了 *tiaò (n. pr.)* 是 *chì est*

« C'est cela même, c'est cela. »

是 *chì est,* 正 *tching recté* 是 *chì est* 正 *tching recté*

« Oui, tout justement. » — *Tching-chì* est l'expression habituellement usitée pour dire *oui.*

II.ᵉ PARTIE, STYLE MODERNE.

笑 *siào, risu.* 可 *khò, dignum* 笑 *siào, risu* 可 *khò, dignum*

« Cela est très-ridicule. »

413. Souvent il y a répétition, non de termes, mais d'idées, sans que le sens soit considérablement modifié :

覺 *kiò, sentit.* 不 *pòu, non* 知 *tchi, scit,* 不 *pòu, non*

« Il ne s'aperçoit pas. »

語 *iù, alloquitur.* 自 *tseù, se ipsum* 言 *yèn, dicit,* 自 *tseù, sibi ipsi*

« Il se parle à lui-même, *ou* il dit à part soi. »

足 *tsoû, sufficiens.* 意 *ì, animus* 滿 *màn, plenum,* 心 *sin, cor*

« Entièrement satisfait, n'ayant rien à désirer. »

Ou, en se servant des noms de nombre, dans un sens tout-à-fait indéterminé :

友 *yeoù, socii.* 四 *sseù, quatuor* 朋 *phèng, amici,* 三 *sán, tres*

« Quelques amis. »

活 *hò, vivus.* 八 *pá, octo* 死 *sù, mortuus,* 七 *tsi, septem*

« A moitié mort, à peine vivant. »

Ces phrases, variées de mille manières par la combinaison de termes analogues ou antithétiques, sont un des ornemens les plus habituels du *wen-tchhang* ou style littéraire, et de la poésie, et contribuent, avec le goût de l'allitération et les formules usitées pour la gradation, la division, l'énumération, à donner à ce style le parallélisme et les formes régulières et symétriques qui en font la beauté, et dont on trouve déjà des traces dans les monumens de la haute antiquité.

RÉSUMÉ.

En général, dans toute phrase chinoise où il n'y a rien de sous-entendu, les élémens dont elle se compose sont arrangés de cette manière : le sujet [156], le verbe, le complément direct, le complément indirect [158].

Les expressions modificatives précèdent celles auxquelles elles s'appliquent : ainsi l'adjectif se met avant le substantif, sujet ou complément [95]; le substantif régi avant le mot qui le régit [79]; l'adverbe avant le verbe [177]; la proposition incidente, circonstantielle, hypothétique, avant la proposition principale à laquelle elle se rattache par un adjectif conjonctif, ou par une conjonction exprimée ou sous-entendue [166, 167].

La position relative des mots et des phrases, déterminée de cette manière, supplée souvent à tout autre signe dont l'objet seroit de marquer leur dépendance mutuelle, leur nature adjective ou adverbiale, positive ou conditionnelle, etc. [79, 80, 139, 177].

Si le sujet est sous-entendu, c'est que c'est un pronom personnel, ou qu'il a été exprimé plus haut, et que le même substantif, qui est omis, se trouve dans la phrase précédente, dans la même qualité de sujet, et non dans une autre.

Si le verbe manque, c'est que c'est le verbe substantif [152], ou tout autre aisé à suppléer, ou qui a déjà trouvé place dans les phrases précédentes avec un sujet ou un complément différens.

Si plusieurs substantifs se suivent, ou bien ils sont en construction l'un avec l'autre [79], ou bien ils forment une énumération, ou enfin ce sont des synonymes qui s'expliquent et se déterminent les uns les autres [285].

Si l'on trouve plusieurs verbes de suite, qui ne soient pas synonymes [353], ni employés comme auxiliaires [345], c'est que les premiers doivent être pris comme adverbes [177], ou comme noms verbaux sujets de ceux qui suivent [165], ou ceux-ci comme noms verbaux complémens de ceux qui précèdent [361].

Ce peu de mots est le résumé le plus précis qu'on puisse faire de toute la phraséologie chinoise.

APPENDICE.

§. I.ᵉʳ *Des Signes relatifs à la Ponctuation.*

En général, les livres chinois qui traitent de philosophie ou de sujets scientifiques, sont rarement ponctués. Les particules finales, celles qui marquent la division des membres de phrase, la symétrie de ces derniers, font aisément trouver le sens, et ne permettent guère à celui qui a lu une période jusqu'au bout, de la supposer coupée autrement qu'elle ne doit l'être.

Les éditions classiques des *King* et de leurs commentateurs, ainsi que les livres historiques et les romans, sont souvent ponctués. Un ○ placé à droite et un peu au-dessous du dernier caractère, marque la fin de la phrase ou du membre de phrase.

Ce même ○ se place aussi à côté d'une série de caractères, dans les passages sur lesquels on veut fixer plus particulièrement l'attention des lecteurs. Si l'on veut ponctuer un passage ainsi noté, on met un point noir ● au lieu du zéro. Les ronds dont on vient de parler sont souvent remplacés par une sorte de larme ﹅, imitant le coup de pinceau que le maître met, dans les livres qui sont le sujet d'une leçon, à côté des caractères sur lesquels il se réserve de donner une explication spéciale. Ces deux sortes de signes répondent à nos guillemets, et l'on s'en sert à peu près dans les mêmes cas où nous faisons usage des lettres italiques.

On a vu [55] un autre emploi du cercle, apposé à l'un des coins d'un caractère, pour indiquer qu'il passe à un ton différent de celui qu'il avoit primitivement. C'est encore un usage imité de ce qui se pratique dans les écoles, où les maîtres, se servant d'encre rouge, mettent un coup de pinceau à ces caractères qui doivent être lus à un ton inaccoutumé, et prendre, en conséquence, une signification particulière.

La répétition d'un caractère employé deux ou trois fois de suite dans une même phrase, ou même à la fin d'une phrase et au commencement de la suivante, est indiquée, dans les livres d'une impression commune, par un double trait ⁁, ou par un simple coup de pinceau. C'est ainsi qu'on en a usé dans l'impression de cette grammaire (p. 74, 141, et ailleurs).

Le commencement des articles est souvent indiqué par un ⌒ qui occupe la place d'un caractère; la fin se marque par un point o, ou par un petit tiret à gauche et au-dessous du dernier caractère.

Les caractères qui servent à exprimer les noms étrangers, dans les livres traduits du sanskrit, de l'arabe ou de quelque langue européenne, sont quelquefois accompagnés d'une ligne à la droite, ce qui fait l'effet d'un mot souligné. Les citations de noms d'auteurs ou de titres de livres sont, dans les éditions soignées, enveloppées dans un parallélogramme, quelquefois imprimées en blanc sur un fond noir; elles précèdent toujours le passage cité.

Les lacunes dont on veut constater l'existence dans un texte, sont annoncées par une ou plusieurs cases laissées vides, et répondant à un ou plusieurs caractères. Quelquefois un mot ou deux placés en note en cet endroit, avertissent qu'il y manque quelque chose.

Beaucoup de livres sont imprimés sans *alinéas*. Dans d'autres, on revient au haut de la ligne après la fin de chaque paragraphe. Dans les pièces administratives, diplomatiques ou autres, où l'on vient à parler officiellement, soit de l'empereur régnant, soit de personnes ou de choses auxquelles on doit marquer un profond respect, on interrompt la ligne pour reporter les termes qui les désignent au haut de la ligne suivante, sans que cette disposition indique aucune interruption dans le sens. On la conserve dans l'impression de certains livres; et le cadre qui entoure chaque page s'ouvre et se relève pour faire place à un ou plusieurs mots qui dépassent le niveau des autres lignes. On ne s'astreint guère à cet usage que dans les sujets relatifs à la religion ou à la politique.

§. II. *Des Notes, des Commentaires, de la Forme et de la Division des Livres.*

Les notes sont ordinairement imprimées avec un caractère moitié plus petit que celui du texte ; elles se placent à deux colonnes dans l'endroit du livre auquel elles se rapportent : souvent même elles interrompent la phrase. Les notes relatives à la prononciation sont habituellement rejetées dans la marge supérieure.

Les commentaires s'impriment aussi avec un caractère plus fin que le reste du livre, et sont distribués par sections, après chacune des phrases du texte. Les expressions de ce dernier sont presque toujours reprises l'une après l'autre, et expliquées par des expressions synonymes ou des définitions. Quand il y a plusieurs commentaires, ils sont distingués les uns des autres par des titres particuliers : souvent alors les pages sont partagées par une ligne horizontale, en deux divisions ; celle d'en bas contient le texte et l'un des commentaires, et celle d'en haut un commentaire différent.

Peu de livres chinois ont un frontispice : quand il existe, il offre le titre du livre en gros caractères, une ligne à droite et en haut, où l'on indique le nom de l'auteur ou de l'éditeur ; une ligne en bas et à gauche, pour désigner le lieu où l'on conserve les planches gravées qui ont servi à l'impression, et souvent, dans une ligne horizontale et supérieure, la date et les circonstances relatives à la publication. *Voyez le frontispice même de cette Grammaire.*

Presque toujours il y a plusieurs préfaces. Celle de l'auteur est ordinairement la dernière ; les autres sont composées par les éditeurs ou les rédacteurs : la première de toutes est celle de l'écrivain qui a fait l'édition ou dirigé la réimpression. Chaque préface est datée à la fin, et signée de son auteur, qui y ajoute souvent ses sceaux [12] ; c'est là qu'il faut chercher l'époque de l'impression d'un livre, et les noms des auteurs ou éditeurs.

Tous les grands ouvrages ont des *index* ou tables des divisions, plus ou moins détaillés, et un exposé du plan qui a été suivi dans la rédaction. Si l'édition a été publiée par l'autorité impériale, les mots 製御 *iŭ-tchi* [fait par l'empereur], placés devant le titre, en avertissent; et le décret qui y est relatif se joint aux autres pièces préliminaires, avec la liste de ceux qui y ont concouru. On trouve souvent dans ces pièces des indications curieuses pour la bibliographie et l'histoire littéraire.

Le titre du livre est toujours placé à la première ligne de chaque division, et reproduit comme titre courant, avec l'indication de la partie ou section, et le numéro de la page, à l'endroit où la feuille est pliée. La pagination recommence à chaque grande division. Les numéros répondent chacun à un feuillet ou double page, *recto* et *verso*.

Les grandes divisions sont appelées 卷 *kiouán, livre ou chapitre*. Elles contiennent ordinairement cinquante ou soixante doubles pages, quelquefois davantage. Il faut les indiquer dans les citations, avec le numéro de la page et le titre de l'édition : comme elles sont constantes dans chaque édition, elles font retrouver aisément le passage indiqué. Ordinairement deux ou trois *kiouán* reliés ou brochés ensemble forment un 本 *pĕn*, volume ou cahier. Plusieurs *pĕn* enfermés dans une couverture de carton forment une *enveloppe;* mais ces divisions sont au gré du libraire, et sujettes à varier dans les différens exemplaires d'un même livre.

Les *kiouán* sont souvent subdivisés en 章 *tchāng* [articles], et ceux-ci en 節 *tsiĕ* ou paragraphes. Les *alinéas* ou des titres particuliers indiquent ces diverses subdivisions. Le dernier chapitre est ordinairement terminé par le mot 終 *tchoūng*, qui signifie fin.

Les divisions, dans les romans et autres ouvrages d'imagination, sont appelées 回 *hoéi*. Les titres de chaque *hoéi* sont ordinairement accompagnés d'un *argument*.

Dans la plupart des ouvrages historiques ou philosophiques, le texte est imprimé en lignes pleines, c'est-à-dire, qui vont du haut en bas de la page; les lignes des commentaires, des préfaces ou morceaux additionnels, commencent plus bas. La dimension la plus ordinaire des caractères est pareille à celle des types qu'on a gravés pour cette grammaire. Quelques ouvrages sont imprimés en caractères plus gros : les romans sont presque toujours en très-petits caractères, de l'espèce de ceux qu'on nomme *cursifs*.

Les planches qui servent à l'impression des livres sont stéréotypes, ou d'un seul morceau, à l'exception de celles de la gazette impériale (1), des journaux de province, et de quelques parties du calendrier, lesquelles se composent en caractères mobiles. Ces planches sont en bois. Les belles éditions sont quelquefois annoncées comme étant en planches de cuivre; les premières planches ont été faites en pierre, mais gravées en relief, et c'est de cette manière qu'on imprime encore les décrets et autres actes émanés de l'autorité impériale.

§. III. DE LA VERSIFICATION.

Les plus anciens vers chinois étoient irréguliers, composés de lignes d'un nombre égal ou presque égal de mots, mais soumis, en général, aux règles de la rime pour les finales, et à celles de l'allitération, c'est-à-dire au retour périodique et cadencé de certaines articulations et de certaines désinences. C'est dans cette espèce de prose mesurée que sont écrites les petites pièces dont se composent le *Chiking* et quelques autres anciens livres du même genre. Le style des longs poëmes, tels que le Panégyrique de *Moukden*, y ressemble beaucoup. La poésie chinoise est parvenue par degrés à l'état où nous la voyons. Les vers modernes sont communément appelés

詩言五. *oû yán chi,* vers de cinq mots, ou 詩言七. *thsi yán chi,* vers de sept mots.

Ces deux dénominations font connoître leur longueur la plus ordinaire. Effectivement, quoiqu'on cite des vers de trois, de quatre, de six et de neuf mots, la mesure la plus ordinaire des

---

(1) Voyez le *Journal des Savans*, d'Octobre 1821, p. 605.

172   GRAMMAIRE CHINOISE.

vers est de cinq ou de sept mots, et, par conséquent, de cinq ou de sept syllabes.

Sous le rapport de la versification, on ne distingue que deux accens [Cf. 49], savoir :

平 *phíng* égal (tsě),   et   仄 *tsě* inégal.

Ce dernier comprend les trois tons *cháng* [51], *khiù* [52] et *jì* [53].

Dans le vers de cinq mots, on ne fait pas attention à la valeur du premier ni du troisième. Le second et le quatrième doivent alterner ; c'est-à-dire que si le second est *phíng*, le quatrième doit être *tsě*, et *vice versâ*. Le second et le troisième vers doivent être inverses du premier, par rapport à ces deux mots, et le quatrième vers, semblable au premier.

Dans le vers de sept syllabes, la première, la troisième et la cinquième sont *ad libitum* ; la seconde et la quatrième doivent alterner, et la sixième être pareille à la seconde. Des quatre syllabes finales, dans le vers de cinq comme dans celui de sept, trois doivent être identiques pour la désinence et l'accent : il est d'usage que la finale du troisième vers ne rime pas, et l'on se dispense souvent aussi de faire rimer les autres.

Pour marquer les syllabes qui doivent être *phíng* ou *tsě*, et celles qui sont libres ou communes, les Chinois font usage des signes prosodiques suivans :

○
Phíng, égales,

●
Tsě, inégales, c'est-à-dire, *cháng*, *kiù* ou *jì*, à volonté.

☉
communes, c'est à-dire, *phíng* ou *tsě*, à volonté.

Ils figurent, de cette manière, deux quatrains de vers de sept syllabes, lesquels comprennent les vers de cinq :

APPENDICE.

I.er *Quatrain*.

En partant d'une syllabe *égale* (la deuxième du premier vers).

II.e *Quatrain*.

En partant d'une syllabe *inégale* (la deuxième du premier vers).

Dans cet exemple, la deuxième syllabe du premier vers étant *égale*, la quatrième est *inégale*, la sixième, *égale*, la deuxième du second vers, *inégale*, la quatrième, *égale*, et ainsi de suite. La succession des syllabes *égales* ou *inégales* a lieu d'une manière inverse au second quatrain : la deuxième syllabe du premier vers étant *inégale*, la quatrième est *égale*, etc. On est libre de se donner cette première syllabe, sauf à se conformer aux conséquences de ce choix.

Dans certains vers, on nomme *œil* le troisième mot du vers de cinq syllabes, et le cinquième du vers de sept. Cet *œil* est l'objet d'une attention particulière : il faut que ce soit un mot *plein* [62], et non une particule; qu'il rime avec l'*œil* du vers suivant, ou qu'il alterne avec celui-ci, selon la règle qu'on se prescrit.

174   GRAMMAIRE CHINOISE.

Quant aux combinaisons de ces différentes sortes de vers, elles varient considérablement : on compte jusqu'à quarante sortes de poëmes, la plupart d'une étendue peu considérable. Il y en avoit six principales usitées dans l'antiquité. Le style des morceaux de poésie est, en général, fort élevé, concis, elliptique, rempli d'expressions allégoriques ou métaphoriques, de mots anciens ou peu usités, et d'allusions à des traits d'histoire ou à des usages, à des opinions ou à des faits peu connus. C'est ce qui rend la poésie chinoise très-difficile : on ne sauroit en donner une idée dans un ouvrage élémentaire. Il suffira de transcrire ici deux pièces de vers tirées, l'une du *Chi-king*, et l'autre d'un roman moderne, seulement pour faire voir l'application des règles qui ont été rapportées ci-dessus :

既 *ki*	其 *khi*	攜 *hi*	惠 *hoëi*	雨 *iu*	北 *pě*
亟 *ki*	虛 *hiu*	手 *chéou*	而 *eùl*	雪 *siouěi*	風 *foûng*
只 *tchi*	其 *khi*	同 *thoûng*	好 *hào*	其 *khi*	其 *khi*
且 *tsiě*	邪 *siù*	行 *hàng*	我 *o*	雱 *phâng*	凉 *liâng*

« Le vent du nord vient glacer nos climats. »

« La neige tombe à gros flocons. »

« Que l'être bienveillant qui m'aime, mette sa main dans la mienne,
» pour que nous marchions ensemble. »

« Comment peut-il être si long-temps ? »

« Déjà il eût dû s'empresser d'accourir (1). »

────────────────

(1) Les interprètes voient dans cette pièce une allusion aux dangers qui menaçoient un état. Presque toutes les pièces du *Chi-king* sont expliquées dans le même sens. Les commentateurs chinois rapportent tout à la politique, comme ceux des poésies érotiques des Persans, à l'amour de Dieu. Il faut souvent beaucoup d'efforts pour percer le voile de ces allégories.

APPENDICE. 175

古 *koŭ* 天 *thiɑn* 笑 *siaò* 六 *loŭ*
今 *kin* 地 *ti* 罵 *ma* 經 *king*
聚 *tseoŭ* 戲 *hi* 皆 *kiài* 原 *youɑn*
訟 *song* 場 *tchang* 文 *wên* 本 *pên*
眼 *yɑn* 觀 *kouɑn* 好 *haò* 在 *tsái*
須 *siŏ* 莫 *mou* 細 *si* 人 *jîn*
深 *chin* 矮 *yaï* 尋 *thsin* 心 *sin*

« Le contenu des six livres classiques a son fondement et sa source dans
» le cœur de l'homme. »

« Les plaisanteries, les injures, grâce aux ornements (de la poésie),
» peuvent être recherchées. »

« L'univers est un théâtre où se joue une longue comédie. »

« C'est un spectacle curieux que les débats des hommes dans tous les
» temps. »

N'oublions pas d'avertir, en terminant, que la poésie s'imprime, dans les livres chinois, tantôt en autant de lignes qu'il y a de vers, tantôt en distiques, un vers au-dessous de l'autre, séparé par un espace blanc, tantôt en lignes suivies, de sorte que la ponctuation seule avertit de la coupe des vers. On insère ainsi de petites pièces de poésie dans les romans, dans les pièces de théâtre, et dans d'autres morceaux de littérature légère.

§. IV. *Aperçu des principaux Ouvrages qu'on peut consulter
à la Bibliothèque du Roi.*

En attendant que je puisse, dans la *Catalogue des livres chinois de la Bibliothèque du Roi* (ouvrage dont la rédaction m'occupe depuis plusieurs années), présenter un tableau complet de la littérature chinoise (1), j'ai cru qu'il pourroit être agréable aux étudians d'avoir ici, en quelques lignes, l'aperçu des principales richesses de cette espèce qui sont à leur disposition, et dont la connaissance sommaire peut, suivant les vues de chacun, provoquer des recherches et des travaux de genres différens. Je me borne à une mention rapide des ouvrages principaux, ne pouvant essayer d'entrer dans des détails, même superficiels, au milieu d'une matière immense et, pour ainsi dire, inépuisable.

LIVRES CLASSIQUES. Les meilleures éditions des cinq *King*, des quatre livres moraux et des autres ouvrages réputés classiques et antérieurs à l'incendie des livres, se trouvent à la Bibliothèque du Roi, ainsi que les commentaires les plus estimés de ces mêmes livres, notamment ceux de *Tchou-hi* et les paraphrases en style vulgaire connues sous le nom de *Ji-kiang*, ou lectures journalières. On fera bien de consulter sur-tout les n.os CII, CVII, CXIV, CXIX, CXXI et CXXVII du catalogue de Fourmont (2).

PHILOSOPHIE. La collection des anciens philosophes chinois (Fourm. CCXCI), les œuvres de *Tchouang-tseu* et de *Lao-tseu* (CCLXXXIV et suiv.), sont ce qu'on possède de mieux en ce genre.

---

(1) Voyez l'exposé que j'ai donné du plan de cet ouvrage, et quelques détails sur le fonds des nouvelles acquisitions faites depuis le catalogue de Fourmont, dans mon *Mémoire sur les livres chinois de la Bibliothèque du Roi*, 1818, in-8.° — J'ai relevé dans ce mémoire les principales erreurs que Fourmont a commises dans son Catalogue. On doit chercher dans ces remarques l'explication des contradictions qu'on pourra observer entre les indications de ce savant et plusieurs de celles qu'on trouvera plus bas.

(2) On sait que plusieurs de ces livres ont été traduits : le *Chou-king*, par Gaubil (Paris, 1770, in-4.°); le *Chi-king*, par le P. de la Charme (manuscrit à la Bibliothèque du Roi); le *I-king*, par le P. Régis; les *Ssc-chou* et le Livre de l'obéissance filiale, par le P. Noël (*Pragæ*, 1711, in-4.°). On a aussi une notice du *I-king* (à la suite du *Chou-king* de Gaubil, p. 399); un extrait du *Tchhun-thsieou* (*Comment. Acad. Petropolit.* t. VII, p. 335 et planch.). On a aussi le *Confucius Sinarum philosophus* (*Lutet.* 1687, in-f.°); le *Lun-iu* de M. Marshman (Serampore, 1810, in-4.°); le *Taï-hio* du même, à la suite de sa *Clavis sinica* (Serampore, 1814, in-4.°); le *Tchoung-young*, dans les *Notices et extraits des Manuscrits*, tom. X, p. 269, et séparément. Ces trois derniers ouvrages offrent le texte accompagné de traductions.

APPENDICE.

Les principaux articles de jurisprudence sont la collection des lois (Fourm. CLX) et le code de la dynastie des *Ming* (CXI).

THÉOLOGIE. On possède, à la Bibliothèque du Roi, la collection presque complète des ouvrages composés en chinois par les missionnaires. Ces livres peuvent être fort utiles aux commençans qui aiment à s'exercer sur des textes dont le sens leur est connu d'avance.

MYTHOLOGIE. Le Livre des montagnes et des mers (Fourmont, XXVII), le *Lou-sse* de *Lo-pi*, connu par les extraits qu'en a donnés le P. Prémare (Disc. prélim. du *Chou-king*), l'Histoire des dieux et des esprits, en soixante volumes (faisant partie d'une collection qui doit en avoir six mille), un vocabulaire théologique en samscrit, en tibétain, en mongol, en mandchou et en chinois (1), sont les principaux articles de cette section.

DICTIONNAIRES. Outre un assez grand nombre de copies plus ou moins complètes des vocabulaires composés par les missionnaires en chinois et en latin, ou en français, ou en espagnol (2), on possède les meilleurs dictionnaires originaux; le *Tseu-'wei* (F. II), petit dictionnaire fort usuel, le *Tching-tseu-thoung* (Y), ouvrage rempli d'une vaste érudition, le dictionnaire impérial de *Khang-hi* (XI), dont tous les articles sont remplis de citations empruntées aux meilleurs écrivains. Dans ces trois ouvrages, les caractères sont disposés suivant l'ordre des clefs; l'ordre tonique a été suivi dans le *Thoung-wen-to* (F. X). Pour les caractères anciens, on a deux éditions du *Choue-wen* (F. VII), la règle et la base de la littérature et de la paléographie à la Chine, le dictionnaire des caractères *Tchouan* (F. XIV), une édition des *King*, dans les mêmes caractères, un superbe recueil de monumens et de vases antiques, avec des inscriptions dont un grand nombre remontent au temps des *Chang* (entre 1766 et 1122 avant notre ère), et les trente-deux volumes de l'éloge de *Moukden*, en trente-deux sortes de caractères différens (3).

---

(1) Voyez la notice que j'en ai donnée dans les *Mines de l'Orient*, t. IV, p. 183.
(2) Voyez la description qu'en a donnée M. Langlès.
(3) Voyez la traduction de ce poëme par le P. Amiot (Paris, 1770, in-8.°), et les spécimens des 32 sortes d'écritures à la suite du *Monument de Yu*, par Hager, 1802, in-f.°

LITTÉRATURE et POÉSIE. Les ouvrages de cette espèce qu'on pourra parcourir d'abord, sont le *Kou-wen-youan-kian* (F. XLV), vaste et magnifique collection dont Duhalde a donné des extraits (1), et qui, sous le rapport de la typographie, est peut-être le plus beau livre de la Bibliothèque royale ; l'histoire littéraire en quatre-vingts volumes, faisant partie de la collection en six mille volumes dont on a parlé plus haut ; les poésies de *Tou-fou* (F. CLII), celles de l'empereur *Khang-hi*, l'éloge de *Moukden*, etc.

ROMANS et PIÈCES DE THÉATRE. On possède à la Bibliothèque du Roi les meilleurs romans chinois (2), le *Chout-hiu-tchouan* (F. CCCV), le *San-koue-tchi* (LXXXVIII), le *Hao-kieou-tchouan* (XXVIII) (3), le *Iu-kiao-li* (XXIX) (4) ; plusieurs romans dialogués (XXXI, XXXV), et la collection de cent pièces de théâtre, composées par divers auteurs, pendant la dynastie des *Youan* ou Mongols (entre 1279 et 1368) (F. XXXIV) (5).

GÉOGRAPHIE. Les ouvrages qui méritent le plus d'attention sur cette matière, sont la petite-géographie intitulée *Kouang-iu-ki* (Fourm. XXXVI), la Géographie générale des *Ming* (XXXVIII), et sur-tout l'immense recueil des géographies et statistiques provinciales, en deux cent soixante gros volumes, avec beaucoup de cartes et de plans.

CHRONOLOGIE et HISTOIRE. C'est en ce genre sur-tout que la Bibliothèque royale est le plus riche : je me borne à indiquer en ce moment la Table chronologique de tous les règnes et des principaux événemens de l'histoire de la Chine et des contrées voisines, année par année, en cent volumes ; l'abrégé chronologique intitulé

---

(1) Tom. II, p. 387.

(2) La Bibliothèque de *Monsieur*, à l'Arsenal, en possède aussi plusieurs qui ont fait autrefois partie de la collection du marquis de Paulmy.

(3) C'est le roman qui a été traduit en français sous le titre de *Hau-kiou-choaan*, histoire chinoise ; Lyon, 1766, 4 vol. in-12.

(4) Cet ouvrage, traduit en français, paroîtra incessamment.

(5) Deux de ces pièces ont été traduites, l'une en français par le P. Prémare (Descript. de la Chine, par Duhalde, t. III, p. 339), l'autre en anglais par M. Davis (Lond. 1817, in-8.°), et en français, par M. de Sorsum (Paris, 1818, in-8.°).

APPENDICE.

Thoung-kian-kang-mou (LXII) (1), le *Sse-ki* de l'illustre *Sse-ma-thsian* (LXVI), et toute la série des grandes annales, c'est-à-dire des histoires particulières de chaque dynastie, avec la vie des personnages célèbres et les notices sur les peuples étrangers (LXVII — LXXXII); le Dictionnaire biographique (XCII); l'Histoire du Japon, manuscrit rapporté par M. Titsingh, et l'Histoire des peuples étrangers connus des Chinois, en soixante-dix volumes.

SCIENCES ET ARTS. On peut consulter plusieurs éditions de l'histoire naturelle médicale, avec planches, intitulée *Pèn-thsao* (CCCXXV), divers ouvrages de médecine et de chirurgie (CCCXIV et suivans), différens traités d'astronomie, d'uranographie (CCCXXXV et suivans), des élémens de géométrie (CCCL), plusieurs ouvrages sur le labourage, l'art de la guerre et la musique, et notamment soixante-dix volumes sur ce dernier art, formant une portion de la grande collection *Kou-kin-thou-chou*.

ENCYCLOPÉDIE ET MÉLANGES. Enfin, les ouvrages les plus curieux à consulter sont, l'Encyclopédie figurée, ou le recueil de planches sur toutes sortes de sujets classés méthodiquement, avec des explications, en cent seize livres; l'édition japonaise de ce même ouvrage, avec une foule d'additions relatives, pour la plupart, aux localités et productions du Japon, aux opinions particulières et aux procédés des Japonais (2); le dictionnaire universel et par ordre de matières, en chinois et en mandchou; un recueil de dissertations sur les livres classiques, les monnaies, les antiquités, la littérature, en cent soixante volumes, que Fourmont (CCCIV) a pris pour un livre de cabale; et par-dessus tout, l'excellent ouvrage de *Ma-touan-lin*, intitulé *Wen-hian-thoung-khao* (LVII), le plus beau monument de la littérature chinoise, vaste collection de mémoires sur toutes sortes de sujets, trésor d'érudition et de critique, où tout ce que

---

(1) Celui qui a été traduit en français par le P. Mailla (Paris, 1777—1783, 12 vol. in-4.°), mais avec beaucoup de suppressions et d'interpolations.

(2) Voyez la notice que j'ai donnée de ces deux ouvrages, dans mon mémoire cité ci-dessus, p. 12, et l'extrait plus étendu de l'Encyclopédie japonoise, qui fera partie du t. XI des Notices et extraits des Manuscrits.

l'antiquité chinoise nous a laissé de matériaux sur les religions, la législation, l'économie rurale et politique, le commerce, l'agriculture, l'administration, l'histoire naturelle, la géographie physique et l'ethnographie, se trouve réuni, classé, discuté avec un ordre, une méthode et une clarté admirables; ouvrage enfin qui, comme j'ai eu l'occasion de le dire ailleurs (1), vaut à lui seul toute une bibliothèque, et qui, quand la littérature chinoise n'en offriroit pas d'autres, mériteroit qu'on apprît le chinois pour le lire.

---

(1) Voyez la vie de *Ma-touan-lin*, dans la Biographie universelle, t. XXVII, p. 461.

TABLE
DES CARACTÈRES CHINOIS

Employés dans ce Volume, et dans l'Édition du Tchoung-young, arrangés suivant l'ordre des 214 Clefs.

Nota. Les caractères contenus dans cette table y sont arrangés d'après l'ordre des 214 clefs [25, 32], et, sous chaque clef, d'après le degré de complication du groupe additionnel [33]. Le chiffre placé au-dessous de chaque caractère indique la page de la grammaire où l'on en trouvera l'explication. Le chiffre précédé de la lettre T indique la page de l'édition du *Tchoung-young*, que j'ai donnée en 1817. Ces derniers renvois se rapportent à la pagination des exemplaires tirés séparément et destinés aux étudians. Pour avoir celle du même ouvrage, dans le tome X des *Notices et Extraits des Manuscrits*, il faut ajouter au nombre indiqué 264, nombre égal à celui des pages qui précèdent, dans ce volume, la première page de la *Notice des Quatre Livres moraux*. Un très-petit nombre de caractères qui ont été employés dans d'autres ouvrages, n'offrent pas de renvois, mais seulement l'indication de leur principale acception. On s'est attaché à rectifier les erreurs très-peu importantes qui avoient pu échapper, relativement à l'accentuation de certains mots ; ce qui sert à expliquer les différences qu'on pourra trouver, à cet égard, entre la table et les pages de la grammaire auxquelles elle renvoie. On n'oubliera pas, au reste, que ce qui est relatif à la prononciation des caractères, est, même à la Chine, ce qu'ils ont de moins important.

On a pris soin de placer, autant que l'a permis l'ordre analytique suivi dans cette table, à côté les uns des autres, les caractères dont la forme offre quelque analogie, et qu'on pourroit, pour cette raison, confondre les uns avec les autres. Ainsi rapprochées, les différences qui les distinguent se feront mieux remarquer, et la prononciation et les renvois qu'on trouvera placés sous chaque caractère, serviront à retrouver sa véritable signification.

Les difficultés qu'on pourra rencontrer dans l'usage de cette table [39, 41], seront levées dans la suivante, qui en est le supplément indispensable.

Pour les termes dissyllabiques, voyez la troisième table.

182   GRAMMAIRE CHINOISE.

1.re Clef.	且 *thsiĕi* 91.	3.e	乏 *fá* 3.	6.e	井 *tsing* (puits)	京 *king* (capitale)	令 *ling* 125.
一 *y* p. 11.	世 *chi* 49, 69.	丶 *tchù* p. 11.	乘 *tchhing* T. 16.	亅 *khiouĕi* p. 11.	況 *hoáng* 100.	亥 *hái* 52.	他 *thá* 122.
丁 *ting* 51.	丘 *khieoŭ* 48.	主 *tchù* 86.	5.e	了 *liaŏ* 135.	些 *siĕ* 117.	9.e	仙 *sian* 2.
七 *thsĭ* 49.	丙 *pìng* 51.	4.e	乙 *y* p. 11.	予 *iù* 52.	亟 *kĭ* T. 21.	人 *jin* p. 11.	以 *ĭ* 97.
万 *wán* 49.	丢 *tieōu* 151.	丿 *phiĕĭ* p. 11.	九 *kieŏu* 49.	事 *ssé* 2.	8.e	仁 *jin* 81.	代 *tái* T. 101.
三 *sán* 49.	並 *ping* T. 101.	乃 *năi* 99.	乞 *khĭ* 109.	7.e	上 *theoŭ* p. 11.	仄 *tsĕ* 172.	伐 *fá* T. 48.
上 *cháng* 51.	2.e	久 *kieŏu* 49, T. 88.	也 *yĕ* 82, 111.	二 *eŭl* p. 11.	亡 *wáng* 102.	介 *kiái* 121.	仲 *tchoúng* 51.
下 *hiá* 51.	丨 *kouĕn* 11.	之 *tchĭ* 78.	乾 *khian* 143.	于 *iú* 83.	交 *kiaō* 151.	什 *chĭ* 129.	任 *jin* T. 75.
不 *poŭ* 102.	个 *kŏ* 116.	乍 *tchá* 25.	亂 *louán* T. 76.	云 *yun* 105.	亦 *ĭ* 101.	从 *thsoúng* 7.	伊 *i* 56.
丑 *tchheoŭ* 52.	中 *tchoúng* 2.	乎 *hoŭ* 83.		五 *oŭ* 49.	亨 *hëng* 51.	今 *kĭn* 56.	伍 *oŭ* 49.

TABLE.

伏 foŭ T. 21.	佞 níng T. 16.	俙 khieoŭ 74.	個 kŏ 116.	偕 kiái 42.	儒 joŭ 39.	兇 eŭl 110.	六 loŭ 49.
休 hieoŭ 99, 138.	佳 kiá 117.	俗 soŭ 8.	倍 péi T. 96.	做 tsŏ 150.	儕 tchhái 58.	兜 ssé 60.	今 ki̇̆ 105.
件 kián 116.	併 píng (avec)	保 paŏ 76.	們 mén 122.	偷 theoŭ 151.	優 yeoŭ T. 95.	11.°	兵 píng 69.
伯 pĕ 101, 110.	使 ssé 96.	俞 iŭ (consentir)	倒 tàŏ 151.	備 pí 46.	―	入 ji̇̆ p. 11.	其 khí 56.
佑 yeoŭ T. 59.	來 lái 131.	俟 ssé 105.	倚 ì T. 43.	傳 tchhoŭan 105.	10.°	内 néi 76.	典 tiàn (doctrine)
你 ní 119.	侍 chí 75.	信 sín 55.	借 tsiéi 3.	傾 khíng T. 59.	儿 jín p. 11.	全 thsioŭan T. 143.	13.°
似 ssé T. 52.	侠 í 114.	修 sieoŭ 96.	偷 lún T. 99.	僅 kín 125.	兀 wŏ 114.	兩 liáng 117.	冂 khioŭng p. 11.
位 'wéi 33.	侯 héou 101.	俱 kiŭ 39.	倭 wŏ (japonois)	像 siáng 44.	元 youán 51.	12.°	冕 miàn T. 16.
何 hŏ 40.	便 pián 119.	俺 'án 197.	假 kiá 3.	儀 í T. 15.	兕 hioŭng 95.	八 pă p. 11.	
作 tsŏ 71.	係 hí 130.	併 píng (avec)	偏 phián T. 8.	儉 kián 87.	先 sían 43.	克 khĕ 43.	公 koŭng 101.

14.ᵉ	16.ᵉ	分 *fēn* 115.	刻 *khĕ* T. 12.	勉 *miǎn* T. 51.	21.ᵉ	24.ᵉ	25.ᵉ
冖 *mī* p. 11.	几 *kh*ī p. 12.	切 *thsiĕ'i* 33.	則 *tsĕ* 93.	動 *toúng* 76.	七 *pī* p. 12.	十 *chí* p. 12.	卜 *poŭ* p. 12.
冥 *míng* T. 155.	凡 *fán* 73.	刑 *híng* T. 113.	前 *thsían* 74.	勞 *laô* 73.	化 *hoá* T. 81.	千 *thsían* 49.	26.ᵉ
15.ᵉ	17.ᵉ	列 *liĕ* T. 143.	剛 *kāng* T. 107.	勸 *khioŭan* 120.	北 *pĕ* T. 43.	午 'oŭ 52.	巳 *tsiĕ'i* p. 12.
冫 *pīng* p. 11.	凵 *khăn* p. 12.	初 *thsoū* 53.	19.ᵉ	20.ᵉ	22.ᵉ	半 *pán* 144.	卯 *maŏ* 52.
冰 *pīng* 131.	凶 *hioŭng* 71.	別 *piĕ* 138.	力 *lí* p. 12.	勺 *paŏ* p. 12.	匚 *fāng* p. 12.	卉 *chí* (v. *chí*, cl. 1)	危 'uĕi T. 76.
况 *hoăng* 100.	出 *tchhoŭ* 101.	利 *lí* 88.	功 *koŭng* 48.	勻 *chŏ* T. 92.	匠 *tsiáng* 109.	卑 *pēi* T. 55.	却 *khiŏ* 150.
凉 *liáng* 174.	18.ᵉ	到 *taò* 117.	加 *kiā* 52.	勿 *uĕ* 103.	23.ᵉ	卓 *tchŏ* 92.	卷 *kiouan* 170.
凍 *toúng* 117.	刀 *taō* p. 12.	刻 *khoŭ* 139.	出 *tsoŭ* 35.		匸 *hí* p. 12.	南 *nán* T. 43.	即 *tsĭ* 95.
凝 *íng* T. 96.	刃 *jín* 69.	制 *tchí* T. 99.	勇 *yoŭng* T. 71.		匹 *phí* 51.	博 *pŏ* T. 80.	

TABLE.

27.e 厂 hăn p. 12.	厽 khiŭ 7. 參 thsān 7.	30.e 口 kheoŭ p. 12.	合 hŏ T. 8.	告 kiŏ 132.	咱 tsă 117.	唯 'wĕi T. 84.	鳴 'où 84.
厚 héou T. 76.	29.e 又 yéou p. 12.	古 koŭ 7.	古 kĭ 106.	呀 yă 111.	咸 hiĕn 39.	閒 wĕn 42.	嘛 mă 112.
原 youăn 158.		右 yéou 3.	后 héou 89.	呂 liŭ (vertèbres).	哉 tsāi 99.	善 chĕn 41.	嘉 kiā T. 59.
厥 kiouĕi 59.	及 kĭ 51.	只 tchĭ 113.	向 hiàng 117.	呢 nĭ 111.	哀 'āi 59.	喜 hĭ 91.	器 khĭ T. 61.
厦 hiă corps de logis	友 yéou 78.	叫 kiào 151.	同 thoúng 7.	周 tcheŏu T. 16.	哄 hoûng 138.	嗊 khouĕi 75.	尐 phĭ T. 143.
厭 yăn 81.	反 făn T. 35.	可 khŏ 72.	君 kiūn 58.	味 wĕi T. 8.	哥 kŏ 120.	喤 hoāng 75.	嚴 yăn 90.
28.e ム ssĕ p. 11.	叔 choŭ 150.	吃 kĭ 139.	否 feoŭ 101.	呵 hŏ 111.	哩 lĭ 111.	喪 sāng T. 63.	31.e 口 wĕi p. 12.
去 khiŭ 131.	取 thsiŭ 55.	各 kŏ 59.	含 hăn (contenir)	呼 hoū 84.	哲 tchĕ T. 96.	嗒 yăn 65.	四 ssĕ 49.
	愛 chéou 135.	名 ming 48.	吳 'où 132.	命 ming 41.	哈 hăn (manger)	喇 lă 112.	回 hoĕi 170.
			吾 'où 89, 112.	利 lĭ 93.	唐 thăng T. 67.	嘗 tchhăng T. 67.	

185

因 yên T. 59.	在 tsài 66.	報 paó 79.	声 chíng 8.	天 yâo T. 153.	38.ᵉ 女 niù p. 13.	姊 tseù 145.
困 khouén T. 71.	地 tì 15.	場 tchhâng 475.	壹 ï 19.	夕 sì p. 12.	天 thian 40.	奴 noù (esclave)	姐 tsièï 125.
固 kóu 75.	坂 fàn 7.	塔 thà 50.	壽 cheòu T. 59.	外 wài 42.	夫 foù 55.	如 joú 96.	妻 thsï 78.
囿 yéou 85.	圠 fàn 7.	墾 thoù T. 41.	34.ᵉ 夂 tchï p. 12.	夙 soù T. 103.	失 chï T. 40.	妃 fèi 59.	妾 thsiéï 136.
國 kouě 59.	均 kiûn T. 40.	塞 sě T. 43.	夂 tchï p. 12.	多 tó 38.	夷 ï T. 52.	好 haò 41.	始 chï 41.
園 yoûan 111.	坐 tsó 72.	塵 tchhîn (poussière)	35.ᵉ 夊 soùï 'p. 12.	夜 yé T. 103.	奉 foùng 121.	妃 fèi 59.	姓 sing 47.
圖 thoû (carte.)	執 tchï T. 39.	增 thsêng T. 131.	夐 soùï 'p. 12.	夢 mêng 81.	奏 tséou T. 112.	奸 khian 129.	姬 kï 136.
32.ᵉ 土 thoù p. 12.	培 phèï T. 59.	33.ᵉ 士 ssé p. 12.	奊 pián 8.	37.ᵉ 大 tá p. 12.	契 khï 120.	妖 yaò T. 87.	威 'wèi T. 95.
圡 thoù 8.	堂 thâng 125.	壬 jîn 51.	夏 hià 43.	太 thái 114.	奚 hï 55.	妙 miáo 145.	娘 niâng 143.
㘽 thoù 8.	堯 yaò 46.	壬 jîn 51.		太 thái 114.	奢 chê 87.	妹 mèi 110.	婦 foù 2.

TABLE.

媒 méi 135.	孤 koū 54.	守 cheoū T. 39.	容 yoúng 131.	寡 kouǎ 53.	將 tsiang 68, 131.	43.ᵉ 尢 tcāng p. 13.	屬 choū 58.
婿 sí 117.	孥 noū T. 53.	安 'ǎn 55, 98.	宰 tsǎi T. 143.	寶 chỷ 35.	專 tchouǎn T. 99.	尤 yeoū 46.	45.ᵉ 屮 tchhě p. 13.
39.ᵉ 子 tseǔ p. 12.	孩 hái 111.	宋 soúng T. 100.	害 hái 130.	寧 níng 87.	尊 tsūn 126.	就 tsiéou 95.	46.ᵉ
孔 khoùng 48.	孫 sūn T. 59.	完 houán 143.	寴 yǎn (festin.)	審 chǐn T. 80.	尋 thsǐn 119.	44.ᵉ 尸 chī p. 13.	山 chǎn p. 13.
字 tseǔ 35.	孰 choǔ 46, 63.	宗 tsoūng 40.	家 kiǎ 89.	寫 siě 156.	對 touǐ 112.	尺 tchhỷ 163.	岠 sǎn 7.
存 thsūn 68.	學 hiǒ 41.	官 kovǎn 36.	寅 yēn 52.	寬 khouǎn 138.	42.ᵉ 小 siaǒ p. 13.	尼 ní 18.	峻 tsiǔn T. 95.
孝 hiáo 41.	孽 niě T. 87.	定 tíng 131.	密 mí 7.	寶 paó T. 18.	少 chaǒ 93.	居 kiū 61.	崇 thsoúng T. 96.
孟 měng T. 9.	40.ᵉ 子 mian p. 12.	宜 í 84.	富 foú 83.	41.ᵉ 寸 thsún p. 12.	尚 chǎng 112.	屋 vǒ T. 112.	嶽 yǒ T. 92.
季 kí T. 60.	宅 tsě 53.	室 chỷ T. 55.	寒 hán 125.	射 ché T. 53.			
		客 khě 86.	寮 tchhǎ T. 39.				

| 47.° 巛 *tchhouân* p. 13. 川 *tchhouân* 13. 州 *tcheoû* 40. ─ 48.° 工 *koûng* p. 13. 左 *tsŏ* 3. 巧 *khiaŏ* 145. 差 *tchhā* T. 8. | 49.° 己 *kĭ* p. 13. 已 *ĭ* 13, 136. 巳 *ssé* 13, 68. 巴 *pā* 138. 巽 *sùn* p. 8. ─ 50.° 巾 *kīn* p. 13. 布 *poû* T. 67. 帖 *thiĕī* 156. | 帑 *noû* (bru.) 帝 *tī* 48. 帶 *taì* 104. 師 *ssē* 65. 席 *sĭ* 107. 常 *tchhâng* T. 155. 幬 *taó* T. 105. 51.° 干 *kān* p. 13. 平 *phíng* 13. | 年 *nîan* 73. 幷 *píng* (avec.) 幸 *hîng* T. 52. 52.° 幺 *yaŏ* p. 13. 幽 *yeoū* T. 155. 幾 *kĭ* 74. 53.° 广 *yàn* p. 13. 庅 *mŏ* 160. | 序 *siû* 98. 庚 *kēng* 51. 府 *foù* 111. 度 *toù* T. 56. 座 *tsŏ* 50. 庶 *chù* 38. 康 *khāng* (paix.) 庸 *yoūng* T. 6. 廈 *hià* (grande maison.) 廟 *miaò* 49. | 廢 *feĭ* T. 44. 廣 *kouàng* 49. ─ 54.° 廴 *yĕn* p. 13. 廷 *thîng* 53. 建 *kiàn* T. 100. ─ 55.° 廾 *koûng* p. 13. ─ 56.° 弋 *ĭ* p. 13. | 57.° 弓 *koūng* p. 13. 弗 *fŭ* 102. 弟 *tĭ* 95. 巽 *sùn* 8. 弱 *khiāng* 58. 彌 *mî* 100. 疆 *kīang* T. 91. | 58.° 彐 *kĭ* p. 13. 彙 *'uĕi, loùĭ* collection ─ 59.° 彡 *sān* p. 13. 形 *hîng* 1, 3. ─ 60.° 彳 *tchhĭ* p. 13. 彼 *pĭ* 59. 往 *ŭàng* 57. |

TABLE.

征	徵	忠	性	恨	情	愧	憫
tchīng 57.	tchīng 103.	tchoūng 129.	sīng 96, T.32.	hèn '38.	thsīng 162.	kouéi T.112.	mǐn 54.
很 hèn 115.	德 tě 43.	念 niàn 60.	怪 kouài 69.	悠 yéou T. 91.	惜 sī 83.	愠 yùn T.112.	憾 hàn T. 47.
律 liŭ T.104.	徼 kido T. 52.	忽 hoŭ 75.	忍 khoùng 139.	患 hoàn T. 52.	惟 wéi 43.	愼 chìn 43.	應 īng répondre
後 héou 62.	61.e 心 sīn p. 14.	快 khouài 149.	怨 choŭ T. 48.	悔 hoéi T. 44.	想 siàng 147.	慶 khīng 128.	懷 hoái T. 75.
待 tài 155.	必 pĭ 44.	怎 tsèng 112.	息 sĭ 58.	悖 péi T. 100.	愁 iŭ 100.	憂 yeoú T. 60.	懼 kiù 94.
得 tě 39,133.	忌 kì T. 35.	怒 noù T. 32.	羞 yáng 125.	悟 'oŭ 127.	意 ì 2.	慢 màn 144.	62.e 弋 kĕ p. 14.
從 thsoúng 7.	忘 wàng 138.	思 sse 98.	恭 koūng 135.	惑 hoě T. 75.	愚 iŭ 54.	慥 thsaó T. 51.	戈 méou 51.
御 iŭ 53.	志 tchì 59.	息 tài 146.	恥 tchhǐ T. 72.	惠 hoéi (bienfaisant.)	愛 'ǎi 59.	慟 toúng 60.	戍 siŭ 52.
復 foŭ 72.	忍 jìn 75.	怨 youàn 90.	恆 hēng 62.	惡 'ŏ 44,105.	感 kàn (émotion) T. 59.	憲 hiàn T. 59.	戌 hiàn T. 59.
徽 wéi 103.		怕 phà 146.	恤 siŭ T.137.	悶 mén 61.	惱 naò 147.	憚 tàn T. 35.	戎 joūng T. 60.

189

戒 kiāi T. 32.	64.ᵉ	招 tchaô 155.	授 chéou T. 8.	攌 'hoá T. 39.	政 tchíng 82.	數 soú 135.	新 sīn 71.
成 tchhíng 49.	手 cheou p. 14.	拜 pái 118.	接 tsiĕi 69.	攜 hî (conduire)	故 koú 61.	斂 lian T. 76.	70.ᵉ
我 'ǒ 52.	才 thsái 120.	持 tchhí T. 76.	措 tsŏ T. 80.	65.ᵉ	教 kiaó 82, 151.	斀 ý (fin.)	方 fāng p. 14.
戜 hoǔ 128.	打 tǎ 133.	指 tchí 2.	掌 tchǎng 43.	支 tchī p. 14.	敏 mǐn T. 68.	67.ᵉ	於 iū 83.
戲 hí 175.	丞 cheoú (main.)	按 'án 54.	提 thí 153.	66.ᵉ	救 kieóu 88.	文 wén p. 14.	施 chī 63.
63.ᵉ	扶 foú 101.	拾 chǐ 49, 129.	揚 yáng T. 39.	支 phoŭ p. 14.	敝 pí 124.	68.ᵉ	旅 liù T. 64.
戶 hoú p. 14.	技 kí 37.	拿 ná 134.	搶 yán T. 56.	攸 yeóu T. 21.	敢 kǎn 64.	斗 teoǔ p. 14.	71.ᵉ
所 sǒ 62.	把 pǎ 154.	拳 khioûan T. 40.	援 yoúan T. 52.	改 kǎi T. 48.	散 sàn T. 8.	69.ᵉ	无 woú p. 14.
戾 lì T. 47.	抑 ý 91.	振 tchín T. 92.	撮 thsŏ T. 92.	攻 koùng T. 21.	敦 thún T. 96.	斤 kīn p. 14.	旣 kí 69.
房 fáng 109.	承 tchhíng T. 56.	捌 pǎ 49.	擇 tsǒ 117.	放 fáng 90.	敬 kíng 62.	斯 ssé 61.	

TABLE.

72.ᵉ 日 *jĭ* p. 14.	昨 *tsŏ* 74. 昭 *tchaŏ* T. 92.	73.ᵉ 曰 *youĕï* p. 14.	74.ᵉ 月 *youĕï* p. 14. v. la 130.	75.ᵉ 木 *moŭ* p. 15.	束 *toúng* 71. 果 *kŏ* 96.	栽 *tsái* T. 59. 桑 *sáng* 101.	76.ᵉ 欠 *khian* p. 15.
旨 *tchĭ* 122.	是 *chĭ* 39, 60.	曲 *khioŭ* T. 84.	有 *yeoŭ* 66.	未 *wĕï* 104.	林 *lin* 132.	梓 *tseŭ* (planches)	次 *thseŭ* T. 84.
昆 *kouĕn* T. 71.	時 *chĭ* 91.	更 *kĕng* 114.	朋 *phéng* 165.	末 *mŏ* T. 8.	柏 *pŏ* 4.	梵 *fán* (Indien.)	欲 *yoŭ* 52.
昌 *tchháng* 36.	晚 *wǎn* 118.	曷 *hŏ* 105.	服 *foŭ* 103.	本 *pĕn* 7.	柴 *thsí* 49.	極 *kí* 46.	欽 *khīn* 49.
明 *míng* 2.	智 *tchī* T. 143.	書 *choū* 4.	望 *wáng* 54.	朱 *tchū* T. 6.	柴 *tchhái* 65.	楚 *thsoŭ* 78.	欺 *khī* 67.
易 *ĭ* 134.	暗 *'án* 129.	替 *thī* 112.	朕 *tchín* 53.	朽 *hieoŭ* 119.	柔 *jeoŭ* T. 43.	樂 *lŏ, yŏ* 26, 42.	歟 *iŭ* 88.
昔 *sĭ* 97.	曁 *kí* 42.	最 *tsouì* 46.	朝 *tchhaŏ* 26.	材 *thsái* T. 59.	柯 *kŏ* T. 43.	樹 *choŭ* T. 68.	77.ᵉ 止 *tchĭ* p. 15.
星 *sīng* T. 92.	曉 *hiaŏ* 118.	會 *thsĕng* 68, 136.	期 *kī* T. 39.	杞 *khĭ* T. 99.	株 *tchū* 144.	橘 *khiaŏ* (pont.)	正 *tchíng* 3, 7.
春 *tchhūn* T. 27.		會 *hoĕï* 2, 137.			來 *lái* 8.	格 *kĕ* 38.	

191

此 thseù 59.	殖 i 60.	毳 toŭ 119.	一 84.° 气 khì p. 13.	汝 jou 54.	波 pô 160.	海 hài 40.	溥 phoŭ T. 107.
武 troŭ 48.	79.° 殳 chŭ p. 15.	81.° 比 pì p. 15.	氣 khì T. 28.	汜 ssŭ 101.	泉 thsiouan T. 107.	淡 tàn 113.	滿 màn T. 18.
歷 li T. 119.	殷 yèn T. 16.	82.° 毛 maô p. 15.	85.° 水 choùï p. 15.	沒 moŭ 137.	洋 yâng 77.	淫 yên T. 16.	漢 hàn T. 12.
歸 kouëi 43.	殺 chă 26.	毫 haô T. 107.	永 yòung T. 103.	沙 chă 25.	洩 siĕï T. 93.	深 chîn 46.	漏 léou T. 113.
78.° 歹 yă p. 15.	毅 ï T. 107.	83.° 氏 chì p. 15.	求 khieoû 43.	河 hô 40.	洞 toùng 161.	淵 youān T. 47.	濊 phŏ 161.
歺 id.	80.° 毋 troŭ p. 15.		汗 hàn (sueur.)	治 tchì 73.	津 tsîn (pont.)	清 thsîng 120.	潛 thsîan T. 11.
死 ssŭ 59.			沼 tchaŏ T. 21.	法 fă 103.	洲 tcheoŭ (ile.)	溫 uĕn T. 96.	潼 thoung nom de fleuve
殆 tăï T. 16.	母 moŭ 38.	民 mîn 40.	江 kiâng (fleuve.)	活 hŏ 64.	測 thsĕ T. 91.	濛 mêng 101.
殖 tchĭ T. 92.	每 mĕï 122.		池 tchhĭ 70.	泡 phaô 131.	流 lieoŭ T. 43.	源 youān 41.	濯 tchŏ T. 21.
				泪 loŭï 2.	浩 haŏ T. 111.	溢 ï T. 103.	灑 chă 25.

TABLE.

| 86.° 火 hǒ p. 15. 烏 'oú 84. 栽 tsǎi T. 99. 烹 phēng 69. 焉 yán 92. 然 jǎn 93. 無 woú 102. 照 tchǎo T. 108. 煩 fǎn 117. | 熙 hí T. 6. 燕 yán T. 153. 營 íng T. 21. 87.° 爪 tchǎo p. 15. 爭 tsēng T. 112. 爲 'wéi 99. 爵 tsiǒ 72. | 88.° 父 foù p. 15. 爺 yē 122. 89.° 爻 yaǒ p. 15. 爾 eùl 51. 90.° 爿 pán, tchǒuáng p. 15. 91.° 片 phiēn p. 15. | 92.° 牙 yá p. 15. 93.° 牛 nieoú p. 15. 牝 phìn 110. 牡 meoú 110. 牣 jín T. 21. 物 wě 39. 特 tě 119. | 94.° 犬 khiouàn p. 15. 狄 tí T. 52. 狗 keoù 139. 猜 thsāi 153. 猶 yeoú 95. 獨 toú 70. 獲 hoě T. 68. 獸 chéou 70. 獻 hién (offrir.) | 95.° 玄 hiouàn p. 16. 玄 id. 玆 tseú 50. 率 soú 92. 96.° 玉 iŭ p. 16. 王 uǎng 41. 玩 wǒn T. 8. 理 lí T. 8. | 琴 khín T. 53. 琵 phǐ 112. 琶 phá 112. 瑟 sě T. 55. 璘 lín (éclat.) 97.° 瓜 koǔ p. 16. 98.° 瓦 wǎ p. 16. | 99.° 甘 kán p. 16. 甚 chín 46. 100.° 生 sēng p. 16. 甥 sēng 110. 101.° 用 yoúng p. 16. |

| 102. 田 thían p. 16. 由 yeoú 44. 甲 kiă 51. 申 chīn 52. 男 năn 101. 畏 'weì T. 75. 略 liŏ 141. 畱 i 43. 畾 lieoŭ 140. | 當 tāng tt. 103. 疋 soŭ p. 16. 疑 í 151. 104. 疒 nĭ p. 16. 疚 kiéou T. 79. 疾 tsĭ 53. 病 yĭng 68. | 105. 癶 pŏ p. 16. 癸 kouĕi 51. 癸 fă 8. 登 tēng T. 53. 發 fă p. 8. 106. 白 pĕ p. 16. 百 pĕ 49. 的 tĭ 112. 的 | 皆 kiĕi 39. 皇 hoăng 48. 107. 皮 phĭ p. 16. 108. 皿 mĭng p. 16. 盂 péi 135. 盃 hŏ 59, 105. 盇 hŏ 59, 105. 盖 kăi (couverture) | 盒 hŏ 111. 盆 ĭ 46, 109. 盛 tchhĭng 77. 盡 tsĭn T. 8. 虘 loŭ T. 68. 109. 目 moŭ p. 16. 相 siăng 87. 省 sĭng 52. 看 khăn 130. | 真 tchīn 148. 眩 hiouăn T. 75. 眼 yăn 152. 着 tchŏ 133. 衆 tchoŭng 38. 睃 tsiŭn 154. 睛 tsīng 154. 睨 nĭ T. 18. 睡 choŭi 156. 睹 toŭ T. 32. | 睿 jouĭ T. 107. 瞵 līn (regarder) 110. 矛 meoŭ p. 16. 矜 kīng T. 76. 111. 矢 chĭ p. 16. 矣 i 105. 知 tchī 26. 矧 chīn T. 56. | 矮 yăi 175. 矯 kiaŏ T. 43. 112. 石 chĭ p. 16. 破 phŏ 117. 113. 示 khĭ p. 17. 社 chĕ T. 67. 祀 svĕ T. 80. 祖 tsoŭ 49. |

TABLE.

神 chin 38.	一 114.°	稱 tchhing 93.	一 117.°	筆 pí 58.	简 kiàn T. 111.	素 sou 69, T. 138.	維 'wéi T. 93.
祭 tsi T. 56.	肉 jeoù p. 17.	穆 moú T. 95.	立 li p. 17.	等 tĕng 59, 122.	猶 tchéou nom d'hom.°	索 sŏ T. 138.	緊 kǐn 115.
祥 tsiáng T. 87.	禽 khín T. 93.	146.°	竝 píng (tous.)	策 thsĕ T. 67.	119.°	細 si 132.	緒 siù T. 60.
祿 loù 73.	145.°	穴 hioueï p. 17.	章 tchāng 170.	箇 kŏ 116.	米 mi p. 17.	終 tchoūng 150.	緣 youán 113.
禍 hŏ T. 87.	禾 hŏ p. 17.	空 khoūng 96.	童 thoúng 39.	管 kouăn 116.	精 tsing 162.	銅 kioúng T. 111.	繆 miéou T. 100.
禎 tching T. 87.	秋 thsieoū T. 27.	窈 yaŏ T. 155.	端 touān 112.	節 tsiĕï 170.	糞 fĕn 155.	絕 tsioueï 114.	繙 fân T. 12.
福 foŭ T. 87.	秘 pí (mystère)	窮 khioúng 91.	118.°	篆 tchouán 5.	120.°	絅 thoúng (toile.)	繫 hí T. 92.
禘 tí T. 67.	移 í 71.	竈 tsaŏ (foyer.)	竹 tchoŭ p. 17.	篇 phiān T. 8.	糸 mi p. 17.	統 thoŭng 56.	繼 kí T. 76.
禮 lĭ 70.	程 tchhing T. 8.		笑 siaŏ 139.	篤 toŭ T. 59.	納 nŏ T. 39.	經 kīng 36, 136.	纔 thsâi 111.
禱 taŏ 90.	稟 pĭn T. 76.		第 tí 51.	鑾 toŏ 102.	純 chún T. 95.	綸 kūn T. 108.	纘 tsouăn T. 60.

121.° 缶 feòu p.17.	123.° 羊 yâng p.17.	翰 hân 133.	127.° 耒 loúi p.17.	聚 tsiù T.143.	130.° 肉 joù p.17. v. la 74.°	能 nêng 69.	132.° 自 tseù p.18.
	美 mèi 88.	125.° 老 laò p.17.	耕 kêng 58.	聞 wên 2.	肖 sido T.36.	脩 sieoû T.32.	臭 hiêou T.115.
122.° 网 wàng p.17.	羣 kiûn 40.	考 khaò T.99.	128.° 耳 eùl p.17.	聰 thsoûng T.107.	肚 toù 152.	脫 thŏ 137.	133.° 至 tchí p.18.
罕 hàn 88.	義 i 41.	者 tchè 80.	耶 yê 86.	聲 chíng 3.	肝 kân 139.	腦 nào 154.	致 tchì T.35.
罟 koù T.39.	124.° 羽 iù p.17.	126.° 而 eùl p.17.	耻 tchhí 98.	聽 thíng 155.	肫 tchûn T.111.	膺 îng T.40.	臺 thâi 70.
罵 mà 149.	習 sí 89.	耍 choùa 148.	耽 tân T.55.	129.° 聿 iù p.17.	肯 khèng 159.	131.° 臣 tchhîn p.17.	134.° 臼 khieoù p.18.
罷 pà 135.	翔 thsiâng T.15.		聖 chíng 44.	肆 ssé 49.	育 yoù T.35.	臨 lîn T.107.	舅 iù T.3.
	翁 ŷ T.56.		聘 phíng 131.		背 pêi 151.		
					胡 hoû 105.		

196   GRAMMAIRE CHINOISE.

TABLE.

與 *iù* 86.	舞 *woŭ* T. 16.	140.° 艸 *thsaŏ* p. 18.	菊 *kioŭ* 135.	茹 *phoŭ* T. 68.	141.° 虍 *hoŭ* p. 18.	蚪 *teoŭ* 5.	144.° 行 *hĭng* p. 18.
典 *hĭng* T. 87.	137.° 舟 *tcheoŭ* p. 18.	花 *hoā* 114.	蓍 *'ān* T.131.	蓍 *chī* T. 87.	虛 *hiū* 35.	蛟 *kiaō* T. 92.	衍 *yăn* (inondation)
舉 *kiŭ* T. 15.	般 *pān* 111.	苟 *keoŭ* 70.	華 *hoā* 75.	蓄 *hioŭ* 136.	處 *tchhoŭ* 57.	蜜 *mĭ* 7.	145.° 衣 *ī* p. 18.
體 *tchhĭn* poussière	船 *tchhouăn* 109.	若 *jŏ* 96.	菡 *wăn* 49.	蒻 *tăng* T. 114.	處 *tchhoŭ* 8.	蝴 *khŏ* 5.	
135.° 舌 *chĕ* p. 18.	138.° 艮 *kĕn* p. 18.	苦 *khoŭ* 115.	落 *lŏ* 119.	薄 *pŏ* T. 76.	虜 *loŭ* 53.	蠻 *măn* T.103.	廷 *jĭn* T. 43.
舍 *chĕ* 123.		茶 *tchhă* 131.	菩 *tchŭ* 132.	蘆 *tsiăn* 47.	143.° 血 *hioŭeĭ* p. 18.	袍 *phaŏ* 127.
136.° 舛 *tchhouăn* p. 18.	139.° 色 *sĕ* p. 18.	草 *thsaŏ* 5.	彝 *tsăng* T. 63.	藏 *thsăng* T. 8.	號 *haŏ* 49.	衆 *tchoŭng* 38. v. la Clef 109.°	被 *pèi* 139.
舜 *chŭn* 16.	色 *Id.*	莊 *tchhoŭang* T.107.	蓋 *kăi* v. le suiv.	藥 *yŏ* 118.	142.° 虫 *hoĕï* p. 18.	裏 *lĭ* 111.
		莫 *mŏ* 102.	蓋 *kăi* 102.	蒙 *mĕng* 56.	蚤 *tsaŏ* T.103.	裔 *ĭ* (race.)

裕 iù T.107.	覆 foù T.59.	149.ᵉ	詩 chi 171.	諡 chi 48.	譌 'ó 8.	150.ᵉ	153.ᵉ
補 poù T.131.	—	言 yán p.18.	詮 tsiouàn T.143.	譁 hoéi 48.	識 chi 81.	谷 koù p.18.	豸 tchhí p.18.
裳 tchǎng T.61.	147.ᵉ	訓 hiún (explication)	話 hoá 36.	諸 tchoù 85.	譯 í T.12.	—	貊 mě T.108.
製 tchí 170.	見 kiàn p.18.	託 thǒ 78.	語 iù 46.	謀 meoù T.116.	議 í T.99.	151.ᵉ 豆 téou p.18.	—
複 foù 47.	視 chí 63.	記 kí T.143.	誠 tchhíng 81.	謂 'uéi 80.	譴 khiàn 139.	豊 khì 70.	154.ᵉ 貝 péi p.18.
襲 sí T.12.	親 thsin 58.	訪 fǎng 119.	誤 'où 8.	諠 tcheoù (injurier.)	譽 iù T.103.	—	貞 tchíng 51.
—	覺 kiǒ 81.	設 chě T.61.	說 chouě 37.	謝 siéi 113.	讀 toù 132.	152.ᵉ 豕 chì p.18.	財 thsái T.75.
146.ᵉ 而 yǎ p.18.	觀 kouān 63.	許 hiù 51.	誰 chouí 63.	講 kiàng 137.	變 piàn 8.	犯 pǎ 60.	貢 kóung T.153.
西 sí 106.	— 148.ᵉ 角 kiǒ p.18.	註 tchú 3.	諸 thsìng 138.	謫 tsě 139.	讒 tsán T.75.	象 siàng 1.	貧 pín 95.
要 yaó 137.		誠 chí T.76.	論 lùn 96.	謹 kìn 122.	讓 jáng 61.	豫 iù 73.	貨 hǒ T.75.

TABLE.

		157.e	158.e	載 tsāi T. 47.	161.e	退 thoùi T. 8.	運 yùn 57.
貳 eúl 49.	賣 mài 151.	足 tsoù p. 19.	身 chīn p. 19.	輦 pèi 122.	辰 tchīn p. 19.	建 iú en marchant	過 kouó 93, 136.
貴 kouéi 83, 126.	賦 foù (éloge.)	跟 kēn 146.	躬 koūng 58.	農 noūng 109.		這 tché 127.	道 taó 41, 130.
買 mài 134.	賴 lài 56.	跡 tsȳ (trace.)	躰 thì (membre)	轉 tchouàn 3.	162.e	迎 thoùng 7.	達 tǎ T. 35.
費 féi 65.	贊 tsàn T. 84.	跪 kouéi 146.	體 thì Id.		辵 tchhǒ p. 19.	造 thsaó T. 47.	逵 'uéi T. 48.
贄 tsàn v.plus bas	155.e	路 loù 78.		160.e	迎 íng T. 76.	連 lían 143.	遠 youǎn 84.
質 tchī T. 100.	赤 tchhȳ p. 18.		159.e	辛 sīn p. 19.	近 kìn 43.	逮 tái T. 61.	遯 tùn T. 41.
賜 ssé 56.	156.e	哈 khiéi T. 79.	車 tchhē p. 19.		述 choù 69.		
賤 tsián 91, 124.	走 tseoù p. 18.	踐 tsián T. 61.	軌 kouèi T. 99.	辡 pí 65.		遂 soùi 132.	遵 tsūn 122.
賞 chàng 56.	兊 tseoù 8.	跴 taó 72.	軒 hīan 132.	辦 pián T. 80.	迸 soúng 129.	遇 iú (rencontrer.)	選 siouàn 47.
賢 hían 46.	起 khì 153.	曜 yǒ 71.	輅 loú T. 16.	辭 thseú 35, 72.	追 toūi T. 63.	遊 yeoù 78.	遺 í 66.

199

還 hoán 114, 118.	部 poú 9.	醫 ī 83.	鉤 keoú T. 138.	169.° 門 mén p. 19.	陵 líng T. 52.	171.° 隶 táï p. 19.	雜 tsá mélange.
週 eúl T. 39.	都 toú 39.	165.° 采 plan p. 19.	銀 yén 117.	陸 loú 49.	隸 lī 7.	離 lī T. 32.
邊 pian 43.	鄧 téng T. 134.		銅 thoúng 113.	開 khāi 145.	陷 hiàn T. 39.		難 nán 133.
163.° 邑 ī p. 19.	鄭 tchíng T. 16.	166.° 里 lī p. 19.	錦 kīn T. 114.	閽 'àn T. 111.	陳 tchín 66, T. 61.	172.° 隹 tchoúī p. 19.	173.° 雨 iù p. 19.
邪 ná 127.	164.° 酉 yroú p. 19.		錯 thsó 132.	170.° 阜 feoù p. 19.	陰 yén obscurité	集 tsī T. 15.	雪 siouĕï 194.
邦 pāng T. 16.	配 phèï T. 91.	重 tchoúng 79.	鑑 kiàn (miroir.)		隊 toúï T. 108.		
邪 yé 86.	酒 tsieoù 132.	167.° 金 kīn p. 19.	168.° 長 tchāng p. 19.	阪 fàn 7.	隨 soúï 112.	雄 hioúng 110.	霧 pǔng 174.
郊 kiaō T. 67.	酬 tchheoú T. 61.	鉄 feŏ T. 112.		阱 tsīng T. 39.	險 hiàn T. 52.	雅 yà (droit.)	零 líng 115.
郞 láng 113.	醉 tsoúï 161.	鈚 yoŭĕï T. 112.		阿 ò, ā 113.	隱 yén 13.	雌 thseŭ 110.	霜 choüáng T. 108.
				陛 pī 56.		雖 soúï 68.	露 loù T. 108.

TABLE.

靈 ling p. 56.	177.° 革 kě p. 20.	181.° 頁 hiĕï p. 20.	182.° 風 foŭng p. 20.	餘 iŭ 51.° 饔 hiâng T. 59.	骸 kidï T. 111. 驅 khiŭ T. 39.	191.° 鬥 tĕou p. 20.	195.° 魚 iŭ p. 20.
174.° 青 tsîng p. 19.	鞋 hidï 109.	順 chún T. 55.	183.° 飛 fēi p. 20.	185.° 首 cheoŭ p. 20.	驕 kiaô 62.	192.° 鬯 tchhâng p. 20.	魯 loŭ 65. 鮮 siĕn 26.
175.° 非 fēi p. 19.	178.° 韋 'wéi p. 20.	須 siŭ T. 32. 頭 theoŭ 111.	184.° 食 chĭ p. 20.	186.° 香 hiâng p. 20.	188.° 骨 koŭ 20. 體 thĭ T. 56.	193.° 鬲 lĭ p. 20.	鯉 lĭ 4.
靡 mĭ T. 112.	179.° 韭 kicoŭ p. 20.	顏 yân 47. 願 youén 48.	187.° 飲 yĕn 104. 飯 fân 160.	189.° 高 kaô p. 20.	194.° 鬼 kouĕi p. 20.	196.° 鳥 niaô p. 20.
176.° 面 miĕn p. 20.	180.° 音 yĕn p. 20.	類 loŭï 102. 顧 koù T. 51. 顯 hiĕn 103.	鮑 paô 161. 餓 ó 117.	罵 mâ p. 20. 罵 mâ 8. 絮 kiŭ 121.	190.° 髟 picoŭ p. 20.	見 kouĕi 8.	鳴 ming 2. 鳶 yoŭan T. 47. 鵲 koŭ T. 55.
		韶 chaô T. 16.					

201

鶴 hŏ T. 21.	200.ᵉ 麻 má p. 20.	點 tiăn 157.	207.ᵉ 鼓 koŭ p. 21.	212.ᵉ 龍 loúng p. 21.
197.ᵉ 鹵 loŭ p. 20.	麼 mŏ 160.	204.ᵉ 黹 tchï p. 21.	208.ᵉ 鼠 chù p. 21.	213.ᵉ 龜 koŭeï p. 21.
198.ᵉ 鹿 loŭ p. 20.	201.ᵉ 黃 hoáng p. 21.	205.ᵉ 黽 mĭng p. 21.	209.ᵉ 鼻 pí p. 21.	龜 koŭeï T. 87.
麀 yeoŭ 160.	202.ᵉ 黍 chù p. 21.	黿 yoŭan T. 92. 鼈 thŏ T. 92. 鼇 piĕ T. 92.	210.ᵉ 齊 tsí p. 21.	214.ᵉ 龠 yŏ p. 21.
199.ᵉ 麥 mĕ p. 20.	203.ᵉ 黑 hĕ p. 21. 默 mĕ T. 96.	206.ᵉ 鼎 tĭng p. 21.	211.ᵉ 齒 tchhï p. 21.	

TABLE

DES CARACTÈRES

DONT LE RADICAL EST DIFFICILE A RECONNOÎTRE,

Arrangés d'après le nombre des Traits qui les composent.

Nota. Ceux des caractères contenus dans la Table précédente, dont le radical est difficile à reconnoître [39], sont rangés ici suivant le nombre des traits qui les composent, en commençant par un, deux, etc. Un chiffre romain placé à la tête de chaque section fait connoître de combien de traits sont formés les caractères qui s'y trouvent réunis. Ainsi, pour y chercher un caractère difficile, il faut compter le nombre total des traits qui s'y trouvent, et recourir à la section à la tête de laquelle ce même nombre est exprimé. Le chiffre placé au-dessous de chaque caractère est le numéro de la clef ou du radical auquel il appartient : il peut donc servir de renvoi, soit à la Table générale qui précède, soit à celle des 214 clefs [pag. 11 — 21], où l'on pourra recourir pour comparer le radical à son dérivé. — On n'a pas compris ici les caractères qui sont composés de deux radicaux seulement, parce que, à l'égard de ces sortes de caractères, il n'y a pas d'économie de temps ni de peine à recourir à la table des caractères difficiles : on les trouve aussi vite, en les cherchant successivement sous les deux radicaux, avec la chance de les rencontrer sous le premier auquel on aura rapporté le caractère.

Comme il peut arriver, sur-tout dans les commencemens, qu'on se trompe d'un trait en plus ou en moins, dans la supputation des traits d'un caractère [40], on fera bien de jeter les yeux sur la section qui suit et sur celle qui précède la section à laquelle on aura cru devoir le rapporter.

II.	己 49.	今 9.	天 37.	出 17.	母 80.	夙 36.	考 125.
七 4.	巳 49.	仄 9.	夫 37.	加 19.	民 83.	夷 37.	西 146.
乃 4.	才 61.	内 11.	巴 49.	北 21.	由 103.	宇 39.	——
九 5.	——	六 12.	王 96.	半 21.	甲 102.	存 39.	VII.
了 6.	IV.	公 12.	——	卯 26.	申 102.	州 47.	况 7.
——	不 1.	令 12.	V.	可 30.	——	曲 73.	兵 12.
III.	丑 1.	刃 18.	丘 1.	左 48.	VI.	有 74.	初 18.
下 1.	申 2.	之 4.	世 4.	平 51.	全 44.	朱 75.	古 24.
上 4.	予 6.	分 18.	且 4.	年 51.	危 26.	此 77.	吳 30.
久 4.	五 7.	化 21.	主 3.	弗 57.	后 30.	死 78.	貝 32.
也 5.	井 7.	午 21.	乎 4.	必 61.	同 30.	永 85.	坐 32.
于 7.	以 9.	及 29.	乍 4.	正 77.	向 30.	百 106.	孝 39.
凡 16.		友 29.	令 9.		在 32.		廷 51.

TABLE.

弟 57.	來 9.	孟 39.	IX.	甚 99.	專 41.	XI.	率 95.
我 62.	兩 41.	尙 42.	前 48.	皆 106.	差 48.	乾 5.	衆 109.
攸 66.	其 42.	幸 51.	南 21.	美 123.	師 50.	冕 43.	禽 414.
更 73.	典 42.	并 51.	咸 30.	者 125.	席 50.	參 28.	章 417.
求 9, 75.	卓 21.	所 63.	哉 30.	胡 130.	曹 73.	執 32.	脩 130.
每 80.	卑 21.	承 64.	哀 30.	重 166.	栽 75.	孰 39.	
求 85.	卷 26.	東 75.	奕 35.		裁 86.	將 41.	XII.
罕 123.	受 29.	呆 75.	癸 37.	X.	烏 86.	密 46.	喜 30.
	命 30.	武 77.	威 38.	乘 4.	眞 86.	御 60.	善 30.
VIII.	周 30.	毒 80.	幽 52.	唐 30.	能 130.	旣 71.	喪 30.
並 4.	夜 36.	者 125.	娶 57.	哥 30.	豈 151.	望 74.	報 30.
事 6.	奉 37.		拜 61.	堯 32.	酒 161.	焉 86.	尊 32.
亚 7.				奚 37.			尋 41.
							尊 41.

就 43.	象 152.	載 159.	與 131.	燕 86.	XVIII.	
巽 49.	—	農 161.	蜜 142.	翰 124.	歸 77.	
幾 52.	XIII.	—	—	典 131.	爵 87.	
最 73.	塞 32.	XIV.	XV.	豫 152.	—	
曾 73.	愛 61.	亂 5.	慶 61.	賴 151.	XIX.	
朝 71.	感 61.	嘉 30.	憂 61.	—	甄 30.	
期 74.	會 73.	嘗 30.	樂 75.	XVII.	獸 94.	
欽 76.	楚 75.	壽 33.	魯 195.	應 61.	—	
爲 87.	羣 123.	夢 36.	—	營 86.	XX. et au-dessus	
衆 109, 113.	義 123.	爾 89.	XVI.	聲 128.	嚴 30.	
童 117.	聖 128.	疑 103.	學 39.	膺 130.	獻 91.	
舜 136.	號 141.	聚 128.	曁 72.	舉 131.	變 119.	
	裹 145.	臺 133.	歷 77.		靈 173.	
			烹 86.		鱻 134.	

TABLE
DES MOTS DISSYLLABIQUES
ET
DES EXPRESSIONS COMPOSÉES

Dont l'explication se trouve dans cette Grammaire.

Nota. Quoique l'on ait eu soin de placer à côté de chaque caractère cité dans cette grammaire, son interprétation littérale en latin, on a dû excepter ceux qui sont employés en construction avec d'autres pour former des mots composés. Pour ces derniers, on a réuni, par un tiret, les caractères qui servent à les former, et l'on s'est borné à indiquer le sens du composé, à côté de l'un de ces caractères. On trouvera dans la Table suivante toutes les expressions de ce genre, usitées, soit en *Kou-wen*, soit en *Kouan-hoa*, qui sont citées dans ce volume, avec le renvoi à la page où elles se trouvent expliquées, et où l'on doit chercher les caractères qui servent à les écrire. En jetant les yeux sur cette réunion de termes polysyllabiques, on y trouvera la matière d'une observation importante : c'est qu'en les employant, les Chinois peuvent, quand ils le trouvent bon, éviter l'inconvénient des homonymes [57]. Sur plus de quatre cents expressions polysyllabiques que le hasard a réunies dans ce volume, à peine y a-t-il deux ou trois exemples d'homonymies; et si l'on a égard à la différence des accens, il n'y en a pas du tout. De là, la faculté de transcrire, en lettres alphabétiques, ces polysyllabes qui ne prêtent à aucune équivoque, et que, par cette raison, nous nous bornons à présenter ici en lettres latines, pour qu'ils occupent moins d'espace.

Les chiffres placés après chaque mot renvoient aux pages de la Grammaire ; ceux qui sont précédés de la lettre T renvoient aux pages du *Tchoung-young*. Voyez la note en tête de la première Table.

CH

Chàng-chỉng, 25.
Chàng-ssé, 36.
Chàng-tỉ, T. 67.
Chaò-yàn, 93.
Chaò-poü-tĕ, 117.
Chaò-wroü, T. 16.
Chỉ-fén, 115.
Chỉ-ỉ, 98.

Chỉ-kỉng, T. 6.
Chỉ-tseù, 35.
Chỉ-tsoù, 49.
Chỉ-theoù, 111.
Chỉ-eùl, 111.
Chỉn-mò, 129.
Chỉn-pỉan-jỉn, 140.
Choü-choü, 150.

Choù-fáng, 109.
Chouč-taó, 130.
Chú-hoù, 87.
Chủ-jỉn, T. 63.
Chủ-kỉ, 87.
Chủ-mỉn, 77.

F

Fán-ỉ, T. 12.
Fán-naò, 147.
Fàng-thsảỉ, 111.
Fàng-tseù, 110.
Foủ-foủ, T. 71.

Foü-yoüan, 111.
Foủ-jỉn, 128.
Fóu-jỉn, 128.
Foü-kouĕỉ, T. 52.
Foü-sáng, 101.

Foü-sỉng, 47.
Foù-tseù, 55.
Foù-tseù, T. 71.
Foù-thsỉn, 110.

H

Haï-neï, 36.
Haï-eùl, 111.
Han-lỉn, 132.
Haó-haó, T. 111.
Hén-poü-tĕ, 138.
Hiáï-tsiáng, 109.
Hián-hián, T. 59.
Hian-khỉ, 120.
Hián-tsảỉ, T. 147.

Hido-kỉng, T. 24.
Hicoủ-yaò, 138.
Hỉng-chỉng, 3.
Hỉö-sếng, 119.
Hioủng-tỉ, 108.
Hlu-tseù, 35.
Hỏ-chỉng, 112.
Hỏ-hỏ, T. 21.
Hỏ-ỉ, 72, 74.

Hö-jàn, 75.
Hô-thsảỉ, T. 92.
Hö-tseĭ, 65.
Hö-eùl, 111.
Hoủ-yŏ, T. 92.
Hoán-nán, T. 52.
Hoáng-hoáng, 76.
Hoĕi-ỉ, 2.
Hoủ-yán, 95.

I, Y

ỉ-fá, 157.
ỉ-haó, ib.
ỉ-hiáng, 117.
ỉ-kỉng, 136.
ỉ-laỉ, 99.
ỉ-làỉ, 157.
ỉ-mỉan, ib.
ỉ-pán, ib.
ỉ-pỉan, ib.
ỉ-séng, 109.

ỉ-sỉé, 157.
ỉ-theoủ, ib.
ỉ-tỉ, T. 52.
ỉ-tián, 157.
ỉ-tỉng, ib.
ỉ-thoáng, 56.
ỉ-tsĕ, 96.
ỉ-thsỉĕỉ, 157.
ỉ-'wĕi, 55, 98.
ỉ-eùl, 93.

yán-iù, 138.
yán-ssé, T. 153.
yàn-eùl, 152.
yáng-yáng, 79.
yaò-nieï, T. 87.
yĕ-chỉ, 145.
yĕ-ycoủ, ib.
yĕ-poủ, ib.
yĕ-poủ-chỉ, ib.
yén-tseù, 117.

TABLE.

ycoŭ-yeoŭ, T. 95.	yoŭan-yoŭan, T. 111.	iŭ-tchī, 170.
yŏ-ī, 148.	yoŭan-lāi, 158.	iŭ-eŭl, 111.
yŏ-yŏ,'76.	yoŭng-Y, 135.	
yŏ-kīng, T. 27.	iŭ·kī, 53.	

J

Jân-tsĕ, 86.	Jŏ-tseŭ, 110.	Joŭ-hŏ, 152.
Jī-jī, 141.	Jîn-hioŭng, 120.	
Jī-theoū, 111.	Jîn-kiā, 154.	

K, KH

Khân-kian, 130.	Khiân-tsĕ, 139.	Khŏ-teoŭ, 5.
Kéng-thiĕï, 156.	Kiân-wĕ, 116.	Koŭ-tcĕn, 36.
Khĭ-jîn, 109.	Kiaŏ-hĭng, T. 52.	Kouâ-jîn, 53, 96.
Khĭ-kân, 161.	Khieoŭ-khieoŭ,74.	Khoudi-hŏ, 149.
Khĭ-lāi, 153.	Khioŭan-khioŭan, T. 40.	Kouân-hod, 36.
Kī-tân, T. 35.	Kiŭ-hoā, 135.	Kouân-thsîng, 162.
Kī-tsiĕï, 136.	Kiŭn-tchhîn, T. 71.	Kouĕi-chîn, 43, 108.
Kiâ-tsiĕï, 3,	Kiŭn-tseŭ, 66.	Kouĕn-tī, T. 71.
Kidï-chîn, T. 32.	Khŏ-ī, 98.	Khoŭng-kiŭ, T. 32.
Khĭan-nîang, 143.	Kŏ-kŏ, 120.	Khoŭng-khoŭng, 96.

L

Lā-mā, 112.	Laŏ-sīan-sĕng, 121.	Liŏ-kouā, 141.
Lâng-kiŭn, 113.	Lī-ī, T. 91.	Lûn-iŭ, T. 9.
Laŏ-foŭ, 118.	Lîng-thāi, T. 21.	
Laŏ-yĕ, 121.	Lîng-'āi, 126.	

M

Mâi-jîn, 109.	Mĕng-tseŭ, T. 9.	Moŭ-fĕi, 161.
Mâi-mâi-tī, 114.	Mīan-khīang, T. 72.	Moŭ-jŏ, 97.
Mân-mân, 141.	Miāo-haŏ, 49.	Moŭ-poŭ, 161.
Mĕi-tseŭ, 110.	Mîng-jī, 141.	Moŭ-thsîn, 110.
Mén-sĕng, 119.	Mîng-'oŭ, 127.	
Mĕng-tsĕ, 101.	Moŭ-chouĕ, 148.	

N

Nā-koŭng, T. 153.	Nà-lī, 141.	Nân-tāo, 159.

14

210

Nĭ-chouĕ, 152.
Nĭ-khieoŭ, T. 136.
Nĭ-taó, 152.

Nian-hioăng, 120.
Nian-tkeoŭ, 120.
Ning-jĭn, T. 16.

Niŭ-tseŭ, 131.
Noŭng-foŭ, 109.

Pá-poŭ-tĕ, 138.
Pĕ-foŭ, 110.
Pĕ-moŭ, ib.
Pĕ-sĭng, 98.
Péi-heóu, 151.
Pên-foŭ, 119.
Pên-taó, ib.
Pên-tcheoŭ, 119.

P, PH

Phĕng-yeoŭ, T. 51.
Pĭ-hiá, 56.
Pĭt-phá, 112.
Pĭ-poŭ-tĕ, 163.
Pĭ-tsoŭ, 112.
Pĭčí-yaó, 138.
Phĭn-tsián, T. 52.
Phĭng-'án, 160.

Poŭ-ĭ, 104.
Poŭ-yaó, 138.
Poŭ-joŭ, 97.
Poŭ-kán, 161.
Poŭ-koŭ, 115.
Poŭ-siaó, T. 36.
Poŭ-tchhĭng, 159.
Poŭ-tsêng, 160.

Sêng-niŭ, 110.
Si-sĭ, 132.
Stan-sêng, 120.
Siáng-hĭng, 1.
Siang-koăng, 150.
Siang-ssĕ, 132.

S, SS

Siaó-chouĕ, 37.
Siaó-hió, T. 24.
Siaó-jĭn, T. 35.
Siaó-ti, 118.
Siaó-tĭ, ib.
Siaó-tsiĕi, 131.

Siĕ-eŭl, 156.
Sioŭán-thsĕ, 117.
Siŭ-iŭ, T. 32.
Só-ĭ, 64, 98.
Soŭ-eŭl, 92.
Ssĕ-choŭ, T. 5.

Tà-chouĭ, 151.
Tá-foŭ, T. 62.
Tá-jĭn, 155.
Tá-kiĕ, 121.
Tà-koŭng, 135.
Tá-laó-yĕ, 121.
Tá-toŭng, 151.
Tái-hiŏ, T. 6.
Tái-yaó, 157.

T, TH

Tái-mán, 147.
Thăng-tháng, T. 114.
Taó-kiĕ, 109.
Taó-loŭ, 108.
Tĕ-hĕn, 115.
Tĕ-kĭ, ib.
Tĕ-kĭn, ib.
Tĭ-jĭn, T. 111.
Thian-hiá, 68.

Thian-niŭ, 111.
Thian-tseŭ, 40.
Tŏ-chaŏ, 161.
Tŏ-kouán, 162.
Toŭán-tĭ, 142.
Thoŭng-nian, 121.
Toŭng-sĭ, 108.
Toŭng-toŭng, 161.
Thoŭng-tseŭ, 39.

Tchǎo-moŭ, T. 61.
Tchhaŏ-thĭng, 56.
Tchaŏ-tchaŏ, T. 92.
Tchĕ-pán, 141.
Tchĭ-chĭ, 146.
Tchĭ-haŏ, ib.

TCH, TCHH

Tchĭ-kouán, 146.
Tchĭ-phŏ, ib.
Tchĭ-ssĕ, 2.
Tchĭ-taó, 110.
Tchĭ-tĕ, 146.
Tchĭ-tseŭ, 79.

Tchĭng-chĭ, 161.
Tchĭng-koŭ, T. 55.
Tchĭng-thsiang, T. 87.
Tchhĭng-tsŏ, 143.
Tchhĭng-tsoŭng, 49.
Tchŏ-loŭ, 149.

TABLE.

Tchŏ-tchŏ, T. 21.
Tchŏ-eŭl, 91.
Tchoŭ-héou, T. 62..
Tchhoŭan-cheoŭ, 109.

Tchoŭan-tchŭ, 3.
Tchoŭï-wáng, T. 63.
Tchoŭng-yoŭng, T. 6.
Tchoŭng-kouĕ, 112.

Tchhoŭng-tchhoŭng, 143.
Tchŭ-ĭ, 145.
Tchŭn-tchŭn, T. 111.
Tchhŭn-thsicoŭ, T. 27.

TS, THS

Thsaó-thsaó, T. 51.
Tsĕng-kíng, 136.
Tsĕng-tí, 142.
Thsĭ-tseŭ, 80.
Thsĭan-kín, 126.

Thsín-'dĭ, 80.
Tsiŏ-loŭ, 74.
Tsoŭ-hiá, 55.
Tsoŭ-thseŭ, 35.
Thsoŭng-yoŭng, T. 80.

Thsoŭng-ldĭ, 158.
Tsoŭng-miaŏ, 40.
Tsŭn-kiá, 121.

W, 'W

Wàn-fán, 160.
Wàn-ĭ, 157.
Wàn-sĕng, 118.
Wàn-wán, 157.
Wàn-wĕ, T. 35.

Wǎng-jín, T. 18.
Wǎng-tchŏ, 132.
'Wéi-youĕĭ, 128.
'Wéi-ĭ, T. 91.
'Wéi-jân, 76.

Wĕn-tchhǎng, 36.
Wŏ-tĭ, 144.
Woŭ-youán, 113.
Woŭ-taó, T. 43.

'án-jǎn, T. 111.
'án-án, 129.

eŭl-héou, 91.
eŭl-hoáng, 100.

eŭl-ĭ, 93.
oŭ-hoŭ, 85.

TABLE
DES ABRÉVIATIONS.

Nota. On a écrit en abrégé les termes grammaticaux qui revenoient souvent. On donne ici la liste de ces Abréviations, avec le renvoi au paragraphe où le sens de chacun de ces termes est plus particulièrement exposé.

n. g.	*nota genitivi* (81, 297).
p. r.	*particula relativa* (98, 302).
p. n.	*particula numeralis* (113, 309).
p. o.	*particula ordinalis* (117).
p. e.	*particula expletiva* (190, 289, 291).
p. f.	*particula finalis* (198, 223, 234, 278).
p. i.	*particula interrogativa* (210, 217, 223, 402).
p. a.	*particula admirativa* (183, 208, 223).
n. f.	*nota futuri* (161, 356).
n. pr.	*nota præteriti* (162, 163, 164, 351, 353, 354).
v. a.	*verbum auxiliare* (345).

DES PHONÉTIQUES CHINOISES,

PAR

L. LÉON DE ROSNY.

On entend par *phonétiques* certains signes qui, dans les écritures figuratives ou idéographiques, servent à représenter les sons de la langue orale.

L'écriture chinoise, à son origine (1), n'était autre chose que la représentation même des objets par des images plus ou moins fidèles, plus ou moins abrégées (2).

Cette écriture, uniquement composée de peintures, était incapable, comme on le comprendra facilement, de figurer des idées quelque peu abstraites, et par cela même, elle ne put suffire longtemps aux besoins toujours croissants d'une civilisation naissante. Aussi ne tarda-t-on pas à établir des combinaisons entre les images ou signes primitifs, afin d'en former des dérivés susceptibles de représenter des idées d'un ordre un peu moins matériel. Ces caractères composèrent la classe que

---

(1) Je dis à son origine, parce que, dans l'état actuel de nos connaissances, nous ne pouvons comprendre parmi les écritures les cordelettes nouées (analogues aux *quippos* des anciens Péruviens), ni les *kouas* ou trigrammes de Fo-hi.

(2) Ces sortes de figures sont approximativement les mêmes chez tous les peuples. C'est ainsi que, dans les antiques inscriptions chinoises (Cf. l'ouvrage intitulé : *Siao-tang-tsi-kou-lou*, passim; voy. également le *Toung-wen*, publié en chinois par Morrison), comme dans celles des anciens Égyptiens, le soleil était figuré par un cercle dont le centre était marqué par un point : chin. ⊙, égypt. ☉ ; la lune par un croissant : chin. ☽, égypt. ☽ ; une montagne par trois éminences : chin. ⋀, égypt. ▬ ; un enfant par : chin. ♂, égypt. 𓀔 ; un hippopotame par : chin. 𧱏, égypt. 𓃰 ; un éléphant par : chin. 象, égypt. 𓃰 ; arc par : chin. 弓, égypt. 𓌓.

les Chinois désignent par l'expression 意會 *hoeï-i,* sens combinés (voy. § I, 3). Mais il restait encore une condition importante à réaliser, c'était l'établissement de rapports entre la langue orale et l'écriture, ou, en d'autres termes, il fallait fixer par un procédé graphique le son par lequel on nommait chaque figure dans le langage. C'est ce qui donna naissance aux caractères phonétiques ou 聲形 *hing-ching,* qui ne sont autre chose que des signes figuratifs perdant leur valeur propre idéographique, pour ne plus représenter que les sons conventionnels qui leur ont été affectés. C'est ainsi que le signe 扁 (en chinois moderne 扁), par lequel on désignait les tablettes avec inscriptions placées au-dessus des portes, et que l'on appelait *pien,* entre dans la composition d'un assez grand nombre de caractères chinois, où il perd sa signification primitive pour ne leur donner à tous que le son qui lui est propre; par exemple les groupes 偏徧惼嫶揙稨楄諞騗褊編踾鯿剸騙篇萹瘺區遍 se prononcent tous *pien,* parce qu'ils ont pour *phonétique* le signe 扁 « tablette », qui se prononce *pien.*

Pour faire comprendre plus clairement encore le rôle immense que joue l'élément phonétique dans les écritures figuratives, nous examinerons, à titre d'exemple, les signes figuratifs suivants et quelques-uns de leurs composés. Le signe 鿑 *niu,* en chinois moderne 女, signifie FEMME, en général; si on y ajoute le signe 啇, qui, comme phonétique, représente le son *ti* (1), on a le caractère composé 嫡 femme-*ti,* qui signifie épouse (légitime).

Avec la phonétique 任 *jin* (2), on obtient 妊 *jin,* Femme-*jin* « femme enceinte ».
— — 石 *chi* (3), — 妬 *chi,* Femme-*chi* « femme stérile ».
— — 馬 *ma* (4) — 媽 *ma,* Femme-*ma* « mère ».

---

(1) Ce groupe seul signifie « base, racine ».
(2) « Fardeau, charge ». On remarquera que cette phonétique complète le sens idéographique du caractère composé 妊.
(3) « Pierre », d'où « *femme-pierre,* femme stérile ».
(4) « Cheval ».

DES PHONÉTIQUES CHINOISES.

Avec la phonétique 賓 pin (1), on obtient 嬪 pin, Femme-pin « épouse défunte ».

— — 眼 ying (2) — 嬰 ying, Femme-ying « petite-fille ».

Le signe 木 *moŭ*, en chinois moderne 木, signifie arbre (et de là bois) en général ; si on lui joint le groupe 白 *pe*, on forme le caractère 柏 *pe*, arbre-*pe*, ou cyprès.

Avec la phonétique 寸 *tsun* (3), on obtient 村 *tsun*, Arbre-*tsun* « village ».

— — 己 *ki* (4) — 杞 *ki*, Arbre-*ki* « saule ».

— — 巴 *pa* (5) — 杷 *pa*, Bois-*pa* « râteau ».

— — 龍 *loung* (6) — 櫳 *loung*, Bois-*loung* « cage ».

— — 闌 *lan* (7) — 欄 *lan*, Bois-*lan* « balustrade ».

Ces exemples, que l'on pourrait facilement faire suivre d'une multitude d'autres du même genre, suffiront pour donner une idée exacte du rôle et de la combinaison des éléments phonétiques dans les caractères chinois. Nous allons maintenant étudier les éléments vocaux de la langue chinoise, et la manière suivant laquelle les Chinois en fixent la valeur.

La langue chinoise, comme on l'a vu dans les prolégomènes de cette Grammaire (§ II), est peu riche sous le rapport de la variété des sons. Si l'on ne tient point compte des nuances musicales dues aux accents ou tons, la langue chinoise ne renferme guère que 450 monosyllabes divers, suivant l'orthographe propre au dialecte mandarinique adopté dans cette grammaire (8). Dans les dialectes provinciaux, au contraire,

---

(1) « Hôte ».
(2) « Collet des habits ».
(3) « Le pouce ».
(4) « Soi-même ».
(5) « Adhérer ».
(6) « Dragon ».
(7) « Obstruer ».
(8) Dans le système de transcription proposé par le P. Prémare (*Not. ling. sin.*), le nombre des monosyllabes différents est élevé à 487 ; dans celui de Gützlaff (*Not. on chin. gramm.*), plus particulièrement adapté à l'orthographe anglaise, on atteint au nombre de 629.

216 GRAMMAIRE CHINOISE.

où se sont conservées quelques désinences et inflexions de l'idiome des anciens Chinois, on a constaté environ 900 monosyllabes parfaitement distincts les uns des autres (1). La nécessité de transcrire les mots sanscrits qui s'introduisirent en Chine avec la doctrine bouddhique, amena les propagateurs de cette foi nouvelle à extraire un paradigme d'alphabet de la longue série des monosyllabes chinois primitifs. A cet effet, on choisit trente-quatre caractères idéographiques pour représenter par leurs inflexions initiales les sons initiaux ou consonnaires, puis quelques autres signes dont les désinences servissent à rappeler les sons finaux ou voyellaires. De cette façon, on forma une sorte d'alphabet disposé suivant l'ordre du *déva-nâgari*, et au moyen duquel on put figurer tous les sons de la langue chinoise, voire même, au besoin, transcrire des noms étrangers.

Voici la liste des sons initiaux de la langue chinoise, telle qu'elle est donnée dans les préliminaires du Dictionnaire impérial de Khang-hi (2):

CONSONNES. — DIVISION DES NEUF ESPÈCES DE SONS.

CLASSE ORGANIQUE.	FORTES.	ASPIRÉES.	FAIBLES.	NASALES.
I. Dentales.	k	kh	k	ng,'
II. Linguales.	t	th	t	n
III. Palatales.	tch	tchh	tch	ñ
IV. Labiales fortes.	p	ph (p')	p	m
V. — faibles.	f	fh	f	w
VI. Dentales-sifflantes.	ts	ths (ts')	ts	s s (m.)
VII. Chuintantes.	tch	tchh	tch	ch ch (m.)
VIII. Gutturales.	y	h	y	hh
IX. Linguo-dentales.	l	j, y		

Les sons finaux, qui comprennent les voyelles et les diphthongues,

---

(1) Voy., pour le dialecte du Fo-kien, par exemple, le *Dictionary of the Hok-këèn dialect* de H. Medhurst, p. xxxix et suiv.

(2) *K'hang-hi Tseu-tien, Teng-yûn*, première partie.

avec ou sans terminaison nasale, sont compris dans le tableau suivant :

VOYELLES.			
SIMPLES.	NASALES.		COMPOSÉES.
a	an,	ang	aï, ao
e	en,	eng	eï, eou
i	in,	ing	ia, ie, io, iou, iu
	ian,	iang	iaï, iao, ieï, ieou, ioueï
	ien	»	
	»	ioung	
	iun	»	
o	»	ong	oa, oe
	oan,	oang	oaï, oeï
	oen,	oeng	
ou	»	oung	oua, oue, ouï, ouo
	ouan,	ouang	ouaï, oueï
	ouen,	oueng	
u	un		

Nous avons exposé ci-dessus que la plus grande partie des caractères chinois renfermait un groupe spécialement destiné à figurer le son, et que l'on nommait *phonétique*; nous avons donné un exemple de la manière suivant laquelle les phonétiques indiquaient le son de la langue orale correspondant aux signes de l'écriture; il nous reste à présenter quelques observations complémentaires et à expliquer la nouvelle disposition que nous avons cru devoir introduire dans l'organisation d'une table des principales phonétiques chinoises spécialement destinée aux commençants et aux orientalistes encore peu initiés dans la connaissance de l'écriture idéographique.

Si chaque groupe phonétique donnait invariablement un seul et même son à tous les signes chinois avec lesquels il est susceptible d'entrer en composition, il suffirait de se mettre dans la tête un millier de phonétiques chinoises (1) pour n'être jamais embarrassé sur la

---

(1) Le vocabulaire de M. Callery est disposé sous 1043 groupes phonétiques.

prononciation d'un caractère; mais malheureusement il n'en est que très-rarement ainsi : le plus souvent une même phonétique figure plusieurs sons, parfois très-différents (1), suivant qu'elle se combine avec telle ou telle clef. C'est pourquoi il nous a fallu tenir compte de ces particularités qui constituent des exceptions à peu près aussi nombreuses que les règles. La table des phonétiques chinoises que nous publions aujourd'hui est disposée suivant une méthode entièrement neuve qui permet à l'étudiant de lire les différents caractères suivant leur véritable prononciation ; mais je dois avouer aussi sincèrement que notre liste est susceptible de recevoir bien des améliorations et une extension plus considérable, qualités que par des circonstances matérielles indépendantes de notre volonté nous n'avons pu assurer à cet appendice de la Grammaire chinoise d'Abel-Rémusat.

Nous terminerons ces remarques préliminaires par un exemple destiné à faciliter l'usage de la table qui suit.

La phonétique 丨, la première que nous donnons, se prononce *i*, et avec les clefs 46, c. à d. 山, — 130 月, — 137 舟, — 188 骨, — 196 鳥, elle forme les caractères 屹。朏。舭。骩。鳦, qui se prononcent tous *i*. Mais cette même phonétique 丨 entre également dans la formation de caractères qui se prononcent *ya* : ces caractères sont ceux qui résultent de l'union de notre phonétique 丨 avec les clefs indiquées dans notre table sous les n°ˢ 19, c. à d. 力, — 32 土, — 64 扌, 116 穴, 159 車, 195 魚, à savoir 仂。圠。扎。穵。軋。魠. Avec la clef 209, c. à d. 鼻, la même phonétique forme un caractère qui a pour son *yao*, c'est 劓. Enfin elle donne lieu à quelques groupes qui se prononcent *kieou*, notamment avec les clefs 142, c. à d. 虫, — 157 足, — 167 金, qui produisent avec la phonétique les signes 虬。趴。釓 (2).

---

(1) Ce n'est pas ici le lieu de rechercher la cause de ce fait assez inexplicable au premier abord. Nous croyons être sur la voie d'une explication satisfaisante relativement à cette importante et difficile question.

(2) Nous avons suivi, pour le classement primordial de nos phonétiques, la succession adoptée dans le *Systema phoneticum* de M. Callery.

TABLE
Des principales Phonétiques chinoises.

UN TRAIT.

1. 乚 i : 66, 130, 137, 188, 196. — ya : 13, 32, 64, 116, 150, 195. — yao : 209. — kicou : 142, 157, 167.

DEUX TRAITS.

2. 丁 ting*; tseng : 116, 155, 157. — ta : 64.
3. 刀 tao*; tsou : avec 185.
4. 力 li*.
5. 几 ki*; fou : 196. — kouen : 190.
6. 九 kieou*; kouei : 60, 65, 85, 144, 150, 162, 185. — hiu : 72. — kao : 64.
7. 匕 pi*; pin : 93.
8. 八 pa*.
9. 屮 kieou; kiao : 30, 53, 140, 142, 209. — cheou : 66.
10. 卜 pou; fou : 9, 149, 156, 157. — waï : 36.

TROIS TRAITS.

11. 亡 wang : 33, 61, 75, 167. — mang : 30, 46, 85, 102, 109, 112, 140, 143, 199.
12. 丂 ou*.
13. 干 kan*; han : 9, 27, 46, 57, 64, 72, 85, 163, 167, 169, 184, 187, 196, 209, 211. — ngan : 112, 153. — kien : 35. — kié : 149.
14. 于 yu*; hiu : 30, 64, 72, 104, 109, 149.
15. 丈 tchang*.
16. 弋 i*; youen : 196. — tï : 64.
17. 工 koung*; houng : 9, 30, 46, 85, 86, 109, 112, 120, 142, 149, 150, 195. — kang : 64, 121, 130, 151, 167. —

kiàng : 75, 85, 112, 142, 145, 150. — kioung : 26.

18. 寸 tsun* : 18, 61, 75. — tchéou : 104, 120, 133, 143, 164. — cheou : 40. — tao : 149.
19. 才 tsaï*; pi : 102.
20. 己 ki*; feï : 33. — pi : 33. — peï 164. — kaï : 66.
21. 巳 sse*.
22. 月 jin*.
23. 也 i*; to : 64, 149, 170. — ta : 9. — li : 32, 190. — tchi : 85, 100, 187. — chi : 57, 135. — sié : 86.
24. 子 tse*.
25. 丰 kie.
26. 乙 ki*; hi : 85, 162, 167. — i : 9, 18, 66, 103. — ko : 19, 96, 138. — ho : 120, 199, 211. — kou : 64, 112.
27. 毛 to*; tse : 27, 60, 96, 112, 187. — tcha : 30, 33, 66.
28. 千 tsien*.
29. 勺 tcho*; ti : 13, 96, 106, 177, 187. — tiao : 61, 64, 115, 167. — yo : 113, 150. — po : 97, 130, 157.
30. 夕 si*.
31. 彡 san*.
32. 久 kieou*; licou : 102.
33. 凡 fan*; poung : 140.
34. 丸 wan*.
35. 叉 tcha*; tchaï : 167, 177, 121.
36. 川 tchouan : 85, 100, 167. — siun : 93,

220　　　　　GRAMMAIRE CHINOISE.

110, 162, 187. — *chun* : 181. — *hiun* : 142.

37 女 *jou**.

38 口 *keou**.

39 山 *chan** : 85, 104, 149. — *sien* : 9, 115. — *hien* : 9.

QUATRE TRAITS.

40 斗 *teou** ; *toung* : 85.

41 方 *fang** ; *pang* : 9, 69, 113, 173.

42 亢 *hang** ; *kang* : 9, 22, 30, 31, 64, 85, 86, 93, 94, 102, 112, 159, 164, 163, 197, 201. — *keng* : 32, 38, 115, 170.

43 文 *wen** ; *min* : 61, 72, 96, 112, 160. — *lin* : 30.

44 卞 *pien**.

45 尢 *tchin** ; *tan* : 38, 109, 120, 128, 153. » 149, 159.

46 火 *ho** ; *tchin* : 104.

47 心 *sin** ; *tsin* : 15, 30, 85.

48 元 *youan* : 75, 85, 140, 144, 170, 205. — *wan* : 18, 31, 33, 40, 46, 61, 64, 96, 142, 121, 195.

49 井 *sing** ; *keng* : 102, 127.

50 夫 *fou**.

51 云 *yun** ; *houan* : 61, 85, 194.

52 王 *wang**. Cf. phon. n° 466.

53 厄 *ngo** ; *ngaè* : 9. — *yaè*, *ngi*, *yi* : 30. — *yae*, *ngi* : 170.

54 反 *fan** ; *pan* : 30, 64, 75, 91, 98, 103, 167.

55 尤 *yeou**.

56 厷 *houng** ; *hioung* : 172. — *koung* : 130.

57 不 *feou* : 30, 85, 109, 120, 140, 196. — *peou* : 30, 64. — *peï* : 32, 75, 108, 130, 143, 190.

58 瓦 *hou**.

59 切 *tsiĕ* : 85, 110. — *tsi* : 102, 112.

60 牙 *ya** ; *hia* : 30, 142, 150, 102, 182. — *kia* : 61, 64. — *tchouan* : 116.

61 市 *feï** ; *peï* : 61, 70, 85, 187. — *tseu* : 147.

62 支 *tchi** ; *ki* : 9, 18, 38, 46, 53, 64, 77, 149, 156, 157, 160, 162, 163, 188, 194. — *koueï* : 19, 119, 181.

63 木 *mou* : 85. — *hieou* : 9, 190. — *hiao* : 126. — *song* : 49 (Cf. 肃).

64 予 *yu** ; *siu* : 32, 53, 140, 170. — *chou* : 64, 130, 135. — *tchou* : 75. — *yé* : 166.

65 引 *in** ; *chen* : 30, 111, 140. — *tchen* : 120.

66 丑 *nieou* ; *tcheou* : 30, 64 ; 75, 130.

67 夬 *kouaï* : 61, 95, 187. — *kiouĕ* : 18, 57, 64, 96, 104, 120, 121, 140, 143, 149, 172, 187, 196. — *hiuĕ* : 30, 78, 182. — *yuĕ* : 38, 167. — *meï* : 145.

68 冬 *moŭ**.

69 巴 *pa**.

70 毛 *mao** ; *mou* : 124, 127. — *hao* : 140.

71 夭 *yao*, *hiao* : 30. — *ngao* : 61, 64, 140, 190. — *siao* : 118. — *yu* : 184. — *wou* : 85.

72 丹 *tan* : 18, 32. — *toung* : 59. — *nan* : 95, 142.

73 月 *yuĕ*.

74 勿 *wou* : 85, 93, 140, 162. — *hou* : 21, 61, 72, 109, 118, 173, 196, 199. — *mou* : 32, 78. — *wen* : 9, 18, 30, 130.

75 及 *ki** ; *kï* : 30, 203. — *sa* : 149, 157, 167, 177, 187. — *tcha* : 64, 94.

76 欠 *kien* : 9, 140. — *hien* : 61, 75. — *kan* : 32, 64, 112. — *in* : 184. — *tchoueï* : 30, 86, 214.

77 斤 *kin* : 19, 110, 162, 167, 177. — *hin* : 33,

DES PHONÉTIQUES CHINOISES.

61, 72, 85, 104, 109, 149, 176. — *in* : 32, 85, 167, 211. — *ki* : 32, 70, 113, 142, 181. — *tsiang* : 29. — *so* : 63.

78 戶 *hou**; *kou* : 178. — *tou* : 38.

79 爪 *tchao**.

80 殳 *che* : 49. — *č* : 32, 60, 103. — *kou* : 123, 130. — *teou* : 32, 64, 163, 188. — *chan* : 18, 149.

81 屯 *tun**; *tchun* : 30, 72, 75, 109, 116, 130, 140, 147, 163, 164. — *tsuen* : 63. — *chouen* : 150.

82 化 *hoa* : 30, 75, 140, 194. — *ho* : 154. — *tco* : 21, 31, 148, 149, 157, 167, 195. — *hiue* : 64, 109, 177.

83 氏 *chi* : 61, 109, 135. — *tchi* : 50, 64, 115, 120. — *ki* : 61, 113, 140, 145, 159, 196.

84 卬 *ngang**; *yang* : 9, 147. — *ing* : 162. — *i* : 64, 75.

85 比 *pi**.

86 凶 *hioung* : 61, 65, 149. — *hiu* : 20, 30, 130, 157, 164.

87 今 *kin**; *king* : 8, 65, 76, 167, 173, 196, 203.

88 兮 *hi**; *i* : 9.

89 分 *fen**; *pen* : 32, 64, 103, 130. — *pan* : 64, 66, 97, 181, 196. — *pin* : 18, 96, 153, 183. — *tcha* : 66.

90 介 *kiai**; *hiai* : 61, 119, 113, 145, 149, 169, 221. — *kai* : 58, 37.

91 殳 *fou**.

92 交 *hiao**; *po* : 187.

93 公 *koung* : 61, 149. — *tchoung* : 9, 18, 38, 60, 61. — *soung* : 75, 140, 147, 181, 190.

94 爿 *tsiang**; *tchouang* : 32, 33, 75, 94. — *tsang* : 62, 123.

95 止 *tchi**.

96 內 *na* : 38, 64, 130, 145, 153, 159, 173. — *no* : 30, 61, 130, 140, 147, 167, 195.

97 丱 *tchoung**.

98 少 *tchao**; *miao* : 9, 30, 33, 75, 85, 109, 115, 142. — *cha* : 18, 85, 113, 117, 150, 195.

CINQ TRAITS.

99 宁 *tchou**.

100 它 *to**; *che* : 142. — *č* : 163.

101 穴 *hiue**; *yii* : 195. — *pi* : 44.

102 氾 *fan**.

103 立 *li**; *la* : 57, 64, 145. — *sa* : 182. — *i* : 124. — *ki* : 85, 130.

104 主 *tchou**; *wang* : 60.

105 玄 *hiouen**; *hien* : 18, 38, 57, 104, 120, 130, 137, 140, 154, 156.

106 必 *pi**; *mi* : 40, 149. — *pie* : 64.

107 平 *ping**; *poung* : 20, 61, 85, 112, 163. — *tcheng* : 115.

108 末 *wei* : 30, 85, 135. — *mei* : 32, 72, 85, 109, 178, 194.

109 未 *mo**.

110 左 *tso**.

111 发 *pa* : 32, 33, 64, 159, 194. — *fa* : 25, 190. — *po* : 64, 130, 140, 157, 167, 186, 188, 195. — *fou* : 15, 80, 113, 120, 124, 145, 189, 204.

112 丕 *pei**; *wai* : 77.

113 右 *yeou**.

114 石 *chi* : 113, 115, 181, 208. — *tchi* : 64. — *tché* : 75. — *tcho* : 69. — *to* : 85, 145. — *tou* : 53 (Cf. phon. n° 79).

115 布 *pou**.

116 正 *tching**.

117 去 *kiu**; *kié* : 18, 19, 61, 94, 109, 142, 167. — *kia* : 30. — *fa* : 85, 111.

118 巨 *kiu**.

119 可 *ko**; *ho* : 7, 30, 64, 76, 85, 113, 143,

GRAMMAIRE CHINOISE.

142, 149, 121. — *ngo* : 39, 104, 115, 170.

120 丙 *ping**.

121 匜 *tsa**.

122 术 *chou**; *tchou* : 61, 85, 94, 156, 157. — *siu* : 149.

123 本 *pen**; *po* : 167.

124 札 *tcha**.

125 甘 *kan**; *han* : 76, 142, 163, 164. — *kien* : 64, 167, 190, 203.

126 世 *chi* : 154, 211. — *sié* : 9, 85, 104, 120, 177. — *i* : 30, 85, 75, 96, 124, 145, 149, 159, 177.

127 古 *kou**; *hou* : 60, 61, 113, 130 (⚪||), 193, 122.

128 弗 *fou**; *fei* : 72, 85, 94, 104, 112, 145, 149, 154, 190.

129 弘 *houng**.

130 尼 *ni**.

131 司 *sse**.

132 之 *fa* : 28, 104. — *fan* : 45, 75, 85, 94, 140, 149. — *pien* : 112, 116, 154.

133 民 *min**; *mien* : 109.

134 召 *tchao**; *chao* : 9, 19, 90, 130, 163, 160. — *tiao* : 18, 46, 118, 140, 153, 159, 162, 190, 208, 211.

135 加 *kia**; *kie* : 9, 64, 140. — *ho* : 154. *tcha* : 211.

136 平 *hou**.

137 失 *tché**; *tié* : 72, 97, 109, 149, 157, 162, 167. — *i* : 9, 19, 38, 85, 159.

138 生 *seng* : 80, 93, 94, 104, 109, 118, 154, 208. — *sing* : 32, 61, 72, 130, 175.

139 氐 *i* : 70, 75, 90, 145, 162. — *to* : 64, 85, 86, 104, 112, 137, 157, 164, 170, 195.

140 乍 *tcha**; *tseu* : 30, 116, 118, 137, 142, 162. — *tsou* : 113, 130, 154, 170. — *tso* : 9, 61 (十⚪), 72, 75, 164, 170. *tsen* : 61 (⚪).

141 禾 *ho**; *sou* : 104, 195.

142 包 *pao**; *po* : 57, 173, 199. — *fou* : 75.

143 可 *kiu**; *hiu* : 30, 38, 72, 76. — *keou* : 18, 46, 61, 64, 66, 75, 94, 97, 102, 118, 125, 140, 142, 149, 150, 163, 173, 195. — *heou* : 9, 209.

144 皮 *pi**; *peï* : 60, 145, 170, 177. — *po* : 39, 85, 96, 112, 142, 157, 170, 181, 205.

145 氐 *ti**; *tchi* : 27, 52, 60, 64, 85, 112, 113, 115, 120, 125, 130, 142, 154, 157, 185, 196.

146 代 *tai**.

147 付 *fou**.

148 白 *pé**; *pa* : 50, 61, 145.

149 半 *pan**.

150 令 *ling**; *leng* : 15.

151 參 *tchin**; *tien* : 78, 95.

152 台 *taï**; *haï* : 9, 30, 61, 75 (木⚪), 96, 98, 104, 102, 109, 119, 149, 154, 167, 184. — *chi* : 64, 85, 109, 118, 211. — *tchi* : 28. — *si* : 75 (呆). — *yé* : 15.

153 奴 *nou**; *na* : 64, 145. — *nao* : 30, 61, 149. — *tang* : 50.

154 幼 *yeou**; *yao* : 9, 32, 46, 50, 64, 109, 112, 116, 120, 145, 149.

155 占 *tchan**; *cham* : 86 (氺⚪), 104, 140. — *tchen* : 119. — *nien* : 119. — *tien* : 9, 18, 32, 53, 63, 66, 86 (⚪), 96, 125, 170, 181, 203. — *tié* : 30, 50, 61, 154, 157.

156 此 *tseu**; *tsi* : 85, 96, 109, 120, 195. — *tchaï* : 75, 112, 115, 157.

157 旦 *tan**; *ta* : 30, 61, 118, 140, 177.

158 且 *tsié*; *tsiu* : 9, 18, 30, 32, 45, 96, 130, 140, 142, 156, 172, 211. — *tsou* : 60, 61, 78, 80, 107, 113, 115, 119, 120. — *tchou* : 19, 78, 149, 157, 167, 170,

DES PHONÉTIQUES CHINOISES.

211. — *tcha* : 64, 75, 140. — *tsang* : 127.

158) 甲 *kia* *; *hia* : 23, 30, 31, 61, 75, 76, 86, 94, 149, 177, 195. — *ya* : 64, 196. — *tcha* : 109.

160) 申 *chin**; *kouen* : 52.

161) 只 *tchi**.

162) 夬 *yang**; *ing* : 18, 72, 109, 140.

163) 田 *tien**; *si* : 130.

164) 山 *yeou**; *tchcou* : 9, 28, 60, 64, 111, 120, 130, 149. — *tchou* : 38, 137, 150. — *siu* : 66, 116, 145, 150. — *si* : 54, 113, 163. — *miao* : 53.

165) 冉 *jen**.

166) 同 *kioung**; *hioung* : 149.

167) 出 *tchoŭ* : 9, 61, 76, 85, 120, 203. — *tchö* : 64, 111, 116, 149, 23, 181. — *kiŭ* : 44, 66, 78, 149, 183. — *loŭ* : 30, 75, 167. — *nŭ* : 75. — *souĭ* : 113.

SIX TRAITS.

168) 宅 *tcha**.

169) 学 *tseu**.

170) 安 *ngan**; *ngo* : 130, 181. — *yen* : 72.

171) 赤 *ĭ**; *tsi* : 157, 162.

172) 衣 *ĭ**.

173) 交 *kiao**; *hiao* : 19, 61, 66, 75, 85. — *yao* : 30, 60, 111.

174) 充 *tchoung**; *toung* : 130.

175) 亥 *hai* : 30, 39, 64, 117, 157, 162, 169, 181, 193. — *kaï* : 9, 32, 38, 66, 73, 76, 79, 102, 109, 130, 160, 142, 149, 152, 170, 184. — *hiaï* : 44, 120, 138, 197, 188, 82, 89, 104. — *ho* : 75. — *ko* : 18, 30.

176) 荒 *houang**.

177) 𦍒 *siang* : 53, 113, 123, 149, 157. *s* : 30.

178) 犬 *kiuen**.

179) 米 *mi**; *chi* : 44.

180) 次 *tseu**.

181) 刑 *hing**; *king* : 140.

182) 匡 *kouang* (Cf. ph. n° 53).

183) 戎 *joung**; *soung* : 33, 190, 196. — *tseu* : 154.

184) 式 *che**; *tche* : 9, 61.

185) 夷 *ĭ**.

186) 夹 *houeï**; *koueï* : 61, 108, 149, 162. — *tan* : 46.

187) 列 *liĕ**; *li* : 9, 46.

188) 而 *eull**; *naï* : 41, 59, 104. — *nŏ* : 61.

189) 成 *tcheng**; *cheng* : 73, 103.

190) 夸 *koua*; *kou* : 18, 130, 165, 157. — *hou* : 38, 76, 97.

191) 至 *tchi**; *liĕ* : 20, 32, 109, 120, 125.

192) 耳 *eull**.

193) 圭 *koueï**; *houeï* : 61. — *kiaï* : 9, 144. — *hiaï* : 177, 195. — *hi* : 102. — *koua* : 25, 64, 120, 122, 149. — *wa* : 30, 38, 85, 142, 205.

194) 寺 *chi**; *tchi* : 46, 53, 64, 77, 85, 102, 104, 157. — *lĕ* : 93. — *taï* : 60. — *teng* : 118.

195) 考 *kao**.

196) 戈 *tsaï**; *tseu* : 130.

197) 吉 *ki**; *hi* : 30. — *kiĕ* : 5, 64, 75, 120, 145, 162. — *hiĕ* : 121, 181. — *kia* : 18, 104, 112, 115. — *hia* : 19, 203, 211.

198) 亘 *hiuen**; *houan* : 30, 75, 85, 94, 116, 130, 140, 153. — *yuen* : 33, 85.

199) 廾 *koung**; *kioung* : 157, 167.

200) 共 *koung**; *houng* : 30, 85, 86, 150, 180, 191. — *kioung* : 15.

201) 聿 *yŭ* : 162, 167. — *loŭ* : 9, 30, 40, 112, 157. — *tsin* : 85. — *pĭ* : 113.

224 GRAMMAIRE CHINOISE.

202 艮 *ken*; *hen* : 30, 60, 61, 64, 94, 104, 142. — *hien* : 53, 75, 109, 170. — *yen* : 109. — *in* : 39, 167, 211.

203 丞 *tcheng**.

204 耶 *kie**; *kia* : 61. — *yé* : 211.

205 耒 *leï**.

206 朱 *tchou**; *chou* : 78, 85, 160, 167.

207 舌 *ché* : 190. — *kŏ* : 39, 132, 142, 157, 181. — *hŏ* : 9, 15, 68, 85, 115, 137, 156, 164, 176. — *hŏa* : 143. — *koüa* : 18, 64, 75, 109, 118, 156, 162, 182, 196. — *tién* : 61, 75, 93, 184. — *sien* : 167.

208 朵 *to**.

209 角 *siun**; *hiuen* : 64, 109, 130, 145.

210 多 *to* : 18, 104, 157, 170. — *tchi* : 9, 30, 32, 38, 48, 53, 64, 109, 130, 149, 156, 163. — *î* : 15, 63, 75, 94, 115, 153, 162, 167, 196, 203.

211 危 *weï* : 66, 75, 110, 112, 163, 181. — *koüeï* : 9, 32, 38, 46, 61, 78, 113, 142, 157, 170.

212 后 *heou**; *keou* : 32, 38, 140, 142.

213 行 *heng**.

214 羊 *kiang* : 61, 85, 115, 130, 170. — *hiang* : 9, 75, 94, 151, 157, 159, 170. — *pang* : 104, 130, 162, 180, 207. — *houng* : 112.

215 各 *kŏ* : 30, 40, 61, 75, 130, 142, 163, 145, 148, 169, 186. — *hŏ* : 9, 32, 94, 115, 153. — *lŏ* : 15, 18, 46, 64, 78, 85, 86, 96, 109, 112, 120, 163, 172, 187, 196. — *liŏ* : 102. — *lou* : 154, 157, 159.

216 舟 *tchcou**.

217 兆 *tcháo* : 25, 32, 70, 72, 93, 94, 115, 120, 123, 195. — *tiao* : 18, 40, 53, 61, 64, 90, 109, 113, 116, 123, 130, 147, 149, 156, 157, 153, 167, 173, 181. — *tao* : 30, 75, 85, 103, 162, 177, 187, 197. — *yŭo* : 9, 38, 96, 184. — *foŭ* : 131.

218 伏 *foŭ**.

219 休 *hieou**; *hao* : 61.

220 任 *jin**; *pīng* : 16.

221 州 *tchcou**.

222 全 *tsuen**.

223 合 *hŏ* : 30, 76, 108, 149, 163, 181. — *kŏ* : 9, 50, 142, 162, 195, 196. — *kiă* : 18, 50, 61, 63, 109, 145, 157, 173, 184. — *hiă* : 30, 75, 85, 86, 96, 104, 113, 173. — *kǐ* : 64, 120. — *chǐ* : 64 (扣). — *na* : 64 (弖).

224 牟 *meŏu**.

225 如 *jou**; *chŏu* : 61. — *siu* : 130.

226 因 *in**; *yen* : 18, 30, 86, 130.

227 同 *toung**.

228 回 *hoeï**.

SEPT TRAITS.

229 完 *wan* : 75, 120, 159. — *houan* : 32, 64, 72, 85, 106, 109, 119, 140, 188, 195. — *kouan* : 118, 130, 140. — *youen* : 170.

230 沙 *cha** : 75, 82, 145, 190, 195. — *so* : 9, 38, 64, 75, 109, 140, 163 (Cf. ph. n° 99).

231 良 *lang**; *leang* : 9, 30, 61, 104, 109, 119, 157. — *niang* : 38.

232 弟 *ti**.

233 辰 *tchin**; *chen* : 38, 113, 130, 142, 167. — *chouen* : 30, 130 (弖).

234 戒 *kiaï* : 61, 85, 149. — *hiaï* : 30, 64, 75, 187.

235 夾 *kiă* : 22, 53, 142, 181. — *hiă* : 32, 64, 75, 163, 167, 170, 178, 184. — *kië* : 22, 27, 30, 38, 46, 50, 61, 76, 94, 104,

DES PHONÉTIQUES CHINOISES. 225

226 吾 *tcou**; iù : 31, 45, 66, 76, 143. — yā : 145.

227 巠 *king**; *hing* : 53, 45, 93, 133, 157, 173. — *keng* : 64, 93, 107, 119, 121, 147, 183. — *héng* : 143. — *ìng* : 193.

228 李 *pŏ*, *poŭ**; *peï* : 30, 61, 142.

229 志 *tchi**.

230 即 *kiŏ**.

231 豆 *teóu**; *touan* : 111. — *joù* : 145. — *chou* : 9.

232 更 *keng**; *ĭng* : 112, 177.

233 市 *fou**; *pou* : 29, 30, 34, 64, 72, 113, 143, 157, 162, 166, 167, 163, 195.

244 求 *kicou**.

245 折 *tchĕ**; *che* : 149, 159.

246 甬 *young**; *toung* : 64, 66, 75, 93, 114, 118, 165, 197. — *soung* : 66, 143.

247 叟 *tsin**; *sien* : 193.

248 君 *kiun**; *hiun* : 86 (𠂤).

249 孚 *fou**; *feóu* : 32, 34, 46, 75, 85, 85, 93, 96, 104, 119, 143, 127, 142, 147, 154, 172, 193, 196. — *piao* : 78. — *jou* : 5.

250 坐 *tso**.

251 每 *mei**; *hóei* : 25, 61, 72, 149, 175. — *hai* : 85, 66. — *troù* : 9.

252 廷 *ting**.

253 告 *kăo**; *hao* : 19, 30, 38, 61, 79, 85, 126. — *kiáo* : 116. — *koŭ* : 75, 86, 93, 113, 164. — *hoú* : 181, 196.

254 利 *li**.

255 我 *ngo**.

256 角 *kiŏ**.

257 糸 *foung**; *poúng* : 32, 114, 180, 193 (Cf. phon. n°s 23, 503).

258 余 *iu**; *siu* : 9, 69. — *tchou* : 142, 173. — *tou* : 29, 52, 45, 73, 85, 96, 115, 119, 143, 150, 162, 164, 176. — *che* : 185.

259 食 *han**.

260 希 *hi**; *hin* : 279. — *tchi* : 93, 123.

261 卅 *tchouang**.

262 堇 *han**; *kan* : 64, 115, 153, 173.

263 見 *kién**; *hien* : 9, 20, 30, 38, 44, 72, 96, 103, 119, 69, 123, 147, 157, 173. — *yén* : 12. — *tién* : 175.

264 貝 *pei**; *paï* : 32, 65.

265 里 *li**; *maï* : 52. — *kóueï* : 61.

266 星 *tching**; *ying* : 35, 162.

267 肖 *youen**; *hiouen* : 157. — *kiouen* : 39, 53, 61, 64, 85, 86, 94, 159, 123, 129, 177, 176.

268 肖 *siao**; *tsiao* : 9, 45, 61, 119, 173, 193. — *chco* : 53, 57, 64, 73, 75, 107, 115, 113, 123, 137, 142, 145, 182, 193, 195. — *tchao* : 125.

HUIT TRAITS.

269 宗 *tsoung**; *tchoung* : 64.

270 空 *koung**; *liúng* : 53, 53, 58, 64, 75, 94, 403, 130, 133, 167, 193 (Cf. ph. n°47).

271 宛 *youen**; *tcan* : 15, 23, 53, 61, 64, 75, 103, 112, 133, 149, 151, 157.

272 宜 *i**.

273 官 *kouan**; *kien* : 143. — *tcán* : 123.

274 姿 *tsiĕ* : 64, 75, 123, 175. — *cha* : 30, 118, 124, 173.

275 音 *teóu* : 30, 69. — *feou* : 78, 85. — *pcou* : 15, 64, 93, 167. — *pŏú* : 140, 157, 163. — *peï* : 9, 32, 83, 86, 154, 164, 170.

15

276 於 *iu** ; *ngò* : 159.
277 舟 *fou**.
278 享 *chouen* : 85, 93, 164, 167. — *tchouen* : 32, 61, 115, 149, 196. — *tun* (ou mieux *tuen*) : 20, 57, 66, 86, 93, 201.
279 京 *king* : 9, 18, 49, 72 (⊟), 195, 198, 203. — *kiang* : 17. — *liang* : 9, 15, 61, 72 (⊟), 85, 109, 150, 142, 152, 164, 152. — *lió* : 18, 64.
280 炎 *yen* : 18, 63, 96, 131. — *chan* : 61, 102, 147. — *tan* : 9, 30, 61, 63, 65, 104, 120, 142, 143, 163, 197. — *hou* : 76. — *piao* : 152.
281 奉 *foung** ; *poung* : 30, 66, 143. — *pang* : 75 (Cf. ph. n° 237).
282 長 *tchang**.
283 忝 *tien** (comp. de la ph. 天 *tien*).
284 武 *tcoù**.
285 婁 *tsi** ; *si* : 75.
286 奇 *ki** ; *i* : 9, 70, 73, 76, 93, 94, 104, 111, 115, 145, 153, 159, 167, 170, 181, 186, 211.
287 來 *lai**.
288 厓 *yaï**.
289 前 *tche** ; *ché* : 32, 61, 75, 78.
290 豕 *tchó* ; *tchoù* : 35, 154. — *foù* : 18.
291 兔 *yen* ; *yè* : 20, 78, 154, 159. — *ngan* : 30, 42, 52, 61, 78, 142, 173, 180, 196. — *ngó* : 86, 152, 195.
292 到 *tào**.
293 幸 *hing** ; *iu* : 21.
294 取 *tsiu** ; *tsèou* : 64, 72, 75, 118, 149, 153, 175. — *tcheou* : 152, 163, 211.
295 裴 *piao**.
296 麥 *ling** ; *leng* : 9, 46, 76, 78, 108, 118, 157, 187.

297 青 *tsing** ; *tsaï* : 94.
298 亞 *ya** ; *ngò* : 30, 32, 61, 96, 142, 195.
299 東 *toung** ; *tchen* : 170.
300 敢 *ki**.
301 取 *kien** ; *hién* : 154. — *kéng* : 64, 167. — *kin* : 120, 140. — *chén* : 120. — *choù* : 117, 154.
302 或 *hoć* : 30, 50, 61 (⊟), 64, 109, 116, 196. — *iù* : 32, 61 (⊟), 75, 83, 115, 118, 130, 142, 163, 192.
303 雨 *liang**.
304 析 *si**.
305 松 *soung**.
306 其 *ki**.
307 隶 *tdi**.
308 戔 *tsien** ; *tchan* : 18, 46, 63, 75, 90, 94, 105, 112, 123, 154, 142, 150, 199, 211. — *tsan* : 78, 96, 121, 149, 189.
309 咠 *kiu** (Cf. phon. n° 127).
310 叕 *tchò** ; *tchoùe* : 113, 115, 120, 145. — *tò* : 18, 30, 64, 66, 145. — *ti* : 142.
311 南 *han**.
312 孟 *mèng**.
313 阿 *'o*, *u** (Cf. phon. n° 119).
314 采 *tsaï** ; *kouei* : 157.
315 非 *fei** ; *pei* : 20, 61 (⊟), 96, 143 (⊟), 173. — *pai* : 9, 30, 64 (⊟), 178.
316 卷 *kiuen** (Cf. phon. n° 170).
317 制 *tchi**.
318 知 *tchi**.
319 乘 *tchoui** ; *choui* : 109. — *to* : 30, 32, 123. — *yeou* : 163.
320 刲 *kia**.
321 肥 *fei**.

DES PHONÉTIQUES CHINOISES.

322 朋 *poung**; *ping* : 64.
323 周 *tchcou**; *tiao* : 15, 18, 59, 96, 112, 142, 149, 167, 173, 195. — *lī* : 9.
324 匊 *tao**.
325 忽 *hoŭ**; *wou* : 65 (Cf. phon. n° 74).
326 兒 *i**; *eŭl* : 59.
327 臾 *iu**.
328 臯 *feou**; *pou* : 32.
329 卑 *peï**; *paï* : 64, 91, 115, 112, 209. — *pi* : 12, 32, 28, 46, 60, 85, 86, 104, 109, 112, 150, 133, 140, 163, 157, 170, 199, 207.
330 肴 *hiao** (Cf. phon. n° 92).
331 侖 *lun**.
332 㐬 *loŭ**; *pŏ* : 18.
333 甾 *tse**.
334 卓 *tchŏ**; *tcháo* : 42, 75, 93, 118, 122, 137, 153, 157, 159. — *tao* : 61. *tiao* : 64.
335 虎 *hoŭ**.
336 囷 *wang**.
337 岡 *kang**.
338 其 *kiu**.
339 果 *ko**; *hŏ* : 36 (口多) — *wŏ* : 64. — *houá* : 157, 159, 195. — *koudn* : 113. — *lŏ* : 9, 145, 158.
340 易 *ï**; *tî* : 12, 61, 64, 157, 162, 192). — *sî* : 38, 88, 145, 167. — *ssé* : 154. — *sing* : 194.
341 昆 *kouen**; *houen* : 9, 64, 85, 88, 109, 115, 119, 142, 154.
342 昌 *tchang**.
343 周 *koŭ**; *hoŭ* : 85. — *kó* : 9, 118 (Cf. phon. n° 137).
344 畀 *pî**.
345 典 *tien**; *tun* : 149.

346 尚 *tchang* : 30, 145, 154, 184. — *chang* : 9, 60, 61, 64, 66, 67, 157, 177. — *tang* : 9, 10, 32, 75, 93, 102, 163, 203.
347 查 *tá**.

NEUF TRAITS.

348 宣 *siouen* : 61, 85, 96. — *hiouen* : 30, 72, 75, 86, 109, 113, 140, 142, 148, 149 (Cf. phon. n° 193).
349 帝 *tï**; *chi* : 30.
350 音 *in* : 33, 61, 104, 115. — *kin* : 72. — *yen* : 9, 203. — *ngan* : 32, 33, 61, 64, 72, 130, 147, 167, 176, 182, 199, 203.
351 彥 *yeou**.
352 度 *tou**; *tŏ* : 30, 61, 123, 149, 157.
353 亭 *ting**.
354 复 *foŭ**; *pï* : 64.
355 軍 *kiun* : 53, 107. — *hiun* : 86, 143. — *yun* : 30, 61, 72 (日) — 102, 163. — *kouen* : 145, 125, 211. — *houen* : 9, 33, 85, 134, 139, 140, 147, 157, 159, 191, 195, 211. — *hoeï* : 10, 64, 72 (口口), 75, 86, 94, 105, 124.
356 前 *tsien**.
357 春 *tchun**.
358 咸 *kié** (Cf. phon. n° 235).
359 威 *wei*.
360 咸 *hien* : 30, 109, 147, 157, 211. — *kien* : 9, 15, 75, 61, 85, 96, 150. — *han* : 64, 134, 153, 184, 195, 196. — *kan* : 61, 161. — *tchen* : 118, 167.
361 面 *mien**.
362 封 *foung**; *páng* : 30, 50 + 108, 64, 177.
363 者 *tchŏ* : 9, 61, 88, 158, 194. — *tchou* :

228   GRAMMAIRE CHINOISE.

75, 85, 86, 94, 113, 118, 121, 132, 140,
143, 145, 147, 158, 183, 195. — *tou* :
22, 44, 72, 104, 102, 147, 158, 163,
160.

364 昌 *foŭ**; *pĭ* : 9, 32, 61, 75, 85, 86, 162.
365 棘 *kĭ**.
366 爨 *yao**.
367 相 *siang**.
368 査 *tcha**.
369 甚 *chen* : 61, 104, 142, 143. — *tchen* : 62,
64, 65, 63, 75, 113, 145, 167, 191. —
tchŭn : 9, 85. — *tàn* : 23, 83, 213.
— *sàn* : 119. — *kan* : 19, 32, 46,
62, 70.
370 某 *meou* : 32, 147. — *meï* : 23, 73, 65,
76, 112, 199.
371 葉 *yĕ**; *siĕ** : 33, 64, 85, 150. — *chĕ** : 17,
64, 172. — *tchĕ** : 13, 150. — *tiĕ** :
15, 61, 22, 17, 64, 64, 93, 94, 135,
142, 167.
372 南 *nan**.
373 朝 *hoŭ**.
374 柔 *jeou**; *naŏ* : 61, 91.
375 建 *kien**.
376 屠 *tcoŭ**.
377 叚 *kia**; *hia* : 60, 60, 61, 64, 72, 80, 98,
112, 115, 122, 129, 157, 152, 162, 167,
173, 177, 173, 161, 195.
378 韋 *weï**; *hoeï* : 145, 140. — *ŕ* : 113.
379 胥 *siu**; *sĭ* : 82, 32.
380 眉 *meï**.
381 婁 *tching**.
382 癸 *koueï**; *kiuĕ* : 100.
383 重 *tchoung**; *toung* : 12, 85, 140.

384 畨 *tchă*; *chă* : 98, 102.
385 秋 *tsieou**; *tsiao* : 20, 61 (艸○), 167.
tcheou : 61 (⎕), 93.
386 香 *hiang**.
387 怱 *tsoung**; *tchouang* : 91, 116.
388 扁 *pien**; *pĭn* : 95. — *pan* : 67, 137.
389 律 *liŭ**.
390 皆 *hiaï*; *hiaï* : 142, 153, 177, 187.
391 風 *foung**; *fan* : 137. — *lan* : 48.
392 便 *pien**.
393 皇 *kouang** (Cf. phon. n° 23).
394 即 *tsĭ**.
395 侯 *heou*; *keou* : 120.
396 保 *pao**.
397 俞 *iu**; *chou* : 82, 130, 150. — *teou* : 9,
19, 33, 167.
398 髮 *tsoung**.
399 飛 *feï**.
400 象 *touan* : 145. — *tchouen* : 22, 40, 75,
91, 96, 119, 130, 157, 170, 196. —
youen : 64, 121, 142. — *hóeï* : 9,
83, 104.
401 匋 *nao**.
402 眞 *tching**.
403 英 *ing**.
404 苗 *miao**; *mao* : 9, 23, 187.
405 則 *tsĕ**; *tsï* : 49.
406 易 *yang**; *chang* : 85, 113. — *tchang* :
83, 84, 102, 103 + 9 (日月), 130. —
tang : 9, 83, 64, 85, 112, 119, 126,
157, 163, 184 (Cf. phon. n° 314).
407 是 *chi**; *tĭ* : 9, 18, 22, 38, 64, 120, 142, 147,
157, 164, 167, 170, 177, 181, 187, 196.

408 朕 *miao*°.
409 星 *sing*°.
410 曷 *hŏ*°; *ngŏ* : 32, 53, 162. — *kŏ* : 73, 85, 140, 150. — *kiĕ* : 9, 31, 32+13 (去), 48, 61, 63, 112, 117, 123, 167. — *hiĕ* : 78, 91, 137. — *yĕ*° : 109, 123, 133, 147, 164. — *hiă* : 17, 109, 190. — *yaï* : 173, 181, 166, 202.
411 冒 *taï*°; *tsiĕ* : 75. — *ï* : 61.
412 思 *ssĕ*°; *sï* : 140, 167, 195. — *saï* : 9, 61, 63, 130, 148, 181, 190, 193. — *tsaï* : 48.
413 畏 *ueï*°.
414 胃 *ueï*°; *kouei* : 30.
415 咢 *ngŏ*°.

DIX TRAITS.

416 家 *kia*°.
417 宸 *uă*°.
418 容 *young*°.
419 榮 *ing*°; *young* : 10, 75, 85, 86, 96, 113, 120, 142, 145, 149, 161. — *kioung* : 16+un tr. — *king* : 75 (未). — *lŭ* : 93. — *liao* : 130.
420 旁 *pang*° (Cf. phon. n° 61).
421 炎 *teï*°.
422 席 *tăng*°.
423 弦 *tse*, *tze*°.
424 畜 *tchoŭ*°.
425 高 *kao*°; *hao* : 9, 61, 63, 140, 122, 163, 187, 195. — *kiao* : 8+10, 68. — *hiao* : 78, 86, 91, 133. — *hŏ* : 80, 121, 149. — *sŏung* : 68.
426 冢 *moung*°; *poŭng* : 29.

457 郎 *lang*°.
458 冢 *tchoŭng*°.
459 迷 *ni*° (Cf. phon. n° 173).
430 齊 *tsï*°.
431 素 *soŭ*°.
432 冓 *kcou*°; *kiăng* : 9, 137, 147, 191.
433 廣 *foŭ*°; *nŏ* : 81. — *ueou* : 157.
434 庶 *youes*°.
435 致 *tchi*° (Cf. phon. n° 191).
436 紫 *sŏ*°; *chĕ* : 9, 122 (Cf. phon. n° 431).
437 馬 *ma*°; *tchin* : 49.
438 袤 *youen*°.
439 專 *fou*°; *pou* : 89. — *pŏ* : 81, 61, 83, 86, 91, 130, 140, 142, 145, 147, 154, 163, 190 (Cf. phon. n° 243).
440 昌 *kŏ*°; *hŏ* : 85, 124, 177.
441 冒 *kŏ*° (Cf. phon. r ° 113).
442 票 *li*°.
443 屑 *siĕ*°.
444 孫 *sun*°.
445 圅 *tao*°.
446 奚 *hī*°; *ki* : 85, 139, 172, 195. — *hiaï* : 61, 130, 177, 195.
447 *hi*°.
448 氣 *tching*°; *chīng* : 43, 49.
449 叅 *yao*°.
450 般 *pan*°.
451 扇 *chen*°.
452 翛 *lieou*°.
453 貞 *tchin*°; *chin* : 81. — *tien* : 22, 43, 64, 85, 86, 101, 112, 116, 156, 169, 181. — *tchi* : 45.

454 息 sI*.
455 皋 kao*; hao : 30, 106, 149.
456 烏 ou*.
457 鼻 pi*.
458 蚤 sao*.
459 倉 tsang*; tsiang : 30, 61, 77, 90, 96, 149, 157. — tchouang : 15, 18, 61, 62, 104.
460 兼 kien*; hien : 38, 93, 134. — lien : 15, 50, 52, 65, 86, 112, 167, 184. — tchen : 154.
461 翁 oung*.
462 桑 sang*.
463 茸 joung*.
464 時 chi* (Cf. phon. n° 194).
465 翆 tá*.
466 貸 só*.

ONZE TRAITS.

467 密 mI*.
468 章 tchang*.
469 竟 king*; kiáng : 119.
470 商 ti*; tsĕ : 9, 64, 149, 157, 187, 202. — chY : 162.
471 麻 má*; mô : 22, 64, 112, 132, 253, 193. — mi : 119, 120, 123. — mên : 115.
472 庸 young*; joung : 32, 61, 116.
473 康 kang*.
474 鹿 loŭ; tchin : 59.
475 逢 tchan* (tsan).
476 周 li*; tcht : 64, 109, 142, 194, 202.
477 郭 kŏ*.

478 孰 choŭ*.
479 菜 yáng*.
480 聿 siouëi*; hiouëi : 30, 61, 72, 124, 149, 150. — siouĕ : 64, 173.
481 規 kouëi*; houëi : 163.
482 眾 ji*.
483 爽 chouang*; tchouang : 9, 18, 119.
484 焉 yen*.
485 敖 ngao*; tchouëi : 154.
486 執 tchi*; tien : 32, 40.
487 連 lien*.
488 斬 tsan*; tsien : 32, 75, 88.
489 隼 tchouen*; touen : 31, 32, 61, 64, 75, 85, 118, 119.
490 區 kiu*; kęóu : 18, 57, 64. — ngeou : 19, 30, 32, 40, 72, 76, 79, 85, 86, 93, 98, 109, 118, 130, 140, 142, 145, 149, 167, 177, 196. — iu : 9, 38, 116, 153, 164, 184. — tchou : 75.
491 曹 tsao*.
492 票 piao*.
493 莫 hán*; tán : 30, 76.
494 堇 kin*; fn : 163.
495 菡 man*; mén : 75, 96, 119.
496 強 kiang*.
497 尉 wéi*.
498 庸 leóu*.
499 陰 ín*.
500 造 tsáo* (Cf. phon. n° 253).
501 易 chang*; sang : 64. — tsiang : 111.
502 從 tsoung*; soung : 9, 40, 61, 128, 130. — tchoung : 64.

503 逢 *foung*°; *poûng* : 22, 61, 75, 118, 140, 180, 193 (Cf. phon. n° 257).

504 巢 *tchào*°; *teiào* : 18, 19. — *sào* : 120.

505 將 *tsiang*°.

506 鹵 *loù*°.

507 莫 *mǒ*°; *mou* : 19, 23, 61, 79. — *mà* : 142.

508 婁 *leou*°; *liu* : 9, 40, 44, 46, 61, 145, 149.

509 曼 *man*°.

510 畢 *pï*°.

511 圉 *kouě*°.

512 崔 *tsouï*°; *souï* : 120. — *taï* : 130.

513 巣 *kiā*°.

DOUZE TRAITS.

514 湯 *tang*° (Cf. phon. n° 406).

515 戠 *tchī*°; *chī* : 149.

516 童 *toûng*°; *tchoûng* : 18, 60, 61, 110, 116, 145, 141, 152, 157, 167. — *tchouang* : 30, 50, 64, 75, 94, 112, 127, 147, 159, 184, 188.

517 敦 *tun*°; *touï* : 61, 86, 149, 167.

518 善 *chen*°.

519 粦 *lin*°; *liēn* : 61.

520 勞 *lao*°.

521 絜 *kiě*°.

522 厥 *kiouě*°; *kouei* : 64, 157, 195.

523 寮 *liao*°.

524 壹 *ï*°; *yě* : 30.

525 堯 *yào* : 9, 18, 46, 117. — *jao* : 33, 75, 130, 140, 142, 145, 169, 184. — *hiao* : 50, 61, 72, 85, 106, 130, 181, 187. — *kiao* : 9, 38, 85, 94, 118, 124, 156.

157, 159. — *nào* : 75, 142, 187. — *chào* : 86.

525 彭 *poung*°.

527 喜 *hï*°; *tchī* : 119, 184.

528 惠 *hoeï*°; *souï* 115, 120.

529 單 *tan*°; *tiēn* : 112, 118. — *sīn* : 140, 167, 195.

530 黃 *hoang*°; *heng* : 75, 167.

531 尋 *sīn*°; *tan* : 61, 140.

532 閒 *hien*°; *kien* : 46, 75, 78, 85, 130, 140, 145, 147, 164, 167, 195.

533 答 *tā*°; *tchǎ* : 9, 18, 19, 149.

534 番 *fan*°; *pan* : 85, 112, 130, 142. — *po* : 9, 46, 61, 106, 163.

535 登 *teng*°; *tching* : 61, 64, 75, 85, 109, 116, 149, 178, 203.

536 喬 *kiao*°; *kiŏ* : 19, 52, 157.

537 然 *yen*°; *nien* : 32, 63, 157.

538 須 *siū*°.

539 象 *siàng*°; *chàng* : 184.

540 復 *foŭ*°; *li* : 44.

541 焦 *tsiao*°.

542 買 *maï*°.

543 甤 *tchoûng*°.

544 翁 *hï*°.

545 尊 *tsun*°.

546 曾 *tseng*°; *sēng* : 9, 193.

547 愛 *ki*°.

548 華 *hoa*°; *yě* : 72, 86, 106.

549 路 *lou*°.

550 貴 *kouei*°; *hoeï* : 73, 85, 109, 143, 149, 169, 178. — *waï* : 158. — *ï* : 184.

232   GRAMMAIRE CHINOISE.

551 鬧 tan* ; tchen : 30, 50, 62, 85, 91, 119, 163, 170, 221. — chen : 152.
552 雥 tsi*.
553 㯱 poŭ* ; pŏ : 33, 64, 75, 96, 203.
554 敞 tchăng*.
555 敝 piĕ* ; pí : 50, 65, 78+21, 93, 140.

TREIZE TRAITS.

556 意 i*.
557 廉 lién* ; tchan : 119, 153.
558 亶 tchen* ; tan : 19, 32, 75, 112, 120, 130. — chen : 9, 20, 33, 64, 65, 113, 123, 142.
559 義 i*.
560 雷 leï*.
561 蚤 sŏ*.
562 感 kăn* ; han : 30, 61, 64, 181.
563 達 tá*.
564 賁 fen* ; pen : 30, 76.
565 䦆 kiang*.
566 禁 kin*.
567 楚 tsou*.
568 捭 pĭ* ; pŏ : 64, 73, 122. — mi : 63.
569 愛 ngaï*.
570 解 kiaï* ; hiaï : 32, 45, 61, 75, 85, 94, 142, 152, 177, 40..
571 微 wei*.
572 匽 hiŏ* ; kiŏ : 102, 112, 147. — hŏ : 107. — koang : 201 (Cf. pour ce dernier son la phon. n° 136).
573 奧 ngao* ; iŭ : 72, 82, 143, 170. — iŏ : 30.
574 遂 souï*.

575 會 hŏeï* ; 120, 162, 173. — uéi : 61, 109, 143. — kŏuéi : 9, 18, 53, 70, 73, 85, 94, 113, 130, 145, 190, 195. — kŏuaï : 20, 96.
576 卿 hiang*.
577 當 tang*.
578 敬 king*.
579 喿 sao* ; tsao : 9, 61, 84, 85, 95, 156, 157. — tsiao : 18, 50.
580 農 noung* ; nang : 30, 64, 82, 184, 190. — nao : 61.
581 睪 ĭ* ; chĭ : 119, 165. — tsĕ : 64, 85. — tŏ : 15, 167.
582 睘 hiouen* ; youên : 31. — siŏuen : 9, 75. — kouan : 31, 32, 40, 64, 85, 95, 112, 123, 124, 139, 162, 167, 169, 183, 190, 196.
583 蜀 choŭ : 75, 192. — tchŏŭ : 68, 69, 76, 85, 120, 130, 140, 148, 157. — tchŏ : 61, 64, 68, 85, 142, 167. — toŭ : 9, 92, 115, 172, 184, 188.
584 業 yĕ* ; niĕ : 62.

QUATORZE TRAITS.

585 寧 ning* ; neng : 9, 75, 94, 140, 149, 184, 190.
586 賓 pin* ; pien : 142.
587 齊 tsi* ; tchaï : 9, 42.
588 豪 haŏ*.
589 需 jou* ; neou : 64, 75, 123, 130. — siu : 32, 120, 167.
590 臧 tsang*.
591 厭 yen* ; yĕ : 64, 176. — yá : 22.
592 壽 tcheou* ; tchoŭ : 167. — tao : 32, 50, 64, 75, 85, 86 (⌣), 106, 113, 124, 158, 170.

DES PHONÉTIQUES CHINOISES. 233

593 臺 *taï**.
594 堅 *kien* : 18, 92, 109, 167. — *kien* : 75, 130, 137, 159. — *hién* : 127. — *lan* : 9, 61, 85, 86, 118, 140, 145, 147, 190.
595 盡 *tsin**; *naï* : 29.
596 慇 *în**; *wèn* : 115.
597 熏 *hiun**; *hiouen* : 32.
598 疑 *i**; *haï* : 9. — *ngaï* : 61, 112. — *tchï* : 104. — *îng* : 151.
599 臾 *iu**; *sin* : 46, 140, 165. — *kin* : 64.
600 獄 *yŏ**.
601 蒦 *hŏ**; *wŏ* : 112, 137, 142, 184, 196. — *hoù* : 28, 149, 174, 180. — *hóua* : 64, 195.
602 夢 *moúng (mèng)**.
603 瞑 *ing**.
604 暴 *hièn**; *ngan* : 9, 143. — *sï* : 170. — *chï* : 85.
605 臦 *kien**.
606 對 *touï**.
607 寫 *sie**.

QUINZE TRAITS.

608 廣 *kouang**; *koung* : 61 (中); 94, 112, 115, 167. — *kŏ* : 13, 57, 64, 122, 163 (Cf. phon. n° 630).
609 麃 *piao**.
610 養 *yang**.
611 膚 *li**.
612 髮 *yeou**; *jao* : 64, 93, 157.
613 頡 *hié**.
614 頭 *toŭ**; *teóu* : 118, 142. — *tï* : 147. — *choù* : 154. — *soŭ* : 120, 140. — *iŭ* : 9.
615 箭 *tsie**.

616 貴 *tchi**.
617 魯 *loŭ**.
618 暴 *pao**; *pŏ* : 33, 75, 85, 86, 94, 130, 145.
619 畾 *loui, leŭ**.

SEIZE TRAITS.

620 親 *tchin**.
621 龍 *loung**; *tchoung* : 49, 123. — *sï* : 145. — *pàng* : 43.
622 裹 *hoaï**.
623 鵁 *tèng**.
624 歷 *li**.
625 覽 *làn**.
626 賴 *laï**; *lā* : 64, 130. — *làn* : 38, 61. — *lŏ* : 85, 94.
627 燕 *yén**.
628 穌 *soŭ**.
629 盧 *loŭ**; *liŭ* : 53, 118, 187.
630 頻 *pîn**.
631 筒 *hï**; *ho* : 18, 30.

DIX-SEPT TRAITS.

632 甕 *kien**.
633 襄 *jang**; *siáng* : 60, 75, 87, 96, 120, 167. — *niang* : 28, 119, 164. — *nang* : 72.
634 羲 *hï**.
635 爽 *chouang**.
636 闌 *lan**.
637 爨 *tsan**; *tsāï* : 120.
638 鮮 *sien**.
639 會 *yŏ**; *iŭ* : 181.
640 嬰 *ing** (Cf. phon. n° 603).

234   GRAMMAIRE CHINOISE.

DIX-HUIT TRAITS.

641 𤢖 *tsö* *.

642 𦣝 *niĕ**; *tchĕ* : 9, 52, 61, 75, 76, 98, 115, 130, 145, 149. — *chĕ* : 61, 64.

643 𪚲 *koŭeï* *.

644 豐 *foŭng**; *yĕn* : 139.

645 雚 *kouan**; *hoan* : 30, 76, 94, 111, 149, 152, 153, 187, 194. — *kioŭan* : 19, 75, 181, 183.

646 瞿 *kiu* *.

DIX-NEUF TRAITS.

647 縊 *liouen**; *loŭan* : 31, 46, 59, 75, 187, 196. — *tċăn* : 18, 57. — *măn* : 142. — *soŭan* : 39. — *piĕn* : 66.

648 麻 *mĭ* *.

649 麗 *li**; *si* : 78, 150, 157, 177. — *chi* : 145, 164. — *chaï* : 72, 85.

650 贊 *tsan** ; *tsoŭan* : 18, 60, 75, 85, 110, 120, 167. — *tsă* : 30.

651 顚 *tiĕn* *.

652 邊 *pien* *.

653 羅 *lo* *.

VINGT TRAITS.

654 黨 *tang* *.

655 嚳 *kŏ**; *hŏ* : 61.

656 嚴 *yen**; *ngăn* : 112, 190, 211.

VINGT ET UN TRAITS.

657 霸 *pă* *.

658 屬 *choŭ**; *tchoŭ* : 30, 83, 64, 69, 85, 86, 109, 112, 120, 142, 157.

VINGT-CINQ TRAITS.

659 靈 *ling* *.

Nous n'ajouterons que peu de remarques à la liste qui précède (1). Ainsi que nous l'avons annoncé, elle ne renferme point la série complète des phonétiques employées à la Chine; cependant on y trouvera la plupart (2) de celles qui sont d'un usage fréquent dans les textes. Les orientalistes qui voudraient entreprendre une étude approfondie

---

(1) On a généralement employé, dans cette liste de phonétiques, l'orthographe d'Abel-Rémusat, sauf un petit nombre de cas où il a paru utile de distinguer les sons terminés par *an* de ceux qui finissent par *en*, etc.

(2) Il est un certain nombre de phonétiques que nous avons dû supprimer de l'*abrégé* de notre travail, parce qu'elles manquaient dans le corps de caractères chinois de M. Marcellin-Legrand, le seul qu'il nous ait été possible d'employer pour l'impression de cette grammaire.

du système phonétique de l'écriture idéographique pourront compléter cette liste, suivant notre méthode, en se servant de dictionnaires chinois rangés par ordre de sons, ou *toniques* (1). Ils pourront également ajouter les numéros des clefs aux groupes phonétiques, dont nous avons bien noté individuellement les cas exceptionnels de prononciation, mais dont nous n'avons pu qu'indiquer collectivement — et au moyen d'un *astérique* (2) — les cas réguliers, parce que le nombre souvent considérable de ceux-ci nous aurait entraîné au delà des étroites limites fixées à notre travail.

Il nous reste encore quelques lignes. Nous en profiterons pour rappeler que la partie phonétique de l'écriture chinoise joue un rôle de beaucoup supérieur à celui de la partie purement figurative des caractères. Cette dernière partie, qu'on qualifie généralement du titre d'*idéographique*, est presque entièrement dépourvue d'importance en chinois moderne; et quant aux images graphiques des anciens Chinois, elles présentent plutôt un objet de curiosité qu'un véritable intérêt pour la science. La comparaison des signes figuratifs de la Chine avec ceux des autres peuples de l'antiquité n'amènera jamais aux résultats qu'on voudrait obtenir. L'étude sérieuse et approfondie du système phonétique de l'écriture chinoise, au contraire, conduira à des découvertes de la plus haute utilité pour la philologie générale, et ces découvertes permettront sans doute de mettre en lumière des faits relatifs à une époque qui doit toucher de très-près aux origines du développement intellectuel de l'humanité.

---

(1) Le *Systema phoneticum scripturæ sinicæ* de M. Callery est l'ouvrage le plus commode pour entreprendre un tel travail.

(2) L'*astérique* *, placée seule après le son d'un groupe phonétique, indique que ce groupe conserve dans tous ses composés un seul et même son. Lorsque l'astérique est suivie d'une ou de plusieurs prononciations, sa présence indique que le premier son (le son qui la précède) est celui que donne généralement la phonétique aux clefs chinoises avec lesquelles elle se combine, si ce n'est dans certains cas particuliers que font connaître les diverses prononciations qui suivent cette même astérique.

Fautes d'impression importantes à corriger.

Page 48, note, au lieu de	攻	lisez	功	koûng.
— 131, ligne 3, —	永	—	冰	ping.
— 201, col. 8, —	嗚	—	鳴	ming.
— 220, n° 52, —	Cf. phon. n° 156,	—	Cf. phon. n° 394.	
— 221, n° 83, —	民	—	氏	
— Ib. n° 109, —	未	—	末	
— 222, n° 143, —	可	—	包	
— 224, n° 204, —	却	—	韌	
— Ib. n° 233, —	長	—	辰	

À l'exemple d'Abel-Rémusat, on a négligé d'indiquer dans cet errata les fautes ou les omissions d'accents affectés aux voyelles chinoises. Ces fautes sont, du reste, en petit nombre, et pour l'étude de la langue chinoise, en Europe surtout, elles ne sont d'aucune conséquence.

TABLE
DES MATIÈRES.

Préface...	page	1.
Prolégomènes..		1.
§ I.er Écriture...................................		Ib.
II. Langue orale...............................		23.
Grammaire chinoise...................................		35.
I.re PARTIE, STYLE ANTIQUE...........................		38.
§. I.er Du Substantif...........................		Ib.
II. De l'Adjectif.............................		44.
III. Des Noms propres........................		47.
IV. Des Noms de nombre......................		48.
V. Des Pronoms.............................		52.
VI. Du Verbe................................		64.
VII. De l'Adverbe............................		74.
VIII. Des Prépositions........................		76.
IX. Des Conjonctions........................		77.
X. Des Interjections........................		Ib.
XI. Des Particules qui servent à former des idiotismes ou expressions particulières au Kou-wen.		Ib.
II.e PARTIE, STYLE MODERNE...........................		107.
§. I.er Du Substantif...........................		Ib.
II. De l'Adjectif.............................		113.
III. Des Noms de nombre......................		115.
IV. Des Pronoms.............................		117.
V. Du Verbe................................		130.
VI. Des Adverbes...........................		141.
VII. Des Prépositions et des Conjonctions......		142.
VIII. Des Interjections........................		144.

238 GRAMMAIRE CHINOISE.

§. IX.	Des Particules et Idiotismes ou façons de parler irrégulières............... page	144.
APPENDICE...............................		167.
§. I.er	Des Signes relatifs à la ponctuation.......	Ib.
II.	Des Notes, des Commentaires, de la forme et de la division des Livres............	169.
III.	De la Versification....................	171.
IV.	Aperçu des principaux Ouvrages chinois qu'on peut consulter à la Bibliothèque du Roi.	175.
TABLE des Caractères chinois employés dans ce volume et dans l'édition du Tchoung-young, arrangés suivant l'ordre des 214 clefs.....................		181.
TABLE des Caractères dont le radical est difficile à reconnoître, arrangés d'après le nombre de traits qui les composent................................		203.
TABLE alphabétique des Mots disyllabiques et des Expressions composées dont l'explication se trouve dans cette Grammaire..................................		207.
TABLE des Abréviations........................		212.
DES PHONÉTIQUES CHINOISES......................		213.
LISTE des principales Phonétiques chinoises..........		219.

FIN.

PUBLICATIONS

DE JEAN-PIERRE ABEL-RÉMUSAT.

Essai sur la langue et la littérature chinoises. *Paris et Strasbourg*, 1811, in-8° avec 5 planches (rare). 6 f. »»

Recherches historiques sur la médecine des Chinois. *Paris*, 1813 (très-rare).

Plan d'un dictionnaire chinois. *Paris*, 1814, in-8°. 1 f. 50

Programme du cours de langue et de littérature chinoises et de tartare-mandchou, précédé d'un discours prononcé à la première séance de ce cours, le 16 janvier 1815. *Paris*, 1815, in-8° (épuisé).

Le livre des récompenses et des peines, traduit du chinois, avec des notes et des éclaircissements. *Paris*, 1816, in-8°. 1 f. »»

Description d'un groupe d'îles peu connues situées entre le Japon et les îles Mariannes, rédigée d'après les relations des Japonais. *Paris*, 1817, in-4°, avec carte (épuisé).

Extrait du *Journal des savants*.

Mémoire sur les livres chinois de la bibliothèque du Roi. *Paris*, 1818, in-8°.

L'invariable milieu, ouvrage moral de Tseu-ssé, en mandchou, avec une version littérale latine, une traduction française et des notes, précédé d'une notice sur les quatre livres moraux communément attribués à Confucius. *Paris, Imp. Roy.*, 1818, in-4° (très-rare, complétement épuisé).

Extr. des *Notices et extraits des mss.*, t. X.

Description du royaume de Camboge par un voyageur chinois qui a visité cette contrée à la fin du treizième siècle, précédée d'une notice nécrologique sur le même pays extraite des annales de la Chine. *Paris*, 1819, in-8° (épuisé).

Histoire de la ville de Khotan, tirée des annales de la Chine et traduite du chinois, suivie de recherches sur la substance minérale appelée par les Chinois pierre de Ju, et sur le jaspe des anciens. *Paris*, 1820, in-8°. 2 f. »»

— Le même, papier vélin.

Recherches sur les langues tartares, ou Mémoires sur la grammaire et la littérature des Mandchous, des Mongols, des Ouïgours et des Tibétains. *Paris, Imp. Roy.*, 1820, tome Ier (le seul publié). 15 f. »»

— Le même ouvrage, papier vélin.

240　　　　　　　GRAMMAIRE CHINOISE.

Mémoires et anecdotes sur la dynastie régnante des Djogours, par Titsingh. *Paris*, 1820, in-8°. 3 f. »»

Lettre sur l'état et les progrès de la littérature chinoise en Europe. *Paris*, 1822, in-8° (épuisé).

Mémoire sur la vie et les opinions de Lao-tseu, philosophe chinois du sixième siècle avant notre ère qui a professé les opinions communément attribuées à Pythagore, à Platon et à leurs disciples. *Paris, Imp. Roy.*, 1823, in-4° (rare). 10 f. »»

Mémoires sur les relations politiques des princes chrétiens et particulièrement des rois de France avec les empereurs mongols, suivis du recueil des lettres et pièces diplomatiques des princes tartares, et accompagnés de planches qui contiennent la copie figurée de deux lettres adressées par les rois mongols de Perse à Philippe le Bel. *Paris, Imp. Roy.*, 1824, in-4° br.

Mémoires sur plusieurs questions relatives à la géographie de l'Asie centrale. *Paris, Imp. roy.*, 1825, in-4°.

Mémoire sur plusieurs questions relatives à la topographie de l'Asie centrale. *Paris*, 1825, in-4° (épuisé).

Mélanges asiatiques, ou Choix de morceaux critiques et de mémoires relatifs aux religions, aux sciences, aux coutumes, à l'histoire et à la géographie des nations orientales. *Paris*, 1825-6, 2 vol. in-8°.

Nouveaux mélanges asiatiques, ou choix de morceaux de critique et de mémoires relatifs aux religions, aux sciences, aux coutumes, à l'histoire, à la géographie des nations orientales. *Paris*, 1829, 2 vol. in-8°. 12 f. »»

Observations sur quelques points de la doctrine samanéenne, et en particulier sur les noms de la triade suprême chez les différents peuples bouddhistes. *Paris, Imp. Roy.*, 1831, in-8°.

Foě-kouě-ki, ou Relation des royaumes bouddhiques, traduit du chinois et commenté. *Paris, Imp. roy.* 1836, in-4°, av. cartes et planches. 12 f. »»
Ouvrage posthume.

Mélanges posthumes d'histoire et de littérature orientales. *Paris, Imp. Roy.*, 1843, in-8°.

Recherches sur l'origine et la formation de l'écriture chinoise. *Paris, Imp. roy.*

De l'étude des langues étrangères chez les Chinois, s. l. n. d., in-8°. 1 f. »»

Observations sur l'histoire des Mongols orientaux de Sanang-Setsen. *Paris, Imp. Roy.*, in-8°.

Considérations sur la nature monosyllabique attribuée communément à la langue chinoise, s. l. n. d., in-8°.

Explication d'une inscription en chinois et en mandchou gravée sur une plaque de jade du cabinet des antiques de Grenoble. *Grenoble*, in-8° (épuisé).

Meulan. — Imprimerie orientale de Nicolas.